# Los 25 mensajes clave de las Conversaciones con Dios

# Los 25 mensajes clave de las Conversaciones con Dios

## Neale Donald Walsch

Traducción de
Leidy Guerrero Vilalobos

**Grijalbo**

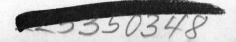

**Los 25 mensajes clave de las Conversaciones con Dios**

Título original en inglés: *What God Said*
*The 25 Core Messages of Conversations with God That Will Change Your Life and the World*

Primera edición: enero, 2015

D. R. © 2013, Neale Donald Walsch

D. R. © 2014, Leidy Guerrero Vilalobos por la traducción

"Shine" (pág. 317 de la presente edición) y "Soul Language" (pág. 385) de *Home Remembers Me: Medicine Poems from Em Clair* © 2011, Em Claire

D. R. © 2015, derechos de edición mundiales en lengua castellana:
Penguin Random House Grupo Editorial, S.A. de C.V.
Blvd. Miguel de Cervantes Saavedra núm. 301, 1er piso,
colonia Granada, delegación Miguel Hidalgo, C.P. 11520,
México, D.F.

www.megustaleer.com.mx

Comentarios sobre la edición y el contenido de este libro a:
megustaleer@penguinrandomhouse.com

ISBN 978-607-312-723-3

Impreso en México/*Printed in Mexico*

Dedicado a toda la gente
que cree en Dios
y ha anhelado saber
más acerca de su Esencia Divina
y su propia relación con Ella.

*El día llegará*
*cuando la enormidad del amor de Dios*
*y el don divino a la humanidad*
*serán entendidos por completo,*
*y serán parte*
*de la vida de todos.*

*Este resultado es inevitable.*
*Es sólo cuestión de tiempo.*

# I

—Bien, usted asegura haber hablado directamente con Dios, así que díganos... ¿cuál es el mensaje de Dios para el mundo?

Quien hablaba era el mundialmente famoso anfitrión de uno de los programas matutinos más populares de la televisión nacional de Estados Unidos, y me pedía responder a la pregunta más importante de todos los tiempos.

—¿Puede ponerlo en una o dos frases? —agregó—. Nos quedan treinta segundos.

Mi mente se aceleró. ¿Cómo podría decir en treinta segundos algo que capturara la esencia de lo que Dios quiere que el mundo sepa? Entonces, en un súbito destello, escuché la respuesta de Dios en mi cabeza. Parpadeé e hice un anuncio que incluso a mí me sorprendió.

—De hecho, puedo ponerlo en *cuatro palabras*.

El presentador levantó las cejas, mostró un milisegundo de incredulidad y luego miró socarronamente a la cámara:

—De acuerdo. Damas y caballeros, del hombre que dice que *está en contacto con La Divinidad,* éste es el mensaje de Dios para el mundo... en cuatro palabras.

Sabía que millones miraban desde sus casas en todo el mundo. Era mi oportunidad de transmitir el mensaje más importante de Dios a más gente de la que nunca imaginé en toda mi vida. Miré directo a la lente y repetí las palabras que recibí para pronunciarlas:

—*Me han entendido mal.*

Mi nombre es Neale y debería explicarme.

He hablado con Dios.

No sólo una vez, en un momento único de revelación o epifanía, sino muchas, muchas veces.

Y tú también.

Puedes pensar que no es cierto, pero lo es. Tal vez lo has llamado de otra manera, quizás *una luz cegadora de entendimiento*, o una *idea brillante*, un *presentimiento increíble*, una *buena suposición*, un *golpe de genialidad*, una *coincidencia, azar,* o *intuición femenina*.

Como sea que lo llamaras, todo es lo mismo. Es un mensaje desde una fuente de sabiduría y entendimiento en nuestro interior que es un derecho de nacimiento de todos nosotros.

En mi caso llamé a mis encuentros con esta fuente tal y como los experimenté: Conversaciones con Dios.

Por fortuna, escribí todos los intercambios que tuve, de modo que nunca los olvidara. El proceso empezó cuando, un día de febrero de 1990, me senté a las 4:20 de la mañana y le escribí una furiosa carta a Dios, exigiendo saber por qué mi vida no funcionaba y cómo podía *lograr* que lo hiciera.

Lo que siguió después fue un diálogo continuo en el papel con la Deidad, en el que le planteé las preguntas más intrigantes y frustrantes de mi vida, y las respuestas que recibía tal como si fuera un dictado.

En cierto momento me dijo Dios: "Esto se volverá un libro algún día", y así, unos meses después, envié mis notas manuscritas a un estenógrafo para que las transcribiera, luego imprimí el documento y lo envié a un editor... casi como un desafío.

No sé a quién desafiaba... a mí mismo o a Dios... pero sabía que quería "probar" lo que había recibido, ver si tenía alguna validez, si algo de ello era verdad.

Era plenamente consciente, por supuesto, de que la posibilidad de que alguna editorial de verdad publicara y distribuyera un libro de una persona que decía estar hablando directamente con Dios era una en un millón. Simplemente no ocurriría.

Me equivocaba.

Ocurrió.

### Ahora, la ampliación comienza

Ahora estoy aquí, tras nueve libros de la serie Conversaciones con Dios, haciendo lo que hago cada vez que me siento a escribir un libro. Me pregunto: ¿por qué estoy escribiendo este libro? ¿Qué espero conseguir? ¿Es necesario este libro?

Déjame responder mis propias preguntas de modo que puedas darte una idea de lo que sigue, y entonces decidir si quieres emprender este viaje o no.

- Escribo este libro porque mucha, mucha gente me ha pedido muchas, muchas veces expandirme acerca de lo que Dios dijo en las miles de páginas que conforman las Conversaciones con Dios, y quiero hacerlo en un solo, inmaculado volumen, de modo que el mensaje de Dios para la humanidad pueda estar al alcance de la manera más fácil y rápida posible.

- Lo que espero lograr con estas nuevas ampliaciones, nunca antes publicadas, de los mensajes de Conversaciones con Dios, es hacerlas *inmediatamente útiles* para la vida diaria. Quiero que las ideas sean aplicables y no sólo conceptuales.

- Este libro es necesario por dos razones: 1) Millones de personas han leído Conversaciones con Dios (los libros de la serie se han publicado en treinta y siete idiomas), y esos lectores no sólo me han pedido ampliar el material sino también que les diga cuáles de esos muchos mensajes son los más importantes. 2) Los mensajes de las Conversaciones con Dios pueden cambiar el mundo si la gente sabe cómo aplicarlos, y el mundo necesita con desesperación cambiar ahora mismo. No en cincuenta años. No en veinticinco. No en diez años. Ahora mismo.

## El problema es sistémico

Es momento de ser honesto aquí: nada funciona.

Quiero decir, nada.

Ni un solo sistema importante que haya sido puesto en marcha en el planeta funciona correctamente. Ni nuestro sistema político, económico, medioambiental, educativo, social, ni tampoco nuestro sistema espiritual. Ninguno de ellos está produciendo los resultados que decimos desear; de hecho es peor. Están generando resultados que decimos *no* desear.

Y no sólo a escala global. Alcanza incluso el nivel personal. Llega hasta donde estamos tú y yo. Sólo un pequeño porcentaje de la población mundial no se encuentra en dificultades; dificultades *diarias*. Dificultades no sólo para ser felices sino para *sobrevivir*, para *pasarla*, simplemente para *seguir a flote*.

Y ahora ha ido incluso más allá. Porque ahora incluso aquellas personas que *están* viviendo la "buena vida" no lo pasan tan bien. Ni siquiera ellos. La felicidad personal parece misteriosa y frustrantemente esquiva. Y aun cuando la gente la alcanza, no pueden retenerla.

Y ésa es la mayor pista, la señal más grande, el rasgo más evidente de que algo se ha perdido. Cuando incluso aquellos que *deberían* ser felices en cualquier medida razonable no lo son, tiene que haber un *problema sistémico serio* en la cultura de una sociedad. Puedes afirmar que una fórmula social es torcida cuando aunque funcione, *no funciona;* cuando aunque todo vaya bien, *algo está desesperantemente mal*.

Ahí es donde nos encontramos ahora, y creo que es momento de que un nuevo Mensaje guíe a la humanidad. Creo que es tiempo de que nuestra especie adopte una nueva historia cultural.

Ahora que si te agrada tu vida tal como es, y tu mundo justo como se presenta, puedes estar en desacuerdo conmigo. Pero si no existe otra razón aparte, tal vez quieras seguir leyendo. Si anhelas que las cosas sigan igual, deberías saber todo lo que hay que saber sobre los cambios que otros (en este caso, millones de otros) están siendo invitados a considerar.

Si coincides conmigo en que es hora de hacer algunos cambios importantes, en el mundo en general y tal vez tu propia vida, has llegado al lugar correcto.

Estos mensajes tienen la intención de cambiarlo todo.

## Agárrate a tu asiento

Para una lectura más rápida y el máximo impacto, he reducido los mensajes centrales de los nueve libros de las Conversaciones con Dios a unas mil palabras. Después ofrezco una ampliación significativa de los mismos.

Ésta es, pues, la articulación más clara y la aplicación más práctica de los que considero los aprendizajes más importantes de las Conversaciones con Dios.

No es que cada afirmación en el resumen de mil palabras que conforma el capítulo 2 se entienda a la perfección con la primera lectura. No ocurrió así conmigo. Precisamente por eso me he extendido sobre ellos en las páginas siguientes.

Luego de quince años de trabajar en aplicar estos mensajes en mi vida y, durante la misma década y media, buscar la manera más clara y sencilla de explicar —en respuesta a miles de preguntas de audiencias de todo el mundo— lo que dicen los mensajes y cómo pueden ser aplicados, puedo aseverar que ahora estoy listo para contribuir a este libro.

Así que aquí vamos. Oh, pero ahora, agárrate a tu asiento: algunas de estas ideas pueden ser consideradas por muchos como heréticas, lo que podría significar todo un reto. Creo sin embargo que es como George Bernard Shaw observó notablemente: "Todas las grandes verdades comenzaron como blasfemias".

## 2

Aquí, en mil palabras, está todo lo que la raza humana necesita saber para vivir la vida que ha anhelado y la cual, a pesar de haberlo intentado durante miles de años, aún le falta conseguir. Lleva estos mensajes a tu mundo:

1. Todos somos Uno. Todas las cosas son Una Cosa. Sólo hay Una Cosa, y todas las cosas son parte de la Cosa Única que existe. Esto quiere decir que tú eres Divino. No eres tu cuerpo, no eres tu mente, y no eres tu alma. Eres la combinación única de los tres, lo que abarca la Totalidad de Ti. Eres una individualización de la Divinidad; una expresión de Dios en la Tierra.
2. Hay lo suficiente. No es necesario competir, mucho menos pelear, por los recursos. Todo lo que tienes que hacer es compartir.
3. No tienes que hacer nada. Hay muchas cosas que harás, pero nada a lo que estés obligado. Dios no quiere nada, no necesita nada, no exige nada ni ordena nada.
4. Dios habla con todos, todo el tiempo. La pregunta no es: ¿con quién habla Dios? La pregunta es: ¿quién escucha?
5. Hay Tres Principios Básicos de la Vida: Funcionalidad, Adaptabilidad y Sustentabilidad.
6. No existen el Bien y el Mal, sólo hay Lo Que Funciona y Lo Que No Funciona, según lo que intentes lograr.

7. En el sentido espiritual, no hay víctimas ni villanos en el mundo, aunque en el sentido humano sin duda parezca que los hay. Sin embargo, como eres Divino, todo lo que ocurre te beneficia en última instancia.

8. Nadie hace nada inapropiado, según su modelo del mundo.

9. No existe el infierno, y tampoco la condenación eterna.

10. No existe la muerte. Lo que llamas "muerte" es tan sólo un proceso de Re-Identificación.

11. No existen el Espacio y el Tiempo, sólo el Aquí y el Ahora.

12. El Amor es todo cuanto existe.

13. Eres el creador de tu propia realidad, al usar las Tres Herramientas de Creación: Pensamiento, Palabra y Acción.

14. Tu vida no tiene nada que ver contigo. Se trata de todos aquellos cuyas vidas tocas y cómo lo haces.

15. El propósito de la vida es re-crearte de nuevo en la siguiente versión mayor de la visión más grande que tengas acerca de Quien Eres.

16. En el momento en que declaras cualquier cosa, todo lo contrario aparece en el espacio. Es la Ley de los Opuestos, produciendo un campo contextual en el cual lo que deseas expresar puede experimentarse.

17. No existe la Verdad Absoluta. Toda verdad es subjetiva. Dentro de este marco hay cinco niveles de expresión de la verdad: Decirte la verdad acerca de ti mismo; Decirte la verdad a ti mismo acerca de alguien más; Decir tu verdad acerca de ti mismo a alguien más; Decir tu verdad acerca de alguien más a otro; Decir tu verdad a todos acerca de todo.

18. La raza humana vive dentro de una serie específica de ilusiones. Las Diez Ilusiones de los Seres Humanos son: Existencia de la Necesidad, Existencia del Fracaso, Existencia de la Desunión, Existencia de la Insuficiencia, Existencia de la Obligación, Existencia del Juicio, Existencia de

la Condenación, Existencia de la Condicionalidad, Existencia de la Superioridad y Existencia de la Ignorancia. Estas ilusiones están destinadas a servir a la humanidad, pero se debe aprender a usarlas.

19. Los Tres Conceptos Clave de la Vida Holística son Honestidad, Conciencia y Responsabilidad. Vive según estos preceptos y la ira contra ti mismo desaparecerá de tu vida.

20. La vida funciona dentro de un paradigma Ser-Hacer-Tener. La mayoría de la gente tiene este retroceso, creyendo que primero uno debe "tener" cosas para "hacer" cosas, y entonces "ser" lo que desean. Revertir este proceso es la manera más rápida de experimentar un dominio en el vivir.

21. Hay Tres Niveles de Conciencia: Esperanza, Fe y Conocimiento. El dominio espiritual tiene que ver con vivir a partir del tercer nivel.

22. Hay Cinco Falacias acerca de Dios que generan crisis, violencia, asesinatos y guerras. La primera, la idea de que Dios necesita algo. Segunda, la idea de que Dios puede fracasar en conseguir lo que necesita. Tercera, la idea de que Dios te ha separado de Él porque no le has dado lo que necesita. Cuarta, la idea de que Dios aún necesita lo que tanto necesita que ahora te exige, desde tu posición separada, que se lo des. Quinta, la idea de que Dios te destruirá si no cumples con sus demandas.

23. También hay Cinco Falacias acerca de la Vida que igualmente generan crisis, violencia, asesinatos y guerras. La primera, la idea de que los seres humanos están separados unos de otros. Segunda, la idea de que no hay suficiente de lo que los seres humanos necesitan para ser felices. Tercera, la idea de que a fin de conseguir aquello de lo que no hay suficiente, los seres humanos deben competir con los demás. Cuarta, la idea de que algunos seres

humanos son mejores que otros seres humanos. Quinta, la idea de que es apropiado que los seres humanos, para resolver las severas diferencias creadas por las demás falacias, se maten entre sí.

24. Piensas que otras personas te aterrorizan, pero lo cierto es que estás aterrorizado por tus propias creencias. Tu experiencia de ti mismo y de tu mundo cambiará drásticamente si adoptas, colectivamente, los Cinco Pasos para la Paz:

- Permítete reconocer que algunas de tus antiguas creencias acerca de Dios y la Vida ya no funcionan.
- Explora la posibilidad de que hay algo que no entiendes completamente acerca de Dios y de la Vida, y que si lo comprendieras cambiaría todo.
- Anuncia que estás dispuesto a los nuevos entendimientos acerca de Dios y la Vida que vayan surgiendo, entendimientos que podrían producir una nueva forma de vivir en este planeta.
- Examina con valentía estos nuevos entendimientos y, si se alinean con tu verdad interna y conocimiento personales, amplía tu sistema de creencias para incluirlos.
- Expresa tu vida como una manifestación de tus creencias más elevadas y no como su negación.

25. Que haya un Nuevo Evangelio para toda la gente en la Tierra: "Todos somos uno. El nuestro no es el único camino, es sólo otro camino".

Estas mil palabras, aceptadas y puestas en práctica, podrían cambiar nuestro mundo en una sola generación.

# 3

Algunos de estos mensajes son clarísimos y otros ruegan por alguna explicación. La mayoría de nosotros probablemente coincida, por ejemplo, en que "no es necesario competir, mucho menos pelear" por nuestros recursos. Por otra parte, podríamos pasar un mal rato con la idea de que "no hay víctimas ni villanos en el mundo", aun si calificamos la afirmación "en un sentido espiritual".

*En especial* en un sentido espiritual, hemos creído que "el bien y el mal" son partes intrínsecas del esquema universal de cosas —de "la Ley de Dios", si lo prefieres— y la mayoría de la gente no puede concebir un mundo sin absolutos morales. De hecho, lo que muchos creen que está *mal* hoy en el mundo es que parece haber cada vez menos absolutos morales.

Esto crea un gran problema. La mayoría de los seres humanos no parecen saber cómo existir sin alguien aparte de ellos diciéndoles qué hacer y qué no hacer. Ya es bastante duro hallar felicidad en un mundo donde alguien *lo hace*. ¿Qué haríamos sin ninguna regla? ¿Y qué nos limitaría si no hubiera juicio, condenación y castigo, *en especial* en "sentido espiritual"?

Así que vemos que la primera dificultad con, y el mayor reto del material de las Conversaciones con Dios, es que quita lo que da fundamento a las construcciones morales e ideas acerca de Dios. No importa que esas construcciones y dogmas religiosos hayan hecho poco para crear un mundo libre de odio, violencia y miedo. No importa que esos valores morales y enseñanzas acerca de Dios hayan fracasado en eliminar el sufrimiento, reducir la miseria, o incluso lograr algo tan simple como acabar con el hambre en el planeta.

¿Sabías que seis millones de niños mueren cada año en la Tierra por *hambre*? Eso es un hecho, no un argumento.

Nos alarmamos terriblemente —y deberíamos— cuando un hombre con un arma mata a 20 niños en una escuela, pero nos quedamos sentados mientras vemos morir a 684 niños *cada hora* de hambre y dejamos que eso siga. No hay nada, decimos, que podamos hacer al respecto.

Es tristemente cierto que cuando se trata de nuestros valores globales y las religiones de las que emanan, la mayoría de las personas del planeta se han rehusado a hacer lo que se han permitido en cualquier otra área del esfuerzo humano.

En la ciencia, lo han alentado. En la medicina, lo han alentado. En la tecnología, lo han alentado. Pero cuando se trata de la religión —posiblemente el área más importante de todas—, enérgicamente lo han desalentado.

¿Y qué es lo que hace la gente rutinariamente en la ciencia, la medicina, la tecnología, que cuando se trata de la religión, tercamente se rehúsa a hacer?

*Cuestionar el supuesto previo.*

## Deja las cosas como están

Poner las cosas de cabeza no es algo que le guste hacer a la gente. Tampoco quieren que nadie se meta con sus creencias más sagradas. Aun si esas creencias son clara y probadamente equivocadas, u obvia y totalmente inefectivas para conseguir los resultados que promueven o anuncian, los seres humanos se aferrarán a sus creencias con una rigidez terca que es la vez impactante y desoladora.

Por ejemplo, ¿sabías que —sin importar los descubrimientos en paleontología y arqueología de los pasados 25 años— las investigaciones muestran que más de 40% de la población del planeta sigue creyendo que el mundo no tiene más de 10 000 años de antigüedad?

La gente cree lo que quiere o necesita creer con tal de dar sustento al punto de vista que ya tenía. En un asombroso número de ocasiones, de verdad es un caso de "no me importan los hechos".

Y en ningún lado es más evidente que en el área de la religión.

Sabemos lo que sabemos sobre Dios y no queremos escuchar nada más. Y hay una poderosa razón para ello. Nuestros pensamientos sobre Dios forman los cimientos de nuestra comprensión acerca de la Vida. Esto es cierto incluso para aquellos que no creen en Dios en absoluto.

Así que ya sea que las personas sean "creyentes" o "no creyentes", sus pensamientos acerca de Dios crean una base a partir de la cual muchos construyen su código moral entero. Comprensiblemente, entonces, *nuevos* pensamientos, *nuevas* ideas, *nuevos* conceptos acerca de Dios, no son bien recibidos con facilidad o adoptados con entusiasmo por la mayoría.

Una Nueva Verdad acerca de Dios sería —para agnósticos, ateos y similares— la Mayor Puesta de Cabeza de las Cosas de todos los tiempos.

## VOLAR HACIA LA VENTANA

Ya que la mayoría de la gente no quiere que nadie se meta con sus creencias, nos vemos a menudo insistiendo en construir una vida en los primeros 25 años del siglo XXI con herramientas espirituales del siglo I.

En medicina, esto sería como tratar de llevar a cabo una cirugía con un palo muy afilado. En tecnología, equivaldría a mandar un cohete a la luna con las chispas de unas piedras. En ciencia, a tratar de llevar a cabo un experimento en una cueva con la luz de una pequeña fogata.

Con todo, dejar intocadas nuestras creencias religiosas podría tener sentido *si* esas herramientas funcionaran. Sin embargo, ni siquiera se nos permite *cuestionar* si funcionan. El problema no son las herramientas, nos decimos, el problema es que no las estamos usando.

Pero el observador atento se daría cuenta de que el problema es exactamente el opuesto. El problema es que las *estamos* usando. Y las estamos usando *contra los demás*.

De modo que las herramientas de nuestras antiguas religiones han demostrado ser inefectivas (para decirlo con suavidad) para crear un mundo de paz, armonía, autosuficiencia y dignidad para todos.

¿Qué está mal aquí?

Ésa es una pregunta que no se supone que deberíamos hacer. Se supone que sigamos haciendo lo mismo que hemos estado haciendo siempre, y esperar un resultado distinto. (Y eso, por supuesto, es la definición de locura.)

Como moscas contra una ventana, seguimos estrellándonos de cabeza contra eso que no vemos, o, en nuestro caso, que nos *negamos* a ver: que debe haber algo fundamentalmente equivocado en nuestras creencias acerca de Dios y de la Vida, o estaríamos mucho más adelante de donde nos encontramos ahora en términos de nuestro desarrollo social y espiritual.

No viviríamos en un planeta donde la gente se siguiera matando para resolver sus diferencias.

No viviríamos en un planeta donde la gente siguiera muriendo de hambre por millones mientras cada día se tira a la basura comida suficiente para alimentar a la mitad de la población.

No viviríamos en un planeta donde 5% de la población posee o controla 95% de la riqueza y los recursos, y considera que eso es perfectamente correcto.

No viviríamos en un planeta donde se considera que "cada cual para sí mismo" es de hecho preferible a "uno para todos y todos para uno".

Sin embargo, vivimos en ese planeta. Y la pregunta entonces es, ¿estamos dispuestos a seguir con todo ello?

¿Estamos dispuestos a simplemente seguir adelante como lo hemos estado haciendo, heredando a nuestros hijos y a los suyos un mundo donde podemos sacar a la luz los misterios del genoma humano pero no podemos sacar a luz el amor dentro del corazón humano?

Decimos que no. Decimos que queremos una vida mejor, y generar una vida mejor para nuestros descendientes, ¿pero qué estamos dispuestos a hacer?

¿Estamos dispuestos a hacer *lo más valiente de todo?* ¿Estamos dispuestos a desafiar nuestras más sagradas creencias? ¿Estamos dispuestos a considerar la posibilidad de que haya algo que tal vez no entendemos por completo acerca de Dios y de la Vida, que de comprenderlo cambiaría todo?

¿Estamos dispuestos a considerar —o al menos explorar— nuevas ideas, nuevos pensamientos, nuevas construcciones dentro de la historia humana? Aun si, en la superficie, parecen contradecir lo que ya creemos saber sobre Dios y la Vida, ¿podemos cuando menos explorar sus posibilidades? ¿Debemos descartar cada nuevo concepto, cada nueva hipótesis sin más, simplemente porque no coincide con la historia que nos hemos contado durante siglos y milenios?

No. No tenemos que estarlo. Y una civilización que espera avanzar no puede permitírselo. En consecuencia, estos mensajes resultan extraordinariamente importantes, pues sólo cuando estamos abiertos a todas las ideas, todas las posibilidades se abren ante nosotros.

# 4

Éstas son las buenas noticias. Hoy, mientras el mundo enfrenta crisis mundiales, agitación política, inquietud civil, colapso social, degradación ambiental, confusión espiritual, conflicto permanente y guerras, la gente de todas partes está hallando el coraje de *no* abandonar sus creencias religiosas. Están en busca de nuevas direcciones, nuevos entendimientos, nuevas respuestas, nuevas maneras de ser humano.

Lo más importante, un pequeño pero creciente número de personas ahora anhela nuevas formas de entender y relacionarse con Dios, porque han alcanzado una nueva conciencia de que las ideas de la humanidad acerca de Dios impactan grandemente, y en ocasiones incluso crean sus ideas acerca de la humanidad misma, acerca de quiénes somos en relación con los demás, y acerca de cómo funciona la Vida.

Y es claro ahora —hoy más que nunca, a causa de nuestra capacidad para vernos a nosotros mismos, para comunicarnos con el mundo entero, en un instante— que algunas de nuestras antiguas ideas ya no son funcionales.

Es de dudar que alguna vez lo fueran, pero eso no importó en el pasado. No a una escala global. Porque las cosas siguieron su marcha. La vida prosiguió. Pero ahora las cosas no pueden continuar. No del modo en que han sido. Muchos muy pronto saben demasiado. Nuestras antiguas maneras de hacer las cosas, de *ser,* ya ni siquiera las considera funcionales en parte un sector del mundo. Y esto es lo que la gente en todas partes está comenzando a reconocer cuando menos. En el pasado, un lugar de la Tierra podía ocultar de otro sus disfunciones; en la actualidad, todos sabemos todo lo que sucede en cualquier parte. Esto hace que resulte más difícil ocultar lo que no funciona, y es más difícil que el mundo en su conjunto lo tolere.

Demasiados de nosotros vemos ahora las heridas que nos hemos infligido. Y vemos también que se nos han terminado las venditas. Ya no podemos mantener todo unido a base de parches.

Nos hemos quedado sin suelo fértil para plantar nuestros cultivos. Nos hemos quedado sin un clima más frío y húmedo para evitar que la Tierra muera de sed. Nos hemos quedado sin aire limpio. Y nos hemos quedado sin maneras de ignorar todo esto.

Nos hemos quedado sin dinero para hacer mejores las cosas. Nos hemos quedado sin tiempo para hacerlo. Y lo peor de todo, mucha gente se ha quedado sin la *voluntad* de hacerlo, mientras se hunden más y más en el miedo y la frustración, creyendo que la única solución es volverse *contra* el otro en lugar de *hacia* el otro.

## ESTE GRUPO NO TE INCLUYE

Tú no estás entre los que creen esto, o nunca habrías elegido este libro. Estás entre los que tienen claro que no es demasiado tarde para cambiarlo, incluso si no sabes exactamente qué papel puedes jugar para conseguirlo. (Volveremos sobre esto.) Lo que *sí* sabes es que lo que debe conseguirse ahora es reajustar totalmente nuestra manera de ser.

No es tarea fácil, pero tampoco imposible. Nuestra especie ha experimentado una completa re-creación de sí misma antes; una regeneración, un renacimiento, si lo deseas. Y esta regeneración no requiere trescientos años, puede lograrse en una décima parte de ese tiempo, precisamente a causa de la naturaleza instantánea y transparente de nuestra comunicación contemporánea, una condición que yo llamo *instaparencia*.

Quiero sugerir que nuestro reajuste podría empezar mejor con una nueva escritura, una ampliación de nuestra historia cultural, de las palabras que nos hemos dicho acerca de nosotros mismos, de las lecciones que enseñamos a nuestros hijos acerca de la razón y el propósito de la vida misma, y —lo más importante de todo— de las narrativas que compartimos con los demás acerca de lo que llamamos "Dios".

Aquí es donde radica la fuerza. Aquí es donde está la ventaja estratégica. Es aquí donde encontramos el combustible que enciende el motor de la experiencia humana.

Sin embargo, ¿qué nueva adición inspirada por la Divinidad a nuestra consagrada historia humana podría capturar nuestra atención y movernos a considerar siquiera nuestros antiquísimos comportamientos? Ésa es la cuestión. ¿Qué nuevas ideas de Dios pueden ser tan poderosas e inspiradoras, tan emocionantes y motivadoras, como las de Lao-Tsé o las de Buda, las de Moisés o Jesús, las de Mahoma o de Krishna? ¿Qué ampliación de nuestra historia podría ser tan conmovedor, tan impactante para la vida, y tan modificador de nuestra experiencia como los mensajes de los sistemas de creencias y religiones a los cuales los seguidores de esos maestros dieron origen?

Ésta ha sido la pregunta clave durante mucho tiempo. ¿Qué nuevas ideas pueden ampliar nuestra antigua historia lo suficiente como para ofrecer nuevas posibilidades a una especie en su conjunto?

## No se trata de rechazar o abandonar

Vengo aquí a sugerir respetuosamente que las ideas contemporáneas de lo que he llamado la Nueva Espiritualidad podrían brindar un esquema para realizar esas adiciones, u ofrecer al menos una base para abrir discusiones, para empezar exploraciones.

Esto no ocurrirá, sin embargo, si la gente contempla esas exploraciones como un rechazo o abandono de la Antigua Historia de la humanidad pues la tenemos como algo muy querido, como debe de ser. Después de todo, nos ha traído hasta donde estamos.

Así que debe quedar claro desde un inicio que las Conversaciones con Dios nunca sugieren nada semejante. De hecho, establecen lo contrario: mucho de lo que hemos recibido de las religiones del mundo es valioso y bueno. Por eso la religión misma ha durado tanto. Si las religiones han producido conflictos entre las personas, no es porque sus enseñanzas sean "equivocadas" sino que es posible que sean incompletas.

Mi observación es que muchos seres humanos son como niños que han aprendido a sumar y restar pero aún no han oído hablar de la multiplicación y las divisiones largas (por no mencionar la geometría, la trigonometría y el cálculo), y *sin embargo creen que saben todo lo necesario acerca de las matemáticas.*

Queda mucho más por revelarse acerca de Dios y de la vida de lo que ahora suponemos, y creo que es un error imaginar que hemos adquirido todo lo que hay que saber sobre estos asuntos.

La intención de las Conversaciones con Dios no es, por tanto, rechazar en su conjunto o abandonar por completo las antiguas ideas de la humanidad acerca de lo Divino y sobre la Vida, sino aportar, construir, ampliar, ensanchar, extender, profundizar, clarificar y enriquecer nuestra Antigua Historia.

PONER FIN AL BLOQUEO

No hay necesidad de que esta ampliación de nuestra comprensión original genere rabia, y mucho menos nos bloquee para siempre a medida que buscamos avanzar en nuestro viaje espiritual mucho más de lo que ampliar nuestros entendimientos científicos, médicos y técnicos nos ha bloqueado para siempre de progresar en nuestro viaje evolutivo.

Sí, ha habido algunos obstáculos, ha habido algunos retrasos en el viaje evolutivo de la ciencia, la medicina y la tecnología, pero nada que hayamos permitido que nos detuviera completamente. Nos tomó un tiempo admitir que el sol no giraba alrededor de la Tierra; nos tomó un tiempo reconocer que lavarnos las manos antes de ayudar a nacer a los niños reduciría la mortalidad infantil; nos tomó un tiempo "captar" que las computadoras no significaban una amenaza para los seres humanos, pero al final adoptamos estos y otros adelantos y seguimos adelante.

No desechamos la totalidad de nuestro conocimiento científico para admitir un nuevo descubrimiento, no desechamos la totalidad de nuestro conocimiento médico para adoptar un nuevo procedimiento, no desechamos la totalidad de nuestro conocimiento técnico para aplicar un nuevo avance. Simplemente integramos lo nuevo dentro de lo viejo, dejamos que nuestra comprensión se amplíe y modifique, y seguimos adelante, ahora mucho mejor.

Ahora es tiempo de hacer lo mismo con la religión.

## 5

Lo que ahora se necesita en la Tierra es un Movimiento por los Derechos Civiles del Alma, liberar a la humanidad por fin de la opresión de su creencia en un Dios violento, furioso y vengativo, y liberar a nuestra especie de una doctrina espiritual que no ha ocasionado sino separación, miedo y disfuncionalidad en todo el mundo.

Necesitamos sustituir este dogma con lo que mi amigo el rabino Michael Learned describiría como un *ethos* de unidad y cooperación, entendimiento y compasión, generosidad y amor.

El primer paso en este movimiento es iniciar una conversación global que inicie con una pregunta directa que rara vez se hace: "Honestamente, y sin prejuicio alguno, ¿dirías que los sistemas de creencias del mundo, incluidas sus religiones, han conseguido los resultados que la humanidad anhela?".

Si la respuesta es no, la siguiente pregunta debe ser: "¿Por qué crees que nuestros sistemas de creencias han fracasado en conseguirlo?". Y por último, cualquier discusión provechosa debería conducir a esta pregunta: "¿Qué creencias o puntos de vista sientes que *conseguirían* los resultados que la humanidad dice desear?".

Estas preguntas pueden formar la base de lo que llamo la Conversación del Siglo, y es algo en lo cual todos podemos tomar parte. Podrías unirte ahora mismo a la Conversación del Siglo en la comunidad virtual global que se reúne a diario en www.TheGlobalConversation.com. Se trata de un periódico en línea que creé, el cual relaciona los conceptos espirituales ampliados de la Nueva Espiritualidad con las noticias del día, haciendo otra vez *vital* la espiritualidad, *dotándola de sentido* de nuevo en nuestras vidas.

Podrías abrir un Grupo Revolucionario para la Evolución ahora mismo en tu comunidad, con reuniones en tu hogar una o dos veces al mes.

Hablar de cuestiones importantes genera energía alrededor de ellas. Cada cambio importante que haya tenido lugar alguna vez en nuestros sistemas social, político, económico y espiritual comenzó con una persona hablándole a otra al respecto. Esto puede parecer absurdamente obvio, sin embargo, observo a mucha gente que quiere ver cambios en su mundo y en sus vidas decir: "¿Y qué puedo hacer? ¿Qué impacto es posible que yo tenga?".

No te confundas, cuando la gente habla al mismo tiempo sobre lo mismo en el mismo momento se vuelve muy poderosa. Tan poderosa que, como dijo Victor Hugo: "Todos los ejércitos del mundo no pueden detener una idea cuyo momento ha llegado".

Reescribir la historia cultural de la humanidad para incluir creencias ampliadas y puntos de vista más profundos acerca de Dios y la Vida, agrandando las creencias primitivas y simplistas del pasado, es una gran idea.

Toma tiempo, pero grandes grupos de personas —sociedades enteras— *pueden* cambiar de idea acerca de las cosas. Martin Luther King Jr. ayudó a cambiar la mentalidad acerca de la gente de raza negra. Betty Friedan y Gloria Steinem ayudaron a cambiar la mentalidad acerca de las mujeres. Harvey Milk ayudó a cambiar la mentalidad acerca de los gays. Nosotros podemos ahora ayudar a cambiar la mentalidad acerca de Dios.

"Cambiar la mentalidad del mundo acerca de Dios." ¡Ah! ¡Vaya meta!

Y *ésa* es la meta de la Nueva Espiritualidad. Ésa es la meta de las Conversaciones con Dios. Ésa es la meta de cada persona que conoce y ama a Dios, y que no puede seguir sentada mirando ausente a los demás mientras batallan con enseñanzas acerca de un Dios temeroso, vengativo y violento, e ignorar todos los dañinos resultados que tales creencias han infligido a la raza humana.

Quienes estamos en ese grupo sabemos que lo primero en que debemos ayudar a la gente a cambiar de mentalidad es acerca de la relación de Dios con nosotros. Luego, nuestra relación hacia Dios. Y por último, la relación de todas las personas entre sí, y hacia la Vida misma.

Estos tres asuntos forman la línea que recorre los principales mensajes de las Conversaciones con Dios, resumidos en el capítulo 2. Creo de todo corazón que estos mensajes ofrecen un sendero hacia la clase de experiencia vital que la gente de la Tierra ha anhelado, individual y colectivamente, por miles de años.

Por favor, observa que dije "un" sendero, no "el" sendero. Mi elección de palabras fue específica y deliberada. Las Conversaciones con Dios le ofrecieron a la humanidad un Nuevo Evangelio en el libro *Amistad con Dios*. El Nuevo Evangelio concluye el resumen del capítulo 2.

Así que empecemos aquí. *Empecemos* nuestra exploración de este resumen de mil palabras donde *termina*. Empecemos con el final y prosigamos hacia arriba.

# 6

Mientras vemos los 25 mensajes clave surgidos de las Conversaciones con Dios, del último al primero, dedicaré un capítulo a cada uno y dividiré cada capítulo en dos secciones: Significado y Aplicación. De ese modo, nos extenderemos de dos maneras sobre los mensajes mismos, llevando a mucha gente a nuevos territorios donde no han tenido oportunidad de estar antes.

Aquí tenemos entonces nuestra mirada al mensaje más desafiante de todos...

MENSAJE CLAVE DE LAS CONVERSACIONES CON DIOS #25

Que haya un Nuevo Evangelio para toda la gente en la Tierra: "Todos somos uno. El nuestro no es el único camino, es sólo otro camino".

Éste fue para mí uno de los mensajes más maravillosos en el diálogo con la Divinidad que tuve la maravillosa fortuna de experimentar. En ese lindo intercambio, Dios me dijo suavemente que podemos poner fin a buena parte de la ira, el odio, las divisiones y la violencia en nuestro mundo tan sólo con adoptar y difundir una nueva enseñanza, una sencilla doctrina de catorce palabras: *Todos somos Uno. El nuestro no es el único camino, es sólo otro camino.*

Dios llamó a esto el Nuevo Evangelio, y debo admitir que en un principio estuve muy reacio a usar estas palabras porque, después de todo, la palabra *evangelio* guarda un significado muy especial para mucha gente. Pero nunca he suprimido una sola cosa que haya recibido en estas experiencias dialogadas, y no podría justificar empezar a hacerlo de pronto… así que dejaré la frase exactamente como la recibí.

Creo que a todos nos vendría bien un nuevo evangelio. No uno que reemplace al anterior, sino que lo complemente, que lo amplíe y le dé un significado más profundo y rico. De modo que, en mis charlas y talleres por todo el mundo he invitado a nuestros líderes en la economía, en la política y espirituales para hablar de este Nuevo Evangelio a sus audiencias.

Hasta ahora, ninguno lo ha hecho. Lo comprendo. Sé por qué ningún líder mundial relevante, ninguna figura espiritual global, ningún titán de los negocios y de la industria se ha atrevido a pronunciar esas palabras desde sus podios y púlpitos y mesas de juntas. Ellos simplemente no creen que funcione, que alguna vez sea aceptado por aquellos que los escuchan y los miran.

De hecho, debido a las mismas posiciones que ocupan estos líderes, pueden sentir que necesitan afirmar exactamente lo contrario. ¿Por qué habría alguien de seguirlos si no proclamaran que están en lo correcto?

Con todo, nada bloquea la creación y el sostenimiento de la paz en tu mundo como los pensamientos de superioridad, en especial si van acompañados de santurronería.

Y esto, tristemente, es lo que vemos con mayor frecuencia en nuestra sociedad cada vez más polarizada. "No sólo", dicen nuestros líderes, "tenemos una buena idea… es la única idea que hay. Nuestra senda es la senda *correcta*. Cualquier otra no sólo es equivocada, sino que es *mala* incluso de mencionar".

Así es como suena nuestro intercambio de opiniones cada vez más y más a diario, y es muy triste que ni siquiera notemos que nosotros mismos creamos la polarización con nuestra superioridad moral.

Como se señaló antes aquí, cuando los seres humanos creen que están en lo "correcto" acerca de algo, algunos de ellos —tal vez la mayoría— se aferran a sus opiniones tenazmente, aun cuando los hechos revelen que sus puntos de vista son erróneos o los hagan obsoletos.

Es cierto que la gente puede cambiar de mentalidad acerca de las cosas; Harvey Milk, Gloria Steinem, Martin Luther King Jr. y otros, Dios los bendiga, lo demostraron. Pero no es una tarea fácil ayudarlos a conseguirlo, pues es como se nos dijo en *Comunión con Dios:* la idea de superioridad es seductora.

Es, nos dice ese libro, una de las Diez Ilusiones de los Seres Humanos. No puede ser real... y explicaré por qué en un momento más... pero sin duda parece real. Y se siente tan *bien*.

En ningún lado está más extendida la idea de superioridad que en la religión, otro señalamiento que hemos hecho antes. Es esto lo que vuelve al Nuevo Evangelio tan dramático e impactante, y tan desafiante para muchas personas a la hora de aceptarlo.

Pero precisamente por ser desafiante es que nos invita a una revisión más estrecha. Démosle una mirada un poco menos superficial.

## ¿NO ES DIOS "TODO"?

El Nuevo Evangelio comienza con las palabras "Todos somos Uno". Por consiguiente, esta revelación final en los 25 mensajes clave de las Conversaciones con Dios nos lleva de vuelta a su primera revelación, cerrando un círculo.

Ese primer mensaje es: "Todos somos Uno. Todas las cosas son Una Cosa. Sólo hay Una Cosa, y todas las cosas son parte de la Cosa Única que existe".

Si esa declaración inicial es verdadera, conlleva una implicación importante —una implicación *notablemente* importante— que significaría una gran ampliación de la comprensión previa de la humanidad acerca de la relación entre Dios y el Hombre.

La implicación, por supuesto, es que si *todo* es Una Cosa, y si somos *parte* de todo (como es obvio que lo somos), entonces *somos parte de Dios,* a no ser que Dios *no* sea parte de "todo" sino que esté fuera de "todo", en cuyo caso "todo" no es todo en absoluto.

Esto es, de hecho, lo que mucha, mucha gente cree. Creen que hay, esencialmente, *dos cosas* existentes como realidad última: (1) Todo Lo Que Es, y (2) aquel que *creó* Todo Lo Que Es.

En esta cosmología, Dios queda fuera de Todo Lo Que Es. Para poder concebir esto, mucha gente define "todo" como sólo aquello que es *físico,* y definen a Dios como aquello que es *espiritual.* Sin embargo es una distinción injusta, porque le otorga un significado alterado a la palabra *todo.*

También nos fuerza a suponer que *nosotros* no somos espirituales... o que si *somos* espirituales y físicos, nuestra parte espiritual no es parte de "todo". Porque, por simple lógica, si *nuestra* parte espiritual está *incluida* en lo que llamamos "todo", entonces un Dios que es espiritual debe ser parte de "todo" también.

Esto conduce a algunos de nosotros a seguir toda clase de sendas torcidas y a emplear toda clase de lógica tortuosa para explicar cómo un Dios que es espiritual no es parte de "todo", mientras nuestra parte espiritual *sí* lo es.

Presumiblemente, el espíritu de Dios es una clase diferente de espíritu, de un *tipo* distinto. No sólo más grande o mayor o más poderosa, sino de un *tipo* diferente por completo, un tipo que no cae dentro de la categoría de "todo lo que es".

El primer desafío importante de la Nueva Espiritualidad es persuadirnos de alejarnos de este razonamiento fracturado y guiarnos con delicadeza a considerar que puede haber una pauta de la Energía Esencial de la vida (que algunas personas, incluido yo mismo, llamamos "Dios") que le permita manifestarse tanto como algo físico y espiritual *al mismo tiempo,* incluso tan claramente como observamos que nosotros, como humanos, lo hacemos.

En otras palabras, podríamos querer considerar la posibilidad de que lo que podemos hacer, Dios puede hacerlo, y que aun cuando somos espirituales y físicos, así también Aquel Que Es Divino.

Esto haría a la Humanidad y a la Divinidad una y la misma cosa, excepto en la proporción: Dios es Todo Ello, mientras que nosotros somos parte de lo que *comprende* Todo Ello.

¿No tiene esto mucho más sentido?

¿Y no han dicho las principales religiones que estamos "hechos a imagen y semejanza de Dios"?

## Nuestras historias nos dicen otra cosa

Previamente la mayoría de las culturas de la humanidad nos dijeron, por medio de mitos y cuentos, que Dios nos separó de la Divinidad. No que Dios nos *dividió* (en cuyo caso todos seríamos simples divisiones de la Cosa Única), sino que nos *separó*. Ten en cuenta la diferencia.

Una compañía con divisiones en varias ciudades sigue siendo la misma compañía. Pero una compañía que se ha *partido* y vendido una o dos de esas divisiones ha creado *entidades separadas* que ya no son parte de la empresa original.

¿Es esto lo que Dios hizo? Sí, afirma la mayoría de las religiones. En consecuencia, nos dicen que Dios es una cosa y nosotros somos otra. Esta separación ocurrió, prosigue la enseñanza, porque Dios estaba disgustado con nosotros. Su disgusto, se nos ha informado, es resultado de haberlo desobedecido. (O, cuando menos, nuestros primeros ancestros.)

Y así la Historia de la Separación fue sembrada en la psique humana. Esta historia es fundacional y crucial para las religiones del mundo, pues si creemos en Dios, y en cualquier forma estamos hambrientos de la seguridad de Dios, el amor de Dios, la magnificencia de Dios, entonces *volver* a Dios se vuelve nuestra máxima prioridad, y ahí es donde entran las religiones. Ellas nos prometen la manera de conseguirlo.

41

Para asegurarse de que entendamos la importancia de esta tarea, las religiones han añadido una advertencia: si *no* volvemos a Dios, acabaremos en ese otro sitio...

## La alternativa desdichada

Si no hemos encontrado la manera de volver a Dios, quien nos perdonará por cada falta de caridad y mal comportamiento durante nuestra vida en la Tierra, no seremos absueltos de nuestros pecados, y, como castigo por nuestras deudas, seremos enviados a un lugar de interminable e indescriptible sufrimiento, llamado, distintamente, Infierno, Hades, Gahannam, Nar, Perdición, Averno, el Inframundo, Sheol, Aquerón, Gehenna, Tofet, el Abismo, o el Pozo (entre otras cosas).

Complica este proceso el hecho de que, según al menos una religión, *sólo hay una manera* de volver a Dios y ser perdonados, y eso es a través de Jesucristo. Nadie más tiene el poder de perdonarnos, incluido, presumiblemente, Dios Mismo, por lo que necesitamos seguir esta vía única hacia la salvación.

De hecho, según esta doctrina, uno puede vivir una vida virtualmente perfecta, demostrando amabilidad, preocupación por los demás, compasión, generosidad y cualquier otra virtud divina en todo momento de la propia existencia, y aun así no "ir al Cielo" (como se llama al viaje de regreso). En otras palabras, uno no puede "ganarse" el camino al Cielo, sino que llega ahí sólo si "acepta a Cristo" como Señor y Salvador. Y la razón de que únicamente Cristo sea quien puede ofrecer la salvación, y no Dios Mismo, es que fue Cristo quien "pagó por nuestros pecados" por medio de su tortura y muerte voluntariamente aceptada, aplacando así a un Dios "justo" (que otros podrían ver como iracundo y vengativo), quien de otro modo nos habría hecho pagar a nosotros mismos por ellos.

Aun si uno muriera momentos después de nacer, un bebé en absoluto incapaz de cometer una sola ofensa contra Dios, hay que tener en cuenta el Pecado Original, afirma esta religión específica. Es el pecado cometido por las primeras personas —aquellas que fueron arrojadas del Paraíso en un principio—, cuya carga se nos ha transmitido por virtud de nuestra herencia.

Tal es la Doctrina de la Imperfección Heredada. A no ser que un alma sea libre de culpa, afirma la doctrina, no puede volver a Dios. Y ningún alma —ni siquiera la de un bebé— está libre de culpa.

*Nacemos* imperfectos. Podemos hallar el perdón, sin embargo, y regresar a la condición inmaculada al proclamar a Cristo como nuestro Salvador. En el caso de un niño esto se hace por medio del Bautismo, con el que Cristo es aceptado *a nombre* del bebé por un adulto.

(El niño puede aceptar a Cristo de nuevo más adelante, mediante el sacramento de la Confirmación, con el cual él o ella, habiendo llegado a la edad de razonar, confirma y renueva la promesa bautismal, y es por consiguiente proclamado como capaz de recibir al Espíritu Santo. Esto ocurre por lo regular entre los siete y los catorce años, según la costumbre local.)

Ninguna de éstas es una cuestión menor, se nos indica, porque si no aceptamos el don de Cristo de la redención, el pago por nuestros pecados continuará por siempre. Esto es, por la Eternidad. Así de grande ha sido nuestra ofensa contra Dios... incluida la mayor de todas, que sería no aceptar el don de Dios del Cristo torturado y sacrificado.

Según este criterio, los judíos, hindúes, musulmanes, budistas y los miembros de cualquier otra fe (así como aquellos que no profesen ninguna en absoluto), irán al infierno.

AMPLIAR NUESTRO CONCEPTO DE DEIDAD Y REALIDAD

¿Es así como es en realidad?

La Nueva Espiritualidad nos invita a mirar más de cerca esta enseñanza y decidir por nosotros mismos si corresponde con nuestro concepto de un Dios amoroso que es la fuente de todo y por consiguiente no necesita nada.

El primero y el último de los 25 mensajes más importantes de las Conversaciones con Dios amplían nuestro concepto completo de Deidad y el de la Realidad Última misma. Describe una realidad en la que nada está separado de ninguna otra cosa, y a un Dios que se manifiesta en y a través de todo cuanto existe.

Exploraré las implicaciones de esto con mayor detalle cuando abordemos el Mensaje clave #2 por separado hacia el final del libro. Por ahora, quedémonos con el Mensaje clave #25 y echemos una mirada a la segunda mitad de esta afirmación de catorce palabras. Dice: *El nuestro no es el único camino, es sólo otro camino.*

Como ocurre con la primera mitad del Nuevo Evangelio, esta frase posee mayores implicaciones teológicas de lo que aparenta en un principio. Más que una simple declaración magnánima o humilde, amplía nuestro pensamiento actual de que un camino hacia Dios, y un solo camino, es el "mejor" camino, y que una y sólo una doctrina religiosa constituye la base de la Única Fe Verdadera.

Lo que Dios busca decirnos a todos es que toda fe es la Única Fe Verdadera para aquellos que la admiten como Verdadera. Esto es porque "se hace en ti como has creído". Esto es, la fe pura se potencia a sí misma, produciendo los resultados que solicita. Y *esto* se debe a la naturaleza de quien eres y cómo funciona la vida (lo que, nuevamente, exploraremos en secciones posteriores de este libro).

De modo que si crees que seguir las enseñanzas del Profeta Mahoma, bendito sea Su santo nombre, te llevará al Paraíso, así será. Si crees que aceptar a Cristo como tu Salvador te garantizará un lugar en el Cielo, así será. Si crees que imitar el comportamiento del Buda te dará paz, así será. Lo que sea que creas, del mismo modo será tu experiencia.

Lo que esto significa es que hay más de un camino hacia la cumbre. También quiere decir que ningún camino es "mejor" que otro. Todos los caminos conducen al mismo destino. De hecho, afirman las Conversaciones con Dios, no hay camino que *no* lleve a lo que llamamos el Reino de Dios, porque *no hay otro sitio adónde ir.* (Exploraremos esta idea en el capítulo 23.)

Este lugar también tiene muchos nombres. Algunos lo llaman Paraíso, Yanna, Nirvana, Sion, el Porvenir, el Otro Mundo, la Otra Vida, el Reino de Dios, el Elíseo, los Campos Elíseos, Valhala, el Empíreo o, simplemente, el Cielo.


## CIRUGÍA ESPIRITUAL PARA QUITAR UNA IMPERFECCIÓN FATAL

Lo que la segunda frase del Nuevo Evangelio hace es quitar la superioridad moral de la religión, quitando así algo no muy bueno de algo que de otro modo es muy bueno de muchas formas.

La idea de que sólo hay Un Camino Correcto para volver a Dios ha causado más muerte y destrucción, y en consecuencia ocasionado que más gente se *aleje* de Dios, que cualquier otra noción.

El Nuevo Evangelio es como una cirugía espiritual que alcanza y corta el veneno de los de otro modo gloriosos y saludables pensamientos que la mayoría de los seres humanos albergan acerca de su religión y su Deidad.

Creo que en algún sitio muy profundo la mayoría de la gente sabe que si hay un Dios, no puede ser un Señor Del Nombre De Marca, que piensa que todos los pañuelos faciales deben ser Kleenex, toda la cinta adhesiva transparente debe ser Scotch Tape, y que toda la gente que va al cielo debe ser Cristiana (o Musulmana, o Hindú, o Mormona, o cualquier logo que tu Dios tenga junto a su nombre).

Lo que el Nuevo Evangelio de *Amistad con Dios* ofrece es una oportunidad de hacer que nuestra teología se ponga al día con nuestra conciencia del siglo XXI. Es una oportunidad para discutir una cuestión toral: "¿Es posible que nuestra información previa acerca del Reino de Dios, y de quién es 'elegible' para estar en él, fuera incompleta?".

Para los miles de millones de personas que sostienen que sus almas sólo pueden volver a Dios siguiendo una senda particular, la creencia de que todos los caminos conducen al cielo es una invitación a ampliar su concepto de Dios, haciendo que el Ser Divino sea lo bastante grande como para que cualquier ruta lo alcance. O, como escuché a alguien explicarlo deliciosamente hace unos años: "Si Dios es tu objetivo, ¡no puedes fallar!".

De haber eliminado esta idea de un paraíso "exclusivo" de las construcciones espirituales de nuestra especie hace siglos, miles y miles de vidas se habrían salvado, las de incontables personas que fueron martirizadas por no aceptar y practicar la "fe verdadera".

Incluso hoy, hay personas por todo el mundo que son avergonzadas y marginadas, reprendidas y amonestadas, y en algunos casos aún perseguidas por no adoptar la "única religión verdadera".

## APLICAR ESTE MENSAJE A LA VIDA DIARIA

Este notable mensaje nos brinda a todos una oportunidad para unirnos en sanar a la humanidad.

El miedo a la condenación ya no se considera una manera amorosa de ganar conversos a cualquier religión, aun si la gente dice recurrir a ello "preocupados" por alguien a quien aman. Y declarar a alguien "malo" o "equivocado" ya no es una manera reparadora de hacer que alguien coincida con tu punto de vista en *cualquier* materia.

El Nuevo Evangelio tiene aplicaciones mucho más allá de la esfera de la religión. Puesto en práctica en la arena política, puede devolver la civilidad al discurso público. Adoptado en el terreno económico, puede reemplazar la competencia despiadada por la colaboración y la cooperación. Aceptado en el espacio educativo, podría poner fin a la enseñanza de sólo aquello que aceptamos.

La idea de que el nuestro no es el mejor camino, sino sólo otro camino, aplicada a todos los ámbitos de nuestra vida, alteraría el panorama social completo de formas que sólo podemos empezar a imaginar, y que sólo harían mejor la vida humana en general.

Éstas son algunas sugerencias para aplicar esta idea a la experiencia diaria:

- Si eres una persona religiosa, establece a partir de este día (si aún no lo haces) nunca volver a señalar a otra persona que tu religión es la única manera de ir al Cielo, o que toda persona sobre la faz de la Tierra que no practique alguna religión irá al Infierno. Recurre al amor de Dios, no al temor de Dios, como tu motivación para alentar a otros a echar una mirada más de cerca a tu fe como su posible hogar espiritual.
- Si estás muy involucrado en la política, proponte enaltecer la postura política y las ideas de los demás; recíbelas en sus discusiones. No confundas emoción con pasión. Una cosa es ser apasionado en cuanto a tu punto de vista, y otra ser muy emocional ("enojado", por ejemplo) al respecto. Si sientes que vas enfureciendo, si notas que empiezas a utilizar lenguaje agresivo o arrebatado al enunciar tu perspectiva de las cosas, contén un poco el discurso y baja la temperatura del intercambio. Asume la responsabilidad por permitir que la conversación se salga de control, discúlpate por el aumento en la energía negativa, y simplemente empieza a hablar más despacio y más bajo. Puede obrar maravillas.
- Cuando comiences a sentir que la tuya no es sólo una "mejor" manera sino la "única" manera de ver o hacer las cosas, piensa en un momento de tu vida en que hayas sentido que tenías la única respuesta adecuada a algo y la vida te demostró que tu apreciación no era la más precisa. Pregúntate si no podría ser el mismo caso ahora.
- Considera el punto de vista de alguien más y busca con intención si hay algo —cualquier cosa— valioso en lo que cree. Ve si puedes encontrar algo en común, la mínima coincidencia, con esa persona, y vuelve a comenzar la plática a partir de ello.

- Piensa en las expectativas deseables que tú y otros comparten. Concéntrate en las que persiguen ambos, en vez de las rutas o los métodos para alcanzar ciertos resultados. A veces, cuando vemos lo compartido de las expectativas, encontramos un respeto mutuo que nos permite empezar a compartir y generar enfoques de colaboración para resolver los desacuerdos y los problemas.

- Ésta es una afirmación milagrosa que he encontrado maravillosamente útil para llevar a otro terreno lo que podría ser una conversación discordante: "Puedo entender que te sientas así". Esto no quiere decir que coincido con cómo te sientes, pero dice que no creo que estés loco o que sea totalmente absurda tu manera de pensar; reconoce tus antecedentes o tu experiencia de vida, y el camino que te trajo hasta aquí. A veces todo lo que la gente necesita para romper el hielo es sentir que se les escucha, ni siquiera que se está de acuerdo con ellos, sino que se les pone atención.

- En cuanto a la primera parte del Nuevo Evangelio, comienza a practicar el movimiento hacia la unidad con los demás al recordar un tiempo en que te sentiste exactamente como la persona que ahora tienes enfrente. No veas las cosas desde su punto de vista, sino a partir del momento en que tenías esos mismos sentimientos u otros parecidos. Recuerda, los sentimientos no son una opinión; son lo que fomenta una opinión. Los sentimientos de traición, por ejemplo, o de ira; los sentimientos de soledad o de incomprensión. Todos son sentimientos que hemos tenido alguna vez. Busca relacionarte con los sentimientos de esa persona, no con su opinión o sus palabras específicas, y empezarás a practicar la "unidad" como experiencia vital única.

- Permítete experimentar tus propios sentimientos de unidad con los demás —y, por consiguiente, con otras formas de vida—, y practica hacerlo cada día. Elige a dos personas más con las que interactúes a diario o con frecuencia, y ve si puedes identificar cualquier sentimiento que hayas observado en ellos y que hayas experimentado en tu propia vida en algún momento u otro.

Estos sencillos pasos pueden crear magia en tus relaciones y en la forma en que te relacionas con el mundo entero a tu alrededor. Este Nuevo Evangelio, estas catorce palabras, son todo lo que necesitarás alguna vez para cambiar tu vida para bien. Y, lo más emocionante, tenemos *986 palabras más* por explorar.

# 7

El 12 de septiembre de 2001 estaba acorralado por correos electrónicos de lectores de todo el mundo deseosos de saber cómo los mensajes de las Conversaciones con Dios podrían ayudar al planeta a evitar que los terribles sucesos del día anterior se repitieran. Yo mismo quería saberlo. Incapaz de dormir la noche del 11/9, fui hasta el teclado y comencé un intercambio urgente con Dios. Éste es el principio de ese intercambio, al pie de la letra...

Dios, por favor acércate. Necesitamos ayuda.

*Aquí estoy.*

Necesitamos ayuda.

*Lo sé.*

Ahora mismo.

*Comprendo.*

El mundo está al borde del desastre. Y no estoy hablando de un desastre natural; me refiero a una calamidad causada por el hombre.

*Lo sé. Y tienes razón.*

Quiero decir, los seres humanos han tenido desacuerdos antes, y muy serias, pero ahora nuestras divisiones y desavenencias no sólo pueden llevarnos a guerras —lo que ya es suficientemente malo—, sino al fin de la civilización como la conocemos.

*Eso es cierto. Has evaluado la situación correctamente.*

*Entiendes la severidad del problema, sólo que no entiendes la naturaleza del problema. No sabes qué lo causa, así que sigues tratando de resolverlo en todos los niveles menos en el nivel en el que existe.*

¿Y cuál es?

*El nivel de las creencias.*

*El problema que enfrenta el mundo hoy es un problema espiritual.*

*Sus ideas sobre espiritualidad los están matando.*

*Siguen tratando de resolver el problema del mundo como si fuera un problema político, o un problema económico, incluso un problema militar,* y no es ninguno de ellos. *Es un problema espiritual. Y ése es el único problema que los seres humanos no parecen saber cómo resolver.*

Por supuesto que le rogué a Dios: "¡Entonces *dinos* cómo resolverlo!". Un libro entero salió como resultado de esa súplica, titulado *Las nuevas revelaciones*, y considero que el pasaje más importante de ese libro es:

---

**MENSAJE CLAVE DE LAS CONVERSACIONES CON DIOS #24**

Piensas que otras personas te aterrorizan, pero lo cierto es que estás aterrorizado por tus propias creencias. Tu experiencia de ti mismo y de tu mundo cambiará drásticamente si adoptas, colectivamente, los Cinco Pasos para la Paz:

Permítete reconocer que algunas de tus antiguas creencias acerca de Dios y la Vida ya no funcionan.

Explora la posibilidad de que hay algo que no entiendes completamente acerca de Dios y de la Vida, y que si lo comprendieras cambiaría todo.

Anuncia que estás dispuesto a los nuevos entendimientos acerca de Dios y la Vida que vayan surgiendo, entendimientos que podrían producir una nueva forma de vivir en este planeta.

---

> Examina con valentía estos nuevos entendimientos y, si se alinean con tu verdad interna y conocimiento personales, amplía tu sistema de creencias para incluirlos.
>
> Expresa tu vida como una manifestación de tus creencias más elevadas y no como su negación.

Sería difícil que este mensaje fuera más claro. Significa exactamente lo que dice, y no hay espacio para la ambigüedad. Sin embargo, es más que una receta para prevenir futuros 11/9. Es un ardiente llamado a la acción, un desafío y una invitación a toda la raza humana: Encuentra una nueva manera de ser. Explora la posibilidad de cambiar tus creencias fundamentales.

¿Pero es necesario esto? ¿Por qué cambiar, o incluso desafiar nuestras creencias, debe formar parte de los llamados "pasos hacia la paz"? ¿Por qué no podemos dejar nuestras creencias como están? No es que sean lo que causa agitación en el mundo.

¿O sí...?

Utilicé las palabras "creencias fundamentales" más arriba deliberadamente. El movimiento fundamentalista en las religiones y la política —el rechazo a apartarse de una creencia, o incluso considerar cualquier idea nueva acerca de ella— es lo que expone a la humanidad al peligro de constantes e interminables heridas autoinfligidas.

Esto vale para la religión y en la política. En especial cuando los juntas.

¿Necesitas algunos ejemplos?

Un caballero de nombre Richard Mourdock, en campaña para el Senado de Estados Unidos por Indiana en las elecciones generales de 2012, dijo para conocimiento de todos que si una mujer queda embarazada como consecuencia de una violación, "es algo que Dios quería que sucediera", y por esa razón debía combatirse el aborto y declararlo ilegal, aun en caso de violación o incesto.

Cuando perdió la elección (tan sólo una semana antes de que hiciera ese comentario se le veía como amplio ganador), el señor Mourdock no dijo en su discurso de aceptación de la derrota: "Bueno, creo que me excedí un tanto". En cambio, destacó: "Miraré hacia atrás sabiendo que fui atacado por defender mis principios".

Simplemente no podía admitir que algunas de sus antiguas creencias acerca de Dios y de la Vida ya no funcionaban.

Y no es el único.

Este ejemplo es sólo para mostrar cuán increíblemente rígidas, qué inflexibles pueden ser algunas personas en cuanto a sus creencias, aun enfrentados al sentido común, en particular cuando se trata de las más sagradas de esas creencias, muchas de las cuales provienen de los que se tienen como libros sagrados de la humanidad.

Dice la Biblia, en el libro del Deuteronomio: "Si un hombre tiene un hijo obstinado y rebelde, que no escucha a su padre y a su madre, ni los obedece cuando lo disciplinan, su padre y su madre lo llevarán a la puerta de la ciudad y lo presentarán ante los ancianos.

"Y dirán los padres a los ancianos: 'Este hijo nuestro es obstinado y rebelde, libertino y borracho. No nos obedece'. Entonces todos los hombres de la ciudad lo apedrearán hasta matarlo. Así extirpará el mal que haya en medio de ti".

Por supuesto, nadie consideraría hoy en día "purgar" a un hijo que, en juvenil desobediencia a sus padres, de vez en cuando se excede en la bebida, ¿no?

Pues sí.

*El mantenimiento del orden civil en la sociedad descansa sobre la base de la disciplina familiar. En consecuencia, un niño que falta al respeto a sus padres debe ser apartado permanentemente de la sociedad de manera que proporcione un ejemplo a los demás niños acerca de la importancia del respeto hacia los padres. La pena de muerte para los niños rebeldes no es*

*algo que deba ser tomado a la ligera. Las directrices para su-*
*ministrar la pena de muerte a los chicos rebeldes están dadas*
*en Deut. 21:18-21.*

—Charlie Fuqua, candidato a la Casa de Representantes
del Estado de Arkansas en 2012, en su libro del mismo año,
*La ley de Dios: La única solución posible.*

El señor Fuqua tampoco fue electo.

Al parecer ciertas personas *son* capaces de permitirse reconocer que algunas de sus antiguas creencias acerca de Dios y de
la Vida ya no funcionan. Syed Ghaisuddin, un ministro de educación de los talibanes en el Medio Oriente podría no ser, sin
embargo, uno de ellos. Al preguntársele por qué los talibanes
consideran que las mujeres necesitan ser confinadas al hogar,
respondió a la prensa: "Es como tener una flor, o una rosa. La
riegas y la cuidas en casa para ti, para mirarla y olerla. No se
supone que deba salir de la casa para olerla". En otras palabras,
una mujer es una *posesión*. La posesión de un hombre.

Ésta es la clase de opiniones antiguas que pueden provenir
de los políticos, podrías decir, pero sin duda los miembros del
clero contemporáneo de hoy en día —gente que esperamos que
nos guíe y dirija mientras buscamos crear una vida mejor— son
capaces de ver cuando los puntos de vista anticuados ya no funcionan, ¿verdad?

Bueno, no precisamente...

*Las mujeres no pueden manejar el poder. No está en ellas ma-*
*nejar el poder... El poder auténtico y real viene de Dios, y*
*Dios es quien le dio al hombre el poder y la autoridad sobre*
*la mujer.*

—Reverendo Jesse Lee Peterson, un popular pastor
fundamentalista cristiano, en su servicio dominical por
internet "Cómo las mujeres liberales están construyen-
do una sociedad desvergonzada".

Sólo le faltó decir que las mujeres necesitan quedarse en casa, lavar los platos, cuidar a los hijos, poner la cena sobre la mesa, encargarse de las tareas del hogar, y mantener vacío el depósito de la ropa para lavar. Oh, y por supuesto, llevar a cabo sus "deberes" maritales para con el esposo.

Y así vemos que incluso en nuestra sociedad supuestamente moderna, en esta época supuestamente tolerante, continuamos enfrentándonos a la necesidad de tomar determinaciones: ¿algunas de nuestras antiguas ideas acerca de Dios y de la Vida ya *no* funcionan? ¿Ofrecen estas voces de 2012 soluciones que en verdad funcionen hoy como lo hacían en 1412, 1012, o en el *año* 12?

Lo que los Cinco Pasos para la Paz nos ofrecen es una vía para responder estas preguntas.

## Primer paso

El primero de estos pasos —advertir que algunas de nuestras viejas creencias acerca de Dios y la Vida ya no funcionan— es sin duda el más importante. Tan difícil es para la humanidad en su conjunto dar este paso que incluso un pequeño número de personas que lo llevaran a cabo causarían una revolución.

¿Por qué es tan difícil? Se debe al origen mismo de las antiguas creencias de la humanidad.

Uno de mis más maravillosas maestras espirituales de vida, la doctora Terry Cole-Whittaker, me sorprendió un día hace años cuando planteó una pregunta brillantemente perspicaz a su congregación (de la cual tenía yo la fortuna de ser miembro) en un servicio dominical por la mañana: "¿A quién tendrían que "dejar mal" con tal de poner "bien" su Vida?".

Terry hacía la observación de que con tal de evitar dejar mal a nuestra madre, a nuestro padre, a nuestro maestro preferido o a nuestro más sagrado mensajero espiritual, nos aferraríamos a lo que nos dijeron, aun si claramente ya no funcionara (¡suponiendo que *alguna vez* funcionó!).

Ella nos invitaba entonces a reunir el coraje para salir de nuestra zona de confort y considerar la posibilidad de que lo que tenemos por cierto, dada su fuente aparentemente autorizada, pueda no ser cierto en absoluto, o que sea cuando menos incompleto. Esto es, que haya mucho más por saber al respecto.

Fue la doctora Terry quien me llevó a preguntarme: ¿se ha detenido la evolución? ¿Dejó la humanidad de crecer y progresar en su comprensión de la vida durante la época de mi madre y mi padre, o de sus propios padres? ¿Tal vez durante la época de nuestros primeros maestros y mensajeros? De ser así, ¿cuánto exactamente necesitamos retroceder para encontrar el punto donde se detuvo?

¿Cuándo se detuvo la evolución espiritual, con precisión?

¿O es posible —sólo *posible*— que dentro de cada generación nace la capacidad de adquirir nuevos y aún mayores conocimientos? Puesto sencillamente, ¿la sabiduría es estática u orgánica?

Personas como la doctora Terry nos llevan de la mano y nos conducen al borde de nuestra zona de confort, con la promesa de que estarán a nuestro lado en los momentos de temor. Son estos *nuevos* maestros, así como los antiguos, a quienes haríamos bien en reverenciar, pues nos llevan hacia lugares que la gran mayoría de nosotros aún no conocemos, dando pasos hacia lo desconocido *por* nosotros, y de regreso para contarnos sobre sus hallazgos.

Éstos son los Descubridores del Mañana... y siempre, siempre puedes distinguir a los auténticos de los falsos, pues los verdaderos, sin defecto, nos invitan a *unirnos* a ellos, no a *seguirlos*, en la expedición más espectacular de la vida, el Viaje del Alma.

(Para tu información, puedes acceder al trabajo de la doctora Terry Cole-Whittaker en www.TerryCole-Whittaker.com. El programa que ofrece tiene el título perfecto de Aventuras en la Iluminación.)

Una vez que llegamos al punto de poder admitir al menos y reconocer que algunas de las antiguas creencias de la humanidad acerca de Dios y de la Vida —aun las más sagradas— ya no funcionan, el segundo de los Cinco Pasos para la Paz nos invita a explorar la posibilidad de que haya algo que no entiendas completamente acerca de Dios y de la Vida, y que si lo comprendieras cambiaría todo. Esto es, que nuestro conocimiento en esta área puede ser Incompleto.

Destaqué con mayúscula la última palabra para significar su importancia. Quiero señalar aquí una vez más que el problema no es que las Antiguas Enseñanzas sean "falsas" o "equivocadas". Creo que el problema es que en algunos casos no van demasiado lejos. O tal vez *nosotros* no vamos demasiado lejos en nuestra búsqueda de una comprensión más profunda de ellas.

O tal vez sean las dos.

Reconocer que algunas de las enseñanzas o nuestra búsqueda puedan ser *incompletas* es también para muchos un enorme paso. Una cosa es observar y admitir que nuestra Antigua Historia puede ya no ser funcional, pero es otra distinta por completo adoptar la noción de que esto podría deberse a que, desde el *principio*, nunca tuvimos la historia completa. Esa clase de admisión requiere humildad espiritual. Debemos reconocer que *no lo sabemos todo* cuando se trata de los asuntos de Dios y de la Vida, y *nunca lo supimos*.

Y a propósito, antes de proseguir dentro de un terreno que nuestro ego espiritual colectivo podría sentir insultante, me gustaría señalar que la palabra *algunos,* como aparece en el primero de los Cinco Pasos para la Paz, es un calificativo muy importante, y es mejor no tomarlo a la ligera durante la lectura.

Claramente, la intención de lo Divino en esta revelación es dar a conocer que no es la totalidad de la Historia Antigua de la humanidad acerca de Dios y de la Vida lo que está incompleto y podría beneficiarse de hacerse más amplio, sino sólo partes de ella. Esto se ha señalado varias veces en este texto, *a propósito,* de modo que nadie pueda afirmar equivocadamente que las Conversaciones con Dios se está presentando como un sustituto de lo que señala como la Escritura Absolutamente Errada.

Deseo hacer notar de nuevo que, por el contrario, las Conversaciones con Dios afirman que la gran mayoría de los mensajes de las Sagradas Escrituras de la mayor parte de las religiones del mundo son de enorme valor, y puede confiarse en ellas *al pie de la letra* como fuente de observaciones sabias, atentas, perspicaces y beneficiosas.

¿Hay algunos casos, no obstante, en que el avance del entendimiento humano pueda aportar una ampliación útil a las palabras consagradas por el tiempo de nuestra Historia Antigua?

Por supuesto.

Y esta *ampliación hacia nuevo territorio* es lo que el segundo de los Cinco Pasos hacia la Paz nos invita a emprender.

También nos hace reparar en sus palabras, deduciendo que, si nos atreviéramos a ver más allá de los parámetros de nuestras percepciones actuales, podríamos arriesgarnos a verdades espirituales más profundas, *que si las comprendiéramos cambiaría todo.*

Esto no es un aliciente menor.


## Un pequeño aviso

¿Puedo hacer una pausa de esta narrativa ahora mismo para ofrecer una breve explicación acerca del estilo?

Sin duda ya habrás notado que la línea de este texto es anular, volviendo sobre sí mismo en repeticiones claramente observables. Esto es intencional, y no debería considerarse un defecto o redundancia, sino más bien una convención literaria empleada de forma deliberada. Se emplea porque la narrativa de las Conversaciones con Dios, en la que se basa este libro, también es circular, remarcando sus observaciones una y otra vez en rodeos contextuales, hasta que se vuelven lo bastante familiares como para revelarse a sí mismos como una lógica lineal.

Ahora volvamos a la narrativa...

## PASO TRES

Incluso el reconocimiento de que puede haber algo más por aprender acerca de Dios y de la Vida no es el final de nuestra tarea. Debemos *anunciar que estamos dispuestos a los nuevos entendimientos acerca de Dios y de la Vida que a partir de ahora vayan surgiendo, los cuales podrían producir una nueva forma de vivir en este planeta.*

¿De qué sirve saber que las llaves de tu auto están extraviadas si no estás dispuesto a buscarlas?

Al observar a las sociedades de la Tierra en la actualidad, es claro que están estancadas, y no podemos poner de nuevo el motor en marcha sin acomodar también ciertos elementos clave. Pero si no estás dispuesto a buscar las llaves, nunca llegaremos a ninguna parte.

Por eso estamos aquí ahora. Éste es un importante cruce de caminos —un cruce de tres rutas entre el Ayer, el Hoy y el Mañana— y el motor se ha descompuesto en el peor momento, dejándonos al borde de un choque considerable. Debemos salir de esta intersección y seguir nuestro camino.

¡Debemos hallar esas llaves! Y no las encontraremos si no estamos dispuestos a buscar por todas partes excepto en los mismos viejos sitios donde solían estar, pero ya no.

Hace poco compré un viejo libro de consulta que me producía emoción leer, pero al llegar al final me di cuenta de que le faltaban páginas. Era un libro muy popular que encontré en una librería de viejo, y que muchos deben haber valorado y leído. Estaba frustrado por la falta de narrativa que le pusiera fin, pero no me recargué simplemente y dije con un suspiro: "Bueno, espero que lo que había en las páginas faltantes no sea importante y que todo lo que hay que saber sobre el tema esté en las que leí". Fui a una librería que vende libros *nuevos,* encontré un texto actualizado sobre el asunto, ¡y lo resolví!

La humanidad se ha "comprado" muchas ideas acerca de sí misma, de la Vida y de Dios, pero ahora descubrimos que faltan algunas páginas en estos maravillosos libros viejos que hemos estado leyendo. ¡Necesitamos un libro nuevo, que no tenga páginas faltantes!

Esto no quiere decir que vayamos a *tirar los libros viejos,* sólo significa que estamos dispuestos a *no detenernos ahí* cuando nos resulta obvio que algo falta, y que elegimos añadir a lo que hemos aprendido mediante lecturas posteriores, ampliando lo que ya sabemos con información adicional.

### ¿DETENIDOS POR SIEMPRE, O AL MENOS LIBERADOS?

De modo que el asunto "clave" es: ¿estamos dispuestos a los nuevos entendimientos acerca de Dios y la Vida que vayan surgiendo? ¿Estamos abiertos a encontrar nuestras llaves, incluso si no están donde pensamos que estarían? Si nuestra respuesta sigue siendo no, podríamos seguir detenidos para siempre en una vieja historia con páginas faltantes.

Por supuesto, esto acarrea otras preocupaciones que han hecho a la humanidad tropezar y detenerse en este tercer paso con anterioridad. La principal entre ellas es: ¿qué nuevas ideas, de qué nuevas fuentes, debemos considerar con seriedad? Es una pregunta válida. ¿Escuchamos a cualquiera que, de pie sobre una caja de madera, sostiene un cartel que dice que El Fin Está Cerca?

No es algo que yo haría. No leería cualquier libro, compraría cualquier disco o iría a cualquier conferencia o retiro. Quisiera saber algo acerca del origen del material que estoy revisando, y si alguien se siente lo bastante bien acerca de él como para recomendarlo.

Si encuentro nuevos mensajes en un libro leído por millones en treinta y siete idiomas, probablemente estaría alentado a tomarlo en cuenta. Podría no estar de acuerdo con él automáticamente, pero querría saber cuando menos por qué tantos millones lo encontraron valioso e hicieron de él un *bestseller*.

Mi experiencia ha sido que un material que alcance tal nivel de popularidad no lo es tanto porque le aporte a la gente algo nuevo, sino porque hace que *reconozcan y recuerden* algo que *ya sabían*.

Se experimenta esta sensación de reconocimiento instantáneo cuando el Alma le dice a la Mente: "Ésta es una verdad pura y profunda de la que siempre estuviste consciente, pero que habías olvidado".

Habiendo sentido ese impulso, sin embargo me habría escuchado a mí mismo después de investigar adónde me llevaba. *No tomaría la palabra de cualquiera sin más*. En lugar de ello, me sintonizaría con mi propia guía interna, para ver qué me dice sobre lo que estoy explorando. Es por eso que el Paso Cuatro de los Cinco Pasos para la Paz te invita a adoptar nuevas ideas acerca de Dios y la Vida sólo "si se alinean con tu propio conocimiento y verdad interiores".

Pero sin duda no dejaría de explorar una nueva idea sólo porque parece radical. Le daría una oportunidad a todo. Pues es como dije antes:

> Sólo cuando estamos abiertos a todas las *ideas,* todas las *posibilidades* se abren para nosotros.

## PASO CUATRO

De acuerdo, ahora es momento de poner un aviso: Valentía Necesaria

Una vez que has alcanzado el estado de disposición para considerar seriamente nuevos conocimientos acerca de Dios y de la

Vida, el siguiente paso requiere fortaleza espiritual de corazón, pues ahora serás invitado a examinar con valentía estos nuevos entendimientos y, si se alinean con tu conocimiento personal y tu verdad interior, a *aumentar tu sistema de creencias para incorporarlos.*

Esto de ninguna manera es un paso menor. Algunos de tus relatos espirituales más sagrados, y las fuentes de las que provienen, sin duda se verán cuestionados, y se requiere valentía —valentía intelectual y espiritual— para resistir los embates mentales que produce tal cuestionamiento interno.

Y esto por no hablar del ridículo público y la marginación que tendrán lugar (puedes contar con ello) si haces tus preguntas en voz alta; ya no digamos si te *atreves a ofrecer respuestas* que violen la ortodoxia.

Aun hoy, si de verdad queremos paz en nuestras vidas y en nuestro mundo, haríamos bien en mirar los resultados que nuestra antigua historia ha tenido en nuestras vidas, y preguntarnos si puede haber otra manera de alcanzar lo que decimos tratar de lograr como especie.

Haría falta una versión espiritual de Ignaz Semmelweis en este siglo XXI para lograrlo. ¿Quién sería la versión espiritual de Ignaz Semmelweis? Y, ¿habría más de uno? ¿Podrían ser miles, tal vez incluso millones?

*Eso* es lo que el Movimiento por los Derechos Civiles del Alma pide: millones de Semmelweis.


### Heroísmo de las ideas

Fue en 1847 que el doctor Ignaz Semmelweis, mientras trabajaba en la clínica de maternidad del Hospital General de Viena, hizo una notable y sin duda temible observación: al menos una de las formas en que se practicaba la medicina estaba de hecho matando a la gente.

En Viena, como en todos los hospitales de Europa y Norteamérica, la fiebre puerperal (o fiebre de parto) —que causaba una infección fatal en las mujeres durante el parto— se estaba convirtiendo en una epidemia que a veces afectaba a 40% de las pacientes admitidas. El doctor Semmelweis conjeturó que los doctores que habían llevado a cabo autopsias recientemente y hacían exámenes internos a mujeres embarazadas transmitían en consecuencia materia en descomposición de los cadáveres a los genitales de las mujeres. Propuso un nuevo procedimiento de lavado de manos utilizando cal clorada, que desde entonces se volvió un conocido desinfectante.

Al tener el coraje de explorar esta idea —que era radical en aquel momento—, el doctor Semmelweis halló que su aplicación *reducía siete veces la incidencia de la fiebre mortal de parto* en las instalaciones de maternidad.

No importó.

Así es. Eso es lo que dije. Toda la evidencia no importó. Los pensamientos del doctor Semmelweis eran contrarios a las creencias y prácticas médicas de la época, y sus ideas fueron ridiculizadas y rechazadas y básicamente se volvió un paria en la comunidad médica de Viena hasta fallecer en 1865 en un hospital psiquiátrico.

No fue hasta el siglo xx que sus ideas fueron aceptadas, salvando la vida de un número incontable de bebés desde entonces.


Llamo a esto heroísmo de las ideas, y sin duda, de haber habido cientos de Ignaz Semmelweis que mostraran tal heroísmo y apoyaran cambios tan evidentemente benéficos, se habría llegado al resultado más pronto, y su propia vida no habría terminado como lo hizo.

¿Pero cuánto le tomará a los demás —no sólo individuos diseminados aquí y allá, sino a cientos o miles de personas— empezar a desafiar las *principales* creencias de nuestra especie, nuestras creencias *espirituales,* y proponer cambios obviamente benéficos? ¿Y quién comenzará?

Dicho más directamente: si no es ahora, ¿cuándo? Si no tú, ¿quién?

## PASO CINCO

El último de los Cinco Pasos para la Paz es donde todo se pone en marcha. Habiendo aceptado que algunas de nuestras antiguas creencias sobre Dios y la vida ya no funcionan, habiendo visto que esto puede ser debido a que queda más por saber acerca de estos temas, habiendo alcanzado la disposición para los nuevos conocimientos que vayan surgiendo, y habiendo aumentado nuestro sistema de creencias para incluir los que se alineen con nuestro conocimiento y nuestra verdad interior, ahora estamos llamados en el Paso Cinco a *expresar nuestra vida como una manifestación de nuestras creencias más elevadas, y no como una negación de ellas.*

No es fácil "actuar como predicas". Aprendí eso muy pronto. Después de dar a conocer veintisiete libros acerca de lo que experimenté y declaré como Conversaciones con Dios, se espera (con justa razón) que viva conforme a mis propios escritos. Por supuesto, no eran mis propios escritos por completo, y es todo lo que puedo ofrecer como débil defensa cuando otros señalan (con justa razón) mis defectos. "No eres muy buen ejemplo de los mensajes que proclamas en esos libros", dicen cuando me conocen, y tienen absoluta razón.

"Tal vez ni siquiera obtuviste de Dios esas ideas", dicen otros. "¿Cómo te atreves a afirmar tal cosa? Dios no le habla directamente a la gente, ¡y Él ciertamente no les da libros enteros!"

Bueno, permíteme abordar primero el último comentario.

Conozco a un hombre que dijo una vez que Dios le habló directamente, y cinco libros salieron de esa inspiración. Esa aseveración le parece a la gente perfectamente aceptable. Los libros se llaman Génesis, Éxodo, Levítico, Números y Deuteronomio.

El nombre de ese hombre era Moisés. De esos libros surgió una religión entera.

Sé de un hombre que dijo una vez que un ángel lo llevó hasta unas placas doradas enterradas con revelaciones grabadas en ellas, las que publicó en lo que afirmó era una traducción al inglés de las placas, y lo llamó el Libro de Mormón. Su nombre era Joseph Smith. Ese libro hizo surgir una religión entera.

La lista de personas en esta categoría podría continuar. Y no estoy sugiriendo ni por un minuto que deba surgir una religión alrededor de los libros de la serie Conversaciones con Dios. Pero sí sugiero que podríamos querer explorar lo que esos libros han aportado, y no simplemente rechazarlos sin más porque el redactor humano que los escribió aún vive, o porque el incidente ocurrió hace menos de veinte años y no hace veinte siglos.

En cuanto a no ser un muy buen ejemplo de los mensajes en esos libros, como mínimo eso podría ayudar a establecer la veracidad de su fuente. Si los libros estuvieran llenos de ideas y nociones, proclamaciones y declaraciones que yo simplemente fabriqué, ¡pensarías que al menos fabriqué cosas que yo podría sostener! (A nadie le gusta que lo llamen hipócrita o impostor, y ésas son dos de las acusaciones más suaves que me han hecho.)

Así que nadie es más consciente que yo de que el último de los Cinco Pasos para la Paz es muy desafiante. Pero para mí es el paso más inspirador de todos. Me llama cada día a un nuevo nivel de compromiso, me invita cada día a una determinación más profunda, me pide cada día que me re-cree a mí mismo por entero en la siguiente versión mayor de la visión más grande que haya tenido acerca de quien soy y quien he elegido ser en este mundo.

Ésa es la oportunidad aquí. Para mí y para ti y para toda la raza humana. Y en realidad no tiene nada que ver, en un sentido específico, con las Conversaciones con Dios o la nueva espiritualidad. El Paso Cinco, y los Cinco Pasos para la Paz *en su conjunto*, puede seguirlos cualquier miembro de cualquiera de las religiones organizadas del mundo, y gente que no pertenezca a ninguna religión en absoluto.

De lo que se tratan los Cinco Pasos para la Paz es de simplemente mirar lo que ocurre en nuestro mundo, en nuestras vidas individuales y, si queremos que algunas cosas cambien para bien, emprender una exploración justa para determinar si podría haber algo que no comprendemos plenamente acerca de la Vida y, sí, acerca de Dios, que si lo entendiéramos podría alterar la experiencia completa. Entonces, se trata de incorporar a nuestra diaria existencia lo que nuestra exploración nos ha dejado.

Es tan simple —y tan retador— como eso.

## APLICAR ESTE MENSAJE A LA VIDA DIARIA

Si me preguntaran qué acciones puede emprender la persona promedio para llevar paz a su vida y a nuestro mundo más pronto que otras, escogería las invitaciones del Mensaje #24 del resumen de mil palabras de las Conversaciones con Dios.

Éstas son algunas sugerencias para aplicar este conocimiento en tu experiencia diaria:

- Imprime una copia de los Cinco Pasos para la Paz y colócalos en alguna parte de tu hogar —sobre el refrigerador, en el espejo del baño, etc.— donde puedas verlos a diario. Luego, léelos cada día como si nunca los hubieras visto antes; aun si los has leído tan a menudo que podrías recitarlos, léelos de nuevo. Continúa trayéndolos al frente de tus pensamientos; aquí es donde tomas decisiones en cuanto a tu manera de reaccionar frente a la vida diaria.
- Coloca los Cinco Pasos para la Paz en la habitación de invitados, en el baño, o dondequiera que podrían verlos quienes lleguen a tu casa. Esto puede generar conversaciones espontáneas acerca de ellos con tus amigos y con quienes los lean y te pregunten de qué se tratan y dónde los encontraste.

- Ten algunas copias de los Pasos a mano donde puedas localizarlos con facilidad, de modo que si alguien dice "Me gustaría tener una copia de ellos", puedas decir "Aquí la tienes" y entregárselas.

- Comienza un Diario de los Pasos hacia la Paz y haz una entrada donde los Cinco Pasos te planteen un desafío, en especial el Paso Cinco. Pregúntate, por escrito, "¿Qué aspecto de lo que creo sinceramente acerca de Dios y de la Vida estoy teniendo dificultad en adoptar ahora mismo?". Responde entonces tu propia pregunta con un ensayo breve en el diario.

- Comienza un Grupo Revolucionario para la Evolución en tu comunidad e invita a sus miembros a reunirse una vez a la semana o dos al mes y discutan las entradas en sus Diarios de los Pasos hacia la Paz. Encuentren formas de apoyarse mutuamente dentro del grupo en la adopción de las creencias más altas que guardan acerca de Dios y de la Vida, y en manifestarlas a diario.

- Pega los Cinco Pasos para la Paz en las puertas de la iglesia de tu comunidad, como Martín Lutero clavó las Noventa y Cinco Tesis en las puertas de la iglesia de Todos los Santos de Wittenberg, Alemania, en 1517. Su acción inició la Reforma; tu acción puede encender el Movimiento por los Derechos Civiles del Alma. Pide permiso al pastor para hacerlo. Si no lo concede, pregúntale por qué. ¿Qué no es aceptable de los Cinco Pasos para la Paz? Comienza un Grupo Revolucionario para la Evolución en tu iglesia para discutir estos pasos, ya sea que te concedan permiso de ponerlos en las puertas o no.

- Entrega los Cinco Pasos a tus amigos, ponlos en los parabrisas de los autos en los centros comerciales, publícalos en las Cartas al Director de tu periódico, compra pequeños anuncios clasificados o espacio en la publicación de tu iglesia, mencionando los Pasos.

- Llama a programas de debate en la radio y discute los Cinco Pasos para la Paz.

- Empieza verdaderamente, sé un auténtico instigador de un Movimiento por los Derechos civiles del Alma en tu comunidad, estado o país a partir de los Cinco Pasos para la Paz. Sube una petición a internet. Haz que la energía alrededor de esta idea se mueva.

# 8

En el libro *La tormenta antes de la calma* asenté muy claramente que en los últimos años del siglo xx y los primeros veinticinco del xxi nuestra especie ha estado y continuará estando bajo lo que podría llamarse el Reajuste de la Humanidad.

Este proceso no tiene que ver con la destrucción de nuestra comunidad global y su forma de vivir, sino con desmontarla decididamente, pieza por pieza, para volver a armarla *con nuevas partes,* así como un motor se reajusta para que funcione mejor. No es un proceso en el que no estemos involucrados, incluso si todo lo que hacemos es simplemente observar. Por el contrario, es un proceso en el cual todos los seres humanos estamos involucrados de forma colaborativa. La mayoría simplemente no lo sabemos, porque nuestra participación es más inconsciente que consciente.

No hay nada que temer en esto si la gente de nuestro mundo se involucra en este proceso con conocimiento de lo que sucede y con claridad acerca del resultado que desean alcanzar.

El proceso tendrá lugar, de cualquier modo (de hecho, está ocurriendo ahora mismo), ya sea que participemos en él de esta manera o no. Con nosotros o sin nosotros, la vida cambiará. La pregunta no es si la experiencia de nuestra especie será diferente, la pregunta es de qué formas será diferente, y quién tomará esas decisiones.

La serie Conversaciones con Dios y otros libros y películas, programas y proyectos sociales han aparecido a lo largo de esta época para ayudarnos a ver por separado las partes del motor de nuestra sociedad, permitiéndonos decir qué partes no han estado funcionando y necesitan retrabajarse. En las Conversaciones con Dios mucho de esto se explora en:

MENSAJE CLAVE DE LAS CONVERSACIONES CON DIOS #23

Hay Cinco Falacias acerca de la Vida que generan crisis, violencia, asesinatos y guerras. La primera, la idea de que los seres humanos están separados unos de otros. Segunda, la idea de que no hay suficiente de lo que los seres humanos necesitan para ser felices. Tercera, la idea de que a fin de conseguir aquéllo de lo que no hay suficiente, los seres humanos deben competir con los demás. Cuarta, la idea de que algunos seres humanos son mejores que otros seres humanos. Quinta, la idea de que es apropiado que los seres humanos, para resolver las severas diferencias creadas por las demás falacias, se maten entre sí.

La intención del Mensaje clave #23 es establecer en términos muy específicos —sin generalizaciones o lenguaje velado, sin ambigüedad ni rodeos alrededor del tema— la causa raíz de los comportamientos que han disparado (en este caso, una palabra desdichadamente apropiada) las interacciones continuamente iracundas y violentas de la humanidad.

Recuerda, el Mensaje clave #23 fue una respuesta directa a mi pregunta urgente del día siguiente al 11/9. Yo, como el resto del mundo, con desesperación quería saber: ¿cómo pueden los seres humanos hacerse esto entre sí?

El problema, nos dice Dios aquí en resumen, es que hemos adoptado como verdad una pequeña pero sorprendentemente dañina lista de falacias a propósito de la vida en la Tierra.

Cinco de estos evidentes errores se abordarán en este capítulo, y ampliaré sobre otros cinco —que son aún más críticos— en el siguiente.

¿Por qué molestarse en echar un vistazo a algo tan deprimente? Por la misma razón que uno mira un motor que ya no funciona como debería. No puedes resolver el problema si no sabes cuál es. Por supuesto, si uno no tiene interés en arreglarlo, o está perfectamente satisfecho con las cosas como están y ni siquiera acepta que existe un problema, entonces no tendría interés en mirar más hondo a su circunstancia presente.

Tú sabes dónde estás en esa escala, y eso determinará si escuchas lo que sigue a continuación como importantes noticias de diagnóstico que te ayuden a ti y a tu mundo a ser más saludables y felices, o como información en la que no tienes interés.

## Nuestra primera falacia acerca de la Vida

El primer error que la humanidad ha cometido es imaginar que sus miembros están separados unos de otros.

Este pensamiento se deriva de la idea de que la humanidad está separada de Dios.

No todo mundo cree que hay un Dios, por supuesto. Pero entre quienes creen en Dios, la mayor parte, por mucho, cree que Dios nos separó de Ella, por razones acerca de las cuales Él no ha sido del todo claro.

Por tanto, tal vez no sepamos exactamente por qué, pero sí sabemos que Dios nos sacó del Paraíso, nos envió abajo a la Tierra, y aquí estamos ahora, tratando de volver.

Ésta puede ser una manera simplista de ponerlo, pero es la manera en que la mayoría de nuestros sistemas acerca de Dios lo han hecho en términos básicos. Algunos sistemas de creencias intentan incluso esclarecer por qué ocurrió esto. Dicen que Dios nos arrojó del Jardín del Edén a causa de que nuestros "padres" espirituales (presuntamente Adán y Eva) pecaron. Su pecado fue que se atrevieron a adquirir el conocimiento del Bien y del Mal, y en consecuencia, a ser como dioses.

Dios no toleró tal orgullo, prosigue la historia, y así los primeros humanos (y todos los de su progenie en lo sucesivo por siempre) fueron castigados poniéndolos a vivir en un ambiente con Bien y Mal hasta que nos enmendáramos, buscáramos perdón por cualquier mal en que nos hubiéramos visto involucrados, y se nos permitiría volver al reino, o Realidad Última, donde sólo existe el que es Bueno.

## LO QUE OCURRIÓ EN REALIDAD

De acuerdo, veamos entonces lo que en realidad es cierto acerca de esto. La siguiente discusión no es una desviación ni una distracción del asunto principal. Poner en claro la historia de nuestra relación con Dios es extremadamente importante porque forma nuestras ideas acerca de nosotros mismos y de los demás.

Debido a que creemos que estamos separados de Dios, imaginamos que vivimos en un *universo* de Separación; que ésta es, de hecho, la construcción fundamental de las cosas, la configuración esencial, la organización básica y la naturaleza del Universo.

Ésta es al mismo tiempo la idea más contagiosa y más dañina que nuestra especie haya concebido. Y es también la razón por la que Dios se tomó tanto tiempo para explicarme lo que he dado en llamar la Realidad de la Realidad.

Se me aclaró que hay tres reinos en el Reino de Dios. La mayoría de los humanos que creen en Dios y en la existencia de un "reino" semejante, imaginan que contiene dos reinos. Específicamente, el "cielo" y el "infierno". Los más de los creyentes no incluyen la Tierra ni nada del universo conocido como parte del Reino de Dios. Clasifican todo esto como el reino "físico", que Dios *creó*, y piensan en el Reino de Dios como el "reino espiritual", o el "otro mundo", el "otro lado", etcétera.

Ésta es la configuración de Separación que acabo de mencionar. Es esta dramática incomprensión de la naturaleza de las cosas lo que originó nuestra "historia" de que Dios nos echó del reino espiritual, en el que vivíamos como seres espirituales, y que ahora nos vemos forzados a vivir en el reino físico, como seres físicos, hasta nuestra muerte, cuando volvemos al reino espiritual —¡y con suerte a la *parte* del reino espiritual llamada "cielo", no la que se llama "infierno"!—, donde pasaremos el resto de la eternidad.

Como mencioné antes, exactamente por qué nuestra especie fue "arrojada" del paraíso del cielo, exactamente por qué el reino espiritual incluye el sitio que llamamos Infierno o Hades, y exactamente lo que se requiere para que estemos en el primer sitio y no en el segundo después de nuestra muerte, es el tema y el objetivo de la mayor parte de las religiones del mundo.

Mi comprensión de todo esto cambió de forma dramática tras mis conversaciones con Dios. Me fue dicho que Dios no nos "echó" del Paraíso, aunque es cierto que cada uno de nosotros *dejó* el Reino de lo Espiritual y entró en el Reino de lo Físico. Nuestras almas hicieron esto voluntariamente —y, de hecho, felizmente— como parte del propio Proceso de la Vida.

Éste es el arreglo y éste es el proceso, explicado tal como Dios me lo explicó, en metáfora, de modo que la mente humana pueda entenderlo. Vayamos por esta narrativa punto por punto.

UNA NUEVA COMPRENSIÓN

1. Hay tres reinos en el Reino de Dios, no dos, y el lugar que llamamos "infierno" no es uno de ellos. De hecho, tal lugar no existe.
2. El Reino de Dios no está separado del universo físico y de nuestro mundo, sino que los incluye.
3. Los tres reinos del Reino de Dios son el Reino de lo Espiritual, el Reino de lo Físico y el Reino del Puro Ser. Este

tercer reino podría describirse vagamente como la combinación de los dos primeros.

4. El propósito de los tres reinos es ofrecer a la Vida Misma (léase: Dios) tres formas de manifestarse y experimentarse a Sí Misma, por cuyo triple proceso puede conocer y expresarse completamente.

El mayor secreto de la Vida es que es una tríada. La mayoría de nosotros ha pensado en ella como una díada o dualidad. Incluso en nuestro reino físico tendemos a pensar en las cosas en blanco y negro, cuando, de hecho, existe el gris, la parte que es ambos. Se alcanza la madurez cuando dejamos de ver todo como absolutos: blanco y negro, bien y mal, sí y no, alto y siga, aquí y allá, ahora y luego, etc. (Veremos esto más de cerca en un momento.)

## UNA MANERA DE VISUALIZAR ESTO

Puede ayudar a entender la Realidad Última pensar en ella como un triángulo. Tal vez podrías dibujar mentalmente un triángulo ahora mismo, quizá mientras hablamos acerca de esto.

Permítete imaginar la punta del triángulo como el sitio donde existe el Reino del Puro Ser. Luego deja que el extremo inferior derecho sea el Reino de lo Espiritual, y el extremo inferior izquierdo, el Reino de lo Físico.

Bien. Ahora mírate como un alma (tal vez imagines esto como un punto de luz) moviéndose en un viaje eterno alrededor de este triángulo.

Empiezas en la punta del triángulo, luego viajas al extremo inferior derecho, donde permaneces y brillas por un momento, y entonces te mueves hasta el extremo inferior izquierdo, donde permaneces y brillas por un momento, y subes hasta la punta de nuevo, donde ardes con magnificencia en un despliegue de fuegos artificiales, y entonces uno de los puntos de luz de los

74

fuegos artificiales cae como una brasa hasta el extremo inferior derecho del triángulo y vuelve a comenzar de nuevo el viaje del alma.

Como dije, ésta es una metáfora, por supuesto. Mira si tan sólo puedes dejar que esta imaginación se forme en tu mente. Imagina que éste es el Viaje Sagrado del alma, con la formación triangular como lo que algunas religiones llaman la Santísima Trinidad.

Ahora, para volver a nuestra narrativa punto por punto:

5. En el Reino de lo Espiritual, todas las cosas existen en su forma absoluta. Por consiguiente, este reino también podría llamarse el Reino de lo Absoluto. En este reino no hay sino Absoluto Amor, y siempre es aquí y ahora. Ésta es la naturaleza de Esencia eterna de Dios y de la Existencia de la Divinidad.

6. La Divinidad deseaba hacer más que simplemente existir, sin embargo. Deseaba *experimentarse* a Sí Misma. Para poder lograr esto, la Divinidad necesitaba experimentar algo que no fuera Ella Misma, pues todo elemento necesita que haya un elemento *contrastante* para experimentarse.

"Rápido" no es "rápido" si falta lo "lento".

"Grande" no es "grande" si falta lo "pequeño".

"La luz" no es "la luz" si falta "la oscuridad".

Ya entendiste la idea. Para que una cosa pueda experimentarse, debe existir su opuesto. A esto se le llama la Ley de los Opuestos. Es una ilusión dentro del Reino de lo Físico.

La parte que es ilusoria es la idea de que todo lo que *no* es Dios puede existir. Tal cosa es imposible, por supuesto, pues nada existe fuera de Aquel Que Es, y Aquel Que Es sólo es otro nombre para Dios. Pero la Divinidad *puede* crear y producir la experiencia del *olvido* en todas y cada una de sus manifestaciones divinas; lo ha hecho mediante la creación de niveles de Conciencia.

El grado de conciencia de cada ser vivo es aquello que lo lleva a una Conciencia de la Realidad Última a niveles individuales.

De esta manera Dios puede conocerse a Sí Mismo de nuevo, y *experimentarse a Sí Mismo* como se conoce que es. Éste es el propósito y la función de toda la Vida en todas sus manifestaciones.

## DE NUEVO, POR FAVOR

Ahora me doy cuenta de que todo lo que acabo de decir puede ser un tanto desafiante o difícil de seguir. Ciertamente lo fue para mí cuando recibí esto en mis conversaciones con Dios. Entonces, con tu gentil anuencia, permíteme volver sobre ello de manera un tanto distinta, porque Decir Las Cosas Dos Veces a veces las hace más sencillas.

En el Reino de lo Espiritual, Todo lo Que Es es todo lo que había, y no había nada más. Si Dios quería *experimentar* lo que era ser *como* Dios, tendría que hallar Algo Más con lo cual compararse a Sí Mismo. Pero esto era imposible, porque no *había* nada más.

Como Dios no podía encontrar nada que estuviera separado de Sí Mismo, hizo lo mejor que pudo: se *dividió* a Sí Mismo en Sus partes constitutivas, y luego infundió en ellas diversos niveles de su Energía Esencial (llamaremos a esto Conciencia), de modo que cada elemento de Sí Mismo pudiera mirar atrás hacia el Todo y supiera de Su magnificencia mediante la *experiencia* de la relación de todas Sus partes como expresiones de los *grados* de la Totalidad. Dicho de otro modo, la Conciencia es la capacidad de mirar el Mundo de la Ilusión y ver dentro de él la Realidad Única y Última.

La verdad es que no hay "opuestos" en la Realidad Última. Hay sólo lo que *parecen* opuestos. Lo que así *llamamos,* que parece ser lo "opuesto" de algo, es tan sólo la Cosa Única, en *grados de expresión.*

Para usar un ejemplo perfecto, lo que llamamos "caliente" y lo que llamamos "frío" no son "opuestos" entre sí —esto es, no son dos cosas diferentes— sino simplemente *grados* de la Misma Cosa, que es lo que llamamos temperatura.

De la misma precisa manera, Dios —la Única Cosa Que Es— se expresa a Sí Misma en distintos grados al dividirse en partes que son más pequeñas que el Todo.

Esto se logra mediante el proceso de fisicalización, o lo que podría describirse como el paso del Todo de la Espiritualidad hacia la Fisicalidad. Este paso por el umbral de un reino al otro (recuerda, esto es una metáfora) hace que el Todo se divida, así como la luz blanca a través de un prisma se divide en sus partes constitutivas, que llamamos *colores*

Lo que describimos como los diversos y multitudinarios elementos del universo físico no son nada más que colores en la paleta de Dios. El Reino de la Fisicalidad es *adonde Dios acude para experimentarse a Sí* Mismo.

Así vemos que la Separación no es la Configuración Esencial de las cosas, sino más bien la División. Y la División y la Separación no son para nada lo mismo.

Para experimentar esto de inmediato, simplemente mira tu mano. Notarás que aunque tus dedos están Divididos unos de otros, cada uno con características y un propósito individual, de ninguna manera están Separados de tu mano, ni tu mano está Separada de tu cuerpo.

Tampoco tú estás separado del Cuerpo de Dios.

No puedes *ver* la conexión entre tú y Dios con la vista, así como no puedes ver, por ejemplo, la luz infrarroja, pero estás conectado energéticamente y puedes *sentir* esa conexión, tal como puedes sentir la luz infrarroja como calor. No es necesario el contacto físico ni un medio entre un calentador infrarrojo y tú para que ocurra la transferencia de energía, y los calentadores infrarrojos pueden operarse en el vacío o en la atmósfera. Aquí tenemos, entonces, una metáfora perfecta para Dios. La energía de Dios, del mismo modo, puede transferirse sin contacto físico, y a través del vacío conocido como el Universo. Así que si crees que la luz infrarroja es un milagro, ¡espera a que entiendas más plenamente (por no hablar de sentir más plenamente) *a Dios!*

Como prometí antes, exploraremos más la Unidad del Todo hacia el final de este libro, cuando examinemos el Mensaje clave de las Conversaciones con Dios #1. Veremos exactamente cómo y por qué los humanos llegamos a la idea de la Separación (y de "Dios") en un principio. Es fascinante, y nos ayuda a entender por qué y cómo adoptamos nuestra Historia Original, basados en la información de que disponíamos entonces, y nuestro limitada capacidad temprana de analizar y comprender el mundo que nos rodea. La tragedia es que hemos seguido *contando* esa historia sin *revisarla.*

Ahora vemos por fin, en el siglo XXI, que nuestro primer error fue haber pensado que Dios *nos separó* de Dios, mientras que lo que Dios hizo en realidad fue simplemente *dividirse a Sí Mismo.*

## Nuestra segunda falacia acerca de la Vida

Habiendo aceptado totalmente (y equivocadamente) que estamos separados de Dios, y por consiguiente vivir en una Cosmología de la Separación según la cual estamos separados de los demás, hemos creado para nosotros mismos la experiencia de que "no hay suficiente" de aquello que sentimos necesario para ser felices.

La idea de insuficiencia no se nos habría ocurrido jamás de haber seguido creyendo que sólo éramos Uno. Si no tienes que interactuar con nadie más durante los próximos veinte años (como un hombre en confinamiento solitario, por ejemplo), siempre hay tiempo suficiente. Y si no tienes que compartir con nadie más, siempre hay bastante de lo que necesites que haya. Si no hubiera suficiente de lo que necesitas para existir, no existirías. Por tanto, el hecho de tu existencia es la evidencia de tu suficiencia.

Pero si crees que hay alguien más aparte de ti, podrías sentir amenazada tu existencia al punto de imaginar que Aquel Que No Eres Tú tomará o usará aquello que Tú necesitas para poder existir.

La Vida se vuelve entonces una lucha con el Otro por la existencia.

Ésta es una descripción precisa de la Vida en la Tierra como la hemos creado. Esto es exactamente lo que hemos estado y seguimos experimentando, sin importar nuestros logros tecnológicos, nuestros milagros médicos o nuestros descubrimientos científicos.

No importa cuán brillantemente avancemos; estaremos por siempre en competencia con los demás —a veces despiadadamente, a *muerte*— mientras imaginemos que *no hay suficiente* de lo que necesitamos para ser felices o para sobrevivir. Y *siempre* imaginaremos que no hay suficiente en tanto nos aferremos, con determinación irrenunciable, a nuestra Historia de Separación.

## La parábola de la comida de celebración

Considera la comida de celebración que llegas a poner sobre la mesa en ocasiones especiales. En Estados Unidos y Canadá puede ser por el Día de Gracias; en Italia, la Fiesta de los Siete Peces (*Festa dei sette pesci*) en celebración de la Nochebuena. En Corea, podría ser el Día de Año Nuevo. Virtualmente cada cultura tiene sus comidas de celebración.

Ahora imagina que en una de estas comidas, con todos reunidos, se oye un toquido en la puerta. Es un pariente del que no se sabía hace mucho, un querido tío, con su esposa y sus seis encantadores hijos. No han acudido a una reunión en años. Este año supo de ella, y en el último momento decidió cerrar la brecha. Pregunta humildemente si pueden unirse.

Como anfitrión, te das cuenta de que has preparado sólo para los que están. ¿Habrá comida suficiente para servir? Lo piensas sólo por un momento. Por supuesto que habrá. Sólo necesitas compartir. Les das la bienvenida con los brazos abiertos. Todo mundo está feliz de verlos. El botín sobre la mesa se divide en porciones un tanto más pequeñas. Nadie se da cuenta, en realidad, y en verdad a nadie le importa. Después de todo, *es la familia*.

Ahora reacomoda lo que imaginas. Es la misma comida de celebración, el mismo toquido a la puerta. Pero afuera está un completo extraño, en harapos, con su esposa y seis hijos, igualmente empobrecidos. Dice que vio el tibio brillo de la luz en las ventanas, y pregunta humildemente si puede unirse a la comida festiva.

¿Cuál es tu respuesta?

Por supuesto, los invitas a pasar. Y se les da la bienvenida con los brazos abiertos. Después de todo, *es la familia*... a menos que no lo sea. A no ser que los consideres entrometidos, intrusos, usurpadores, invasores, forasteros, extraños, extranjeros, colados. En este caso podría sentirse que no hay suficiente para servirles a perfectos desconocidos. Podrías, por caridad, darles un poco de comida y mandarlos a la calle de nuevo, pero no sentarás a tu mesa gente que no tiene "lugar" porque ni siquiera los conoces y no son "familia".

Nos hemos hecho cosas peores entre nosotros en el planeta. Todo por una creencia de que no hay *suficiente,* porque estamos Separados de Los Demás y no somos "familia" a no ser que estemos emparentados por vía sanguínea.

Debido a que estamos convencidos de que *no hay suficiente* de lo que necesitamos para sobrevivir y ser felices en este planeta, hemos tenido que idear una manera de abordar, de la manera más justa posible, el reparto de Aquello de Lo Que No Hay Suficiente.

La manera en que hemos ideado esto se llama Competencia. Pondremos en marcha, hemos decidido, un proceso por el que pueda decidirse y determinarse con justicia quien *merece* tener Aquello de Lo Que No Hay Suficiente. Es una cuestión de *ganárselo,* hemos afirmado. Aquello no debe repartirse simplemente a todos, tan sólo porque existen.

La sola existencia no es credencial suficiente para establecer el valor de uno para *continuar* existiendo. Uno debe justificar su propio mérito.

Los niños son la excepción. Ellos valen simplemente porque son niños, y no se puede esperar que demuestren sus méritos al aportar algo valioso y *crear* así algo de Aquello de Lo Que No Hay Suficiente. Lo reciben automáticamente. (¿O no? Como ya hemos observado antes, casi setecientos niños se dejan morir de hambre cada hora en la Tierra por falta de alimento.)

¿Pero en qué punto cronológico de nuestra vida termina el Mérito Automático y comienza el Mérito Ganado? Hace tiempo los deshollinadores eran por lo común niños huérfanos de siete años que trepaban por los estrechos conductos de ladrillo y los talaban para limpiarlos, o no comían. El trabajo infantil incluso hoy está más extendido de lo que podrías pensar para una civilización avanzada.

Y así, desde muy temprano aprendimos que debemos contribuir de alguna forma a la creación de Aquello de Lo Que No Hay Suficiente, y entonces debemos *competir* por eso mismo que creamos. Así, los trabajadores de muchas fábricas ganan la centésima parte del ingreso de quienes son sus jefes.

Y nuestra competencia no se detiene en los bienes materiales y las ganancias. De hecho nos decimos a nosotros mismos que debemos competir por *Dios*. Llamamos a esas competencias específicas "religiones".

Como en todas las demás competencias, el entendido es: *el ganador se lleva todo*.

Aquellos que no parezcan alcanzar cualquiera que sea el último estándar que la sociedad haya fijado para demostrar el mérito propio son llamados "perdedores". Y así la humanidad se ha partido en dos: hay Ganadores y Perdedores.

En la actualidad, 5% de la población mundial controla la riqueza de 95% de la riqueza del planeta y sus recursos. *Y la mayoría dentro de ese 5% cree que esto es perfectamente correcto.* Después de todo, ellos se lo *ganaron*.

## CÓMO CAEN LAS FICHAS DE DOMINÓ

Por supuesto, la falacia de que debemos competir con los demás para ganar nuestro mérito para compartir la abundancia del mundo se basa en la falacia anterior de que simplemente no hay suficiente de esa abundancia para que alcance; que no hay tal abundancia en absoluto sino escasez, insuficiencia, limitación. Y *esa* noción surge de la falacia de que estamos Separados de los demás, de que no somos para nada Una Familia, no somos Una Esencia, no somos Un Ser.

Si tan sólo rechazáramos la noción de Separación, la falacia de la Insuficiencia se desmoronaría. Si tan sólo hiciéramos a un lado la noción de Insuficiencia, la falacia de que la Competencia es necesaria se desmoronaría.

Llamo a estas falacias las Fichas de Dominó de la Humanidad. Caen encima una de otra, produciendo un derrumbe total.

Cuando la sociedad se separó a sí misma en Ganadores y Perdedores, creó la idea de que el primer grupo era "mejor" que el segundo. Entonces, por el maravilloso artificio de la lógica circular, se concluye que ser "mejor" era la razón por la que aquellos en el primer grupo eran los ganadores en primer lugar. *Merecían* serlo.

Los blancos *merecían* ser Ganadores sobre la gente de color, porque son Mejores. Los hombres *merecían* ser Ganadores sobre las mujeres, porque son Mejores. Los heterosexuales *merecían* ser Ganadores sobre los gays, porque son Mejores. Y estos grupos no son Mejores por razones humanas, sino *mejores ante los ojos de Dios*.

Así es como hemos *justificado* nuestros juicios obviamente indignantes con respecto a las calificaciones y el mérito en nuestra sociedad.

Fue *Dios* quien dijo que los blancos son superiores a los negros. Pregunta a los mormones, cuyos líderes desde la fundación de la Iglesia de Jesucristo de los Santos de los Últimos Días a mediados del siglo xix declararon que los negros no estaban calificados para ser sacerdotes, porque la suya era una raza inferior. (En su defensa, los mormones repudiaron y revirtieron ese dogma en 1978.)

Fue *Dios* quien dijo que los hombres son superiores a las mujeres. Pregunta a miles de clérigos religiosos del mundo, que aún creen y predican esta doctrina hoy en día. (En su defensa, miles más han repudiado y rechazado tales ideas.)

Fue *Dios* quien dijo que los heterosexuales son superiores a los gays porque la sexualidad entre mismo género es, afirma Dios, una abominación. Pregunta a cualquiera de los fundamentalistas virtualmente dentro de cada religión de la Tierra. (En su defensa, muchas de las personas religiosas del mundo han repudiado y rechazado esas ideas desde entonces.)

En algún punto —y no hace miles de años tampoco, sino cuando era niño— se pensaba que la zurdera era una señal del demonio; que el matrimonio interracial e interreligioso debería prohibirse; y los católicos pensaban que sólo los católicos iban al cielo.

Los Testigos de Jehová, por otro lado, dicen que sólo 144 000 de sus seguidores se unirán a Dios en el cielo, mientras el resto de aquellos que creen en Jesús y viven vidas buenas y predican la fe disfrutarán del Paraíso en la tierra. Muchos judíos, mientras tanto, se declaran el pueblo elegido de Dios.

Como podemos ver, mucha gente ha comprado la idea de que, con respecto a la superioridad de la gente, es "así en la Tierra como en el Cielo", y algunas personas simplemente son Mejores a los ojos de Dios.

Pocas ideas han causado más daño a nuestra especie. De hecho, esta idea le ha dado autoridad moral a la mayor falacia de todas acerca de la vida...

### Nuestra quinta falacia acerca de la Vida

Más personas de las que podrías pensar se sienten bastante seguras acerca de que está bien resolver las diferencias entre la gente causadas por todas las demás falacias... matándose entre sí.

¿De dónde sacamos semejante idea? Lee la Biblia con una calculadora a la mano. Esta Escritura Sagrada particular nos dice que más de un millón de personas han sido asesinadas a manos o por órdenes de Dios. O mira de cerca la tradición musulmana de la construcción violenta de un imperio en el nombre de Alá.

Sabemos que el Papa Urbano II inició 200 años de guerras, conocidos como las Cruzadas, en 1095, las cuales mataron a cientos de miles, la mayoría musulmanes.

Igualmente, muchos murieron como resultado de lo que se conoce como la Expansión Islámica, que buscaba crear el mayor imperio político/espiritual que el mundo hubiera conocido, y que ocupó diversas regiones del mundo de 634 hasta comienzos del siglo XIX.

## AMPLIACIÓN DE LA NORMA MORAL

En tiempos más modernos, las matanzas a manos de grupos o países por el propósito simple de imponerse o construir un imperio han sido repudiadas por la mayor parte de la raza humana. El resultado: en estos días tales ataques se califican de defensa propia. Esto le permite a la especie justificar las atrocidades bajo una norma moral que la mayoría de la gente acepta: no es inapropiado espiritual o éticamente defenderse uno mismo y matar a otro en el proceso.

Y ahora, algunos segmentos de la humanidad han llevado esto un poco más lejos. Han declarado que un *ataque preventivo* es un *medio* aceptable de defensa propia. Esto es, es totalmente admisible atacar y matar gente en otras naciones *antes* de que ellos ataquen y maten gente en tu país, sobre la base de que *parezca* que quieren hacerlo en el futuro y sólo esperan el momento perfecto.

Ésta es una ampliación de las más recientes normas morales de la humanidad que lleva la aceptabilidad del asesinato más allá de los límites previos.

Además del concepto de defensa propia, enormes sectores de la cultura humana se han visto cada vez más inundados con mensajes en todas partes, desde películas hasta programas de televisión y videojuegos que muestran la violencia y el asesinato no sólo como un instrumento de autodefensa sino de ira y venganza, intimidación y amenaza, autoafirmación y rebeldía.

El asesinato como un medio de resolver los propios problemas o inconformidades se ha extendido en la actualidad como nunca antes. Se ve cada vez más no sólo como un horrible recurso último, sino como la primera acción del poderoso.

Pero nuevamente haremos bien en retroceder un poco y observar el efecto dominó. Es nuestra idea de que estamos separados de los demás la que nos hace considerar tan sólo por un momento la idea de perpetrar violencia en alguien más. Ésta es la Primera Causa, y no la estamos reconociendo o nos negamos a admitirla.

Si pensamos que Todos Somos Uno y que lo que hacemos a otros nos lo hacemos a nosotros mismos, nunca se nos ocurriría resolver nuestras diferencias mediante la violencia y el asesinato. Lo que no hemos querido ver es el efecto circular de nuestra perspectiva, y las acciones que produce. Hemos estado ciegos ante el hecho de que lo que envías se te devuelve. O peor aún, vemos esto y no nos importa.

Fue Einstein quien hizo notar que un problema no puede resolverse recurriendo a la misma energía que lo creó, sin embargo, seguimos intentando terminar con la violencia con más violencia, los asesinatos con más asesinatos, la injusticia con más injusticia. Enfrentamos el odio con odio, la ira con ira, el desprecio con desprecio.

En alguna parte el ciclo debe terminar. No se trata de "ojo por ojo y diente por diente", sino de otra escritura distinta: "Ama a tus enemigos, y ora por aquellos que te persiguen".

O, tal vez, un Evangelio aún más nuevo: "Todos somos Uno. El nuestro no es un mejor camino, es tan sólo otro camino".

## APLICAR ESTE MENSAJE A LA VIDA DIARIA

Cualquiera puede dejar atrás las Cinco Falacias Acerca de la Vida, pero requiere paciencia, valor y auténtica decisión, porque estas falsas ideas acerca de "cómo son las cosas" en el planeta Tierra están profundamente arraigadas en la cultura de la humanidad. En pocas palabras, *creemos que esto es cierto.*

Más aún, la experiencia observada de nuestra especie apoya absolutamente esa idea. Así que ahora lo que estás invitado a hacer es a sostener como verdad un conjunto totalmente distinto de ideas con las cuales muy poca gente coincide en la actualidad.

Y eso nos lleva a lo primero que puedes hacer para aplicar el Mensaje #23 en tu vida:

- Encuentra de inmediato a otras personas que entiendan tu visión de la vida y coincidan con ella, o quienes, aun si no coinciden con ella, te apoyarán sin duda en las decisiones que tomes a propósito de las verdades que deseas adoptar.

Creo que es muy importante entender que es adecuado para tu verdad que sea la que afirmas, y no lo que otros digan. Esto es una clave para cambiar tu vida, una clave *principal.* No puedo enfatizar esto lo suficiente cuando trabajo con pequeños grupos e individuos que buscan alterar fundamentalmente su experiencia diaria de una forma que aporte gran mejora a sus vidas.

Hemos estado viviendo por mucho tiempo en este planeta bajo el conjunto de reglas de alguien más. Las reglas de *todo mundo.* Y no estaría mal si las reglas funcionaran, pero no funcionan.

Como he dicho aquí más de una vez, *ninguna de las reglas está funcionando.* Ni las políticas, ni las económicas, ni las ecológicas, ni las educativas, ni las sociales, y tampoco las espirituales. Ninguna de ellas está generando los resultados que los Creadores de Normas *dijeron* que generarían. Es peor. Como hice notar antes, cada una está, tristemente, generando los resultados contrarios. Con todo —y esto es aún más triste—, *seguimos jugando bajo estas reglas.*

Lo que es claro ahora es que se necesita que alguien cambie las reglas. Ése podrías ser tú. Y yo. Y nosotros.

Estudiaremos esto con más profundidad cuando abordemos el Mensaje clave de las Conversaciones con Dios #17, que dice que no existe una verdad absoluta. (Lo que nos plantea una pregunta circular: ¿es eso absolutamente cierto?) Por ahora, entiende simplemente que es importante que te sumerjas en energía que vibre en armonía con la tuya propia.

Nota que no tiene que corresponder con la tuya, pero sí debe mezclarse, debe ser capaz de existir simultáneamente en el mismo espacio sin alteración violenta ni oposición importante, capaz de bloquear.

La vida —*toda*— está compuesta de energía. La energía crea todo, genera todo, lo compone todo, lo expresa todo, es todo. Y la energía impacta en sí misma. Esto es, la energía *afecta* a la energía y la cambia.

*Cómo* la energía cambia a la energía depende de las energías que interactúan. Tiene que ver con *qué* energías se mezclan. Ésta es la mejor noticia que podrías recibir, porque esto es algo que puedes controlar. No puedes controlar totalmente las energías fuera de ti, pero sí la que está en tu interior, y es ahí donde radica el poder.

Y puedes controlar las energías fuera de ti hasta cierto punto. Quiero hablarte sobre esto un poco después, así que quédate conmigo. Vamos a cubrir mucho terreno. Por ahora ejerce el control que puedas sobre la energía que te rodea.

Si no te rodean energías armoniosas en tu ambiente diario actual, tienes tres opciones. Puedes: (a) adaptar o "remodelar" el ambiente en el que pasas la mayor parte del tiempo, (b) crear un ambiente nuevo o alternativo y pasar tiempo de calidad allí consistentemente, o (c) dejar tu ambiente actual por completo e irte a otro.

Éstas son algunas sugerencias alrededor de esas ideas:

- Invita a la persona (o personas) con las que vives a estudiar y discutir sus pensamientos sobre la vida de manera regular, no sólo una o dos veces al año, cuando expresen su desacuerdo contigo.
- Pide a quienes te rodean su apoyo en tu viaje y en la vivencia de tu verdad, y para hacérselos más fácil, sugiere formas específicas en que puedan hacerlo.
- Encuentra o forma un Grupo de Discusión y Estudio con personas fuera de tu entorno diario que coincidan con tu punto de vista acerca de la vida y lo estén viviendo, y comienza o asiste a reuniones con

ellos de forma regular para ofrecer y reunir apoyo espiritual y emocional. (Podría ser una iglesia de Nuevo Pensamiento de tu comunidad o tan sólo un pequeño círculo de tus conocidos que se reúnan regularmente en sus hogares, o ambos.)

- Utiliza internet para conectarte con personas de ideas similares y para compartir tus pensamientos acerca de cómo podrían ser sus experiencias mutuas si abandonáramos las Cinco Falacias Acerca de la Vida y adoptáramos nuevas verdades respecto a la separación, la carencia, la competencia, la superioridad y la resolución de conflictos. Recuerda el lema: "Compartir ayuda a afinar". Afina la claridad de tu punto de vista expresándolo e intercambiando ideas sobre él con otras personas en sitios web diseñados para tal interacción, como www.TheGlobalConversation.com, el cual fue creado exactamente para este propósito.

- Lleva una Lista de Carencias, y cada vez que pienses que no tienes "suficiente" de algo, anota en la lista de lo que se trata. Luego, echa una mirada realmente buena y justa a *por qué crees que necesitas más de eso,* y cómo sería si tuvieras "suficiente". Pregúntate cómo te las has arreglado para sobrevivir hasta ahora sin "suficiente" de eso, y luego: "¿Qué tiene que ver tener 'suficiente' de esto con mi auténtica razón para estar en la Tierra?".

- Asegúrate de ser absolutamente claro acerca de tu auténtica razón para estar en la Tierra. Tal vez quieras leer *Lo único que importa* y otros libros de la cosmología Conversaciones con Dios para ayudarte a pasar a una comprensión más profunda de esto.

- Crea una libreta de Historia de la Superioridad y comienza en ella una narrativa de recuerdos de toda la gente a la que te has sentido superior en algún momento de tu vida. Escribe un párrafo acerca de cada persona o grupo (p. ej., "fundamentalistas", "Juan Pérez", "la juventud de hoy", "la familia de mi esposo", *quienquiera*) y explica por qué te sentías superior y qué te hizo cambiar de opinión al respecto. O, si no has modificado tu opinión, pregúntate qué, de haberlo, *podría* cambiar si abandonaras tu idea de ser "mejor", de alguna forma, que aquella persona o grupo. Sé honesto contigo mismo al respecto. Nadie está juzgándote ni va a leer tu libreta.

- Haz una lista de las cosas que ves en una persona y no apruebas, que también veas en ti. Haz esto con cada persona mientras repasas los nombres de gente que no te agrada (o al menos con la que tratas de pasar el menor tiempo posible, lo cual si eres honesto contigo mismo, puede ser equivalente).
- Como ejercicio con tu Grupo de Discusión y Estudio, invita al grupo a encontrar al menos cinco formas en que crean que puede evitarse la violencia o la guerra en casos de desacuerdos importantes entre las naciones o entre personas al interior de esas naciones. Mira cuántos de esos enfoques podrías aplicar en tu propia vida.
- Pide a tu Grupo de Discusión y Estudio que escriban pasajes de una Nueva Historia Cultural para la Humanidad en las siguientes áreas: Política, Economía, Ecología, Educación, Sociedad, Espiritualidad. Comparte estos pasajes en discusiones con el grupo, y ve si pueden llegar a un consenso sobre su contenido. Advierte cómo el propio grupo aborda y resuelve las diferencias. Envía tu planteamiento final como sugerencia de contenido para la Nueva Historia Cultural de la Humanidad en www.TheGlobalConversation.com.

## 9

Es muy claro que el punto de vista de las Conversaciones con Dios es que un factor principal en la generación de muchos de los mayores problemas de la humanidad es el concepto de Divinidad que la humanidad posee.

Simplemente no tenemos idea de quién y qué es Dios, qué quiere Dios, qué pasa si no se lo damos, qué pasa si lo hacemos, y qué tiene que ver todo esto con la vida en la Tierra.

Hemos tratado de entender todo esto durante miles de años y la respuesta no parece estar más cerca que en tiempos de Lao Tsé, Mahavira o Buda, Moisés, Cristo o Mahoma, Bahá'u'lláh o Joseph Smith. Tampoco hemos llegado a acuerdos o consensos sobre estas preguntas en los años desde que cada uno de ellos nos aportó sus respuestas.

Ésta es la razón por la que el mundo está en la situación en que se encuentra hoy: incapaz de gobernarse a sí mismo en lo político, incapaz de sostenerse económicamente, incapaz de ser ecológicamente sustentable, incapaz de mejorar en lo educativo, incapaz de unificarse socialmente, e incapaz de evolucionar en lo espiritual.

Vivimos en un planeta lleno de carencia y sufrimiento, ira y violencia, asesinatos y guerra, y sacudimos la cabeza con tristeza, proclamando que no sabemos por qué. No sabemos qué se necesitaría para cambiar las cosas. No podemos hallar la fórmula, no tenemos las respuestas, no somos capaces de generar soluciones para nuestros más viejos y más grandes problemas, simplemente no tenemos, después de todo cuanto se ha dicho y hecho, la capacidad de producir lo que todos decimos querer: paz, prosperidad, oportunidades, seguridad, dignidad, salud, alegría, felicidad y amor para todos.

No es porque no se nos hayan ofrecido soluciones o proporcionado sugerencias. Se nos han dado. Una y otra vez. Y ahora se nos están dando respuestas aquí una vez más. Pero estas respuestas no son como las que hemos escuchado antes más a menudo; de hecho, en algunos casos son una contradicción directa de aquellas enseñanzas iniciales. Aunque no son respuestas nuevas, tampoco ideas nuevas, sino simplemente pensamientos acerca de todo esto que fueron rechazados en el pasado.

Tal vez es tiempo de reconsiderar nuestro rechazo hacia ellos, y rechazar ese rechazo. Tal vez es tiempo de estudiar estas ideas de nuevo, dado que las enseñanzas que firmemente hemos adoptado y a las que con vehemencia nos hemos negado a ajustar, adaptar o corregir, han fracasado total y absolutamente en generar lo que prometían.

Tal vez es tiempo de considerar si la ampliación de nuestros conceptos previos y la conformación de una historia mucho más sofisticada acerca de Dios podrían ser necesarias.

¿Pero por qué nuestros conceptos acerca de la Divinidad son tan importantes? ¿Por qué tiene importancia todo esto? Lo dijimos antes y lo diremos de nuevo. Se debe a que nuestras ideas y conceptos acerca de Dios forman nuestras ideas y conceptos acerca de nosotros mismos, y acerca de la Vida. Uno emana del otro, y esto es cierto (como ya lo hemos señalado antes) aun en las vidas de quienes no creen en Dios.

Tan sólo mira las leyes y la moral, los dictados sociales y las costumbres de cualquier lugar, y observa cuántos de ellos se basan y tienen su origen en lo que los ciudadanos dan por cierto acerca de *lo que Dios quiere.*

Ésa es la razón por la que encarecida y urgentemente invito a toda la humanidad a considerar:

Las falacias acerca de Dios son aún más dañinas para nosotros que las falacias de la humanidad acerca de la Vida porque cuando menos estamos dispuestos a considerar que algunas de nuestras ideas acerca de la vida podrían ser imprecisas, pero tales consideraciones a propósito de nuestra ideas acerca de Dios son absolutamente inaceptables. Por consiguiente, es difícil en extremo generar un movimiento para apartarse de estas falacias.

A no ser que no lo sea. A no ser que decidamos que ha llegado el momento, por fin, de que nuestra especie considere la posibilidad de que nuestro actual cuerpo de conocimientos no contiene *todo lo que deberíamos saber acerca de la Divinidad.*

¿Podemos admitir que puede haber información faltante, o algo acerca de lo que hemos estado *equivocados* con respecto a Dios?

Ésa es una Auténtica Gran Pregunta. ¿Hay algo, *cualquier cosa,* acerca de lo cual hemos estado equivocados en cuanto a Dios?

Ésa es la pregunta que los creyentes en Dios, por lo general, han estado renuentes en extremo a hacer. Virtualmente es tabú, debido a que la mayoría de los creyentes en Dios piensan que tienen las Respuestas Correctas acerca de Él, y te dirán que debes creer en Dios *de cierta manera*. Si no crees en Dios de *esa* manera (es decir, *su* manera), no crees en Dios en absoluto, sino en alguna *idea* pagana de Dios por la que Dios habrá de castigarte.

Hay, por supuesto, millones de personas que no aceptan al Dios de estas doctrinas y dogmas y no obstante mantienen en su realidad una conciencia de y una experiencia de la Divinidad. Sin embargo, el mayor número de gente (por *mucho* el mayor número) se aferra al primer conocimiento y proclaman que Dios debe ser entendido y adoptado de cierto modo, o habrás *perdido* el camino, y también cualquier oportunidad de reunirte con Dios en el cielo. Llegar a Dios de Cierta Forma Particular es, declara este grupo, el *requisito* de Dios. Esto nos lleva a:

## La Primera Falacia acerca de Dios

Comenzamos nuestra letanía de errores con la idea de que Dios *necesita* algo.

Esto va en contra de la idea ampliada de la Divinidad en la Nueva Espiritualidad, que incluye la noción de que Dios es Todo y no hay nada que *no* sea Dios. Bajo esta perspectiva, Dios no es un ser que haya creado elementos o expresiones de la Vida que no sean Divinos, antes bien, Dios es a la vez el Creador y lo Creado.

Por consiguiente, Dios no necesita nada, ya que Dios es todo lo que Dios posiblemente podría necesitar. O, como se dice en las Conversaciones con Dios: Todas las Cosas son Una Cosa, y esa Cosa Única es suficiente en Sí Misma.

Quita esa idea de que Dios *necesita* algo y quitas virtualmente todo el fundamento de las principales religiones del mundo. Si Dios no necesita nada, ¿por qué entonces Dios habría de requerir cualquier cosa, exigir cualquier cosa, ordenar cualquier cosa? ¿Cuál sería el propósito? ¿Cuál sería la motivación? ¿Qué carencia estaría Dios satisfaciendo? ¿Cuál sería la base de los deseos o los mandatos de Dios?

Cuando lleguemos a nuestra discusión de la Tercera Falacia acerca de Dios, más adelante, descubriremos una importante implicación adicional de la idea de que Dios necesita algo.

## La Segunda Falacia acerca de Dios

Tan notable como es que la humanidad haya concebido que un Dios necesitara algo, lo es aún más que hayamos decidido que ese Dios puede de alguna manera *fracasar en conseguir lo que necesita,* la segunda falacia que la humanidad sostiene acerca de la Divinidad. Este segundo error es la base de la mayor parte de la teología de la humanidad.

Se nos dice en esas teologías que el fracaso de Dios en conseguir lo que quiere (obediencia, honra, sumisión y exclusividad, entre otras cosas) es lo que origina las reacciones de Dios hacia nosotros. Si Dios no necesitara nada, no pediría nada, y por tanto no tendría nada por lo que estar enojado. Y eso quitaría los cimientos de toda teología del planeta. Y *eso,* a su vez, le quitaría Autoridad Moral a la mitad de las elecciones terrenales, las acciones y decisiones de los seres humanos. Buena parte de nuestro sistema de justicia recurre, como su autoridad moral, a las supuestas reacciones de Dios al no conseguir lo que necesita. Nuestras decisiones políticas hacen otro tanto. (Observa la controversia alrededor del matrimonio gay en Estados Unidos, el conflicto político en torno al aborto incluso en casos de incesto o violación que ya mencionamos, etc.) También nuestras decisiones sociales. (Demasiadas como para nombrarlas se basan en lo que las religiones nos dicen acerca de lo que hace enojar a Dios.)

Esta falacia sostiene que Dios te *ha separado* de Él porque no le has dado lo que necesita. La Separación de Dios es anunciada como un *castigo* por, o la consecuencia de, no cumplir con Sus necesidades.

Según el mito, Dios nos *necesitaba* para obedecerlo, y nuestro fracaso en satisfacer su necesidad es lo que hizo que Dios buscara retribución. (Porque Dios también, al parecer, tiene necesidad de venganza, aunque algunas religiones, nuevamente, lo justifican como necesidad de "justicia perfecta".)

Esta tercera falacia surge de la necesidad *de la humanidad* de explicarse *a sí misma* por qué, si *hay* un Dios, estaríamos separados de él. No podemos entender por qué, ¡pero sin duda sabemos por qué nos apartamos a nosotros mismos de los demás! Se debe a que nos enojan los otros. Así que pensamos que Dios debe habernos apartado de Su Reino por la misma razón. Así construimos a nuestro Dios a imagen y semejanza del Hombre.

Pero es una falacia que Dios nos separó de Dios porque fracasamos en dar a Dios lo que Dios necesita, por la razón de que Dios *no puede fracasar* en conseguir lo que necesita por la razón de que Dios no *tiene* necesidades.

Si Dios y nosotros no estamos separados, entonces Dios y nosotros somos Uno. Si Dios y nosotros somos Uno, y si Dios no necesita nada, entonces *nosotros* no necesitamos nada, y las implicaciones de esto son enormes.

Ése es el Verdadero Estado de las Cosas, y ése es uno de los más grandes secretos de la Vida.

Ahora mismo la mayoría de nosotros cree que necesitamos cosas. (Veremos esto de forma más amplia en nuestro estudio del Mensaje clave de las Conversaciones con Dios #18.) Esta idea rige. Ha proporcionado la base de virtualmente cada elección y decisión que hacemos. Y podemos empezar a ver ahora cómo el efecto dominó del que hablé antes ha jugado su efecto en la totalidad de la experiencia de la humanidad.

## La Cuarta Falacia acerca de Dios

De todas las falacias anteriores deriva la siguiente: la idea de que Dios aún necesita lo que necesita tanto que ahora Dios te *exige, desde tu posición separada*, que se lo des.

Este salto de la Separación como *castigo* a la idea de que se nos pide *ahora* cumplir con las necesidades de Dios, aun cuando ya fuimos castigados por no hacerlo, es un ejemplo de la Comisión Continua de Errores.

Toda nuestra elaboración alrededor de Dios ha sido fascinante, y nada más fascinante que esta idea de que, aunque Dios nos echó del Paraíso por no satisfacer sus necesidades, aún quiere que cumplamos con ellas ahora mismo, desde *fuera* del Paraíso.

No es diferente de una especie de divorcio celestial, en el que Dios demanda que le proveamos lo que necesita, aunque se haya separado de nosotros porque fracasamos en hacerlo cuando estábamos *con* Dios. Es como si ahora se nos exigiera proporcionar a Dios Manutención Matrimonial Espiritual.

Estamos en la Tierra para hacer lo que nosotros (o nuestros "padres espirituales") no hicieron en el Paraíso: obedecer a Dios, honrar a Dios, complacer a Dios y no disgustar de ningún modo a Dios, estamos para hallar la Única Senda Correcta hacia Dios y usarla de manera exclusiva. Si hacemos estas cosas, Dios nos aceptará de vuelta en el sitio del que nos expulsó.

Si, por el contrario, no hacemos lo que Dios ordena...

## La Quinta Falacia acerca de Dios

Se nos dijo que Dios no simplemente te castigará, sino te aniquilará por completo. Ésta es la quinta y última falacia acerca de Dios: Dios te *destruirá* si no cumples sus exigencias.

Muchas religiones y miles de millones de sus seguidores creen esto. Te dirán que fracasar en cumplir las exigencias de

Dios resultará en que seas quemado y puesto a sufrir sin medida y sin misericordia en los fuegos eternos del infierno.

Esto es lo que he llamado el Segundo Castigo de Dios. El Primer Castigo fue la expulsión del Jardín del Edén. El Segundo Castigo es el rechazo a la *elegibilidad para volver* y una sentencia de tortura sin fin.

El Primer Castigo fue, presumiblemente, una advertencia. Algo así como una notificación de un agente de tránsito. El Segundo Castigo es tu condena tras ser juzgado culpable de romper la ley de nuevo. Ahora irás a la Madre de Todas las Cárceles, una prisión de angustia y dolor.

Conforme a ciertas doctrinas, allí serás destruido, pero nunca completamente. Es decir, el castigo nunca terminará. Serás castigado por siempre y para siempre, e incluso eternamente por tus relativamente pocos momentos de desobediencia. Tu vida en la Tierra ha sido un parpadeo, en realidad —poco más que un abrir y cerrar de ojos—, en la vida del universo, pero tu castigo torturante debe ser eterno. Por consiguiente, el castigo no es proporcional al delito, sino que lo excede por mucho. Ésta es, dicen algunas religiones, la idea de Dios de la Imparcialidad y la Justicia.

Así que, veamos si comprendiste...

Tienes a un Dios que necesita cosas, que no puede obtener lo que necesita, que te echó fuera porque no pudo conseguir lo que necesitaba de tus antepasados hace cien mil millones de años, que ahora te exige que le des lo que necesita en este momento, y te castigará eternamente si no lo haces.

¿Entendiste?

## PUEDE SER AHORA O NUNCA

¿Podría ser tiempo, piensas, de que renunciemos a estas nociones acerca de nuestra Deidad? ¿Sería un buen momento para anunciar que encontramos estos conceptos simplistas y limitados?

¿Podría ser éste un pequeño espacio de eternidad para informar que claramente hay algo que no entendemos por completo acerca de Dios, que si lo comprendiéramos cambiaría todo?

Para decirlo con más dramatismo, ¿es posible que, a no ser que ampliemos y ahondemos en nuestras ideas primitivas acerca de Dios y de la vida en las décadas por venir, encontremos que nos hemos situado en un callejón sin salida, del cual no hay salida posible?

Las Conversaciones con Dios nos dijeron que la humanidad casi se puso al borde de la extinción una vez antes. Apenas sobrevivieron los necesarios para regenerar la especie y volver a empezar. ¿Estamos de nuevo en el mismo momento decisivo? ¿Hemos llegado una vez más a la encrucijada donde la teología se encuentra con la cosmología, la sociología y la patología?

Ahora mismo seguimos adoptando una Teología de la Separación. Es decir, una forma de ver a Dios que insiste en que nosotros estamos "por aquí" y Dios está "por allá".

El problema con una Teología de la Separación es que genera una Cosmología de la Separación. Esto es, una forma de ver la vida en su conjunto que afirma que todo está separado de todo lo demás.

Y una cosmología de la Separación genera una Psicología de la Separación. Es decir, un punto de vista psicológico que afirma que yo estoy aquí y tú estás allá.

Y una Psicología de la Separación genera una Sociología de la Separación. Es decir, una forma de socializar con los demás que alienta a toda la sociedad humana a actuar como entidades separadas que sirven a sus propios intereses separados.

Y una Sociología de la Separación genera una Patología de la Separación. Es decir, *comportamientos patológicos de autodestrucción,* en los que nos involucramos individual y colectivamente y que producen sufrimiento, conflicto, violencia y muerte por nuestras propias manos, como es evidente en cualquier parte del planeta a lo largo de la historia humana.

Sólo cuando nuestra Teología de la Separación sea sustituida por una Teología de Unidad sanará esa patología. Hemos sido *diferenciados* pero no *separados* de Dios, como tus dedos están diferenciados pero no separados de tu mano (para recuperar una imagen anterior). Debemos comprender que toda la vida es Una. Éste es el primer paso. Es el punto de despegue. Es el principio del fin de las cosas como son ahora. Es el inicio de una nueva creación, de un nuevo mañana. Es la Nueva Historia Cultural de la Humanidad.

La unidad no es una característica de la vida. La vida es una característica de la Unidad. La vida es una *expresión* de la Unidad Misma. *Dios* es la expresión de la Vida Misma. Dios y la Vida son Uno. Tú eres parte de la Vida. Tú no estás y no puedes estar fuera de ella. Por tanto eres parte de Dios. Es un círculo. No puede romperse.


## APLICAR ESTE MENSAJE A LA VIDA DIARIA

Nada ha dañado más a la humanidad que las Cinco Falacias acerca de Dios. Una vez que entendemos esto, podemos empezar a vivir y crear nuestras vidas en formas que *demuestren* que éstas son falacias y que ejemplifiquen la verdad.

De nuevo nos encontramos con esa gran palabra: Verdad. De hecho, la Verdad no existe. Y sí, hablaremos más al respecto en el capítulo 14, cuando estudiemos el Mensaje clave de las Conversaciones con Dios #17. Por ahora, usemos el término "nuestra verdad".

Tal como yo la experimento, la palabra *TRUE* (verdadero) es un acrónimo. Cuando decimos que algo es *"true"*, lo que decimos es que eso es *The Reality Understood Existentially* (La Realidad Entendida Existencialmente).

De modo que en mi mundo, en mi propia experiencia interna (en la que puedo decidir libremente por mí mismo qué lo es), las ideas acerca de Dios que la mayor parte de la humanidad sostiene son en su mayoría falacias, y lo que es "verdadero" es que Dios no necesita nada. Dios no pudo fracasar en conseguir lo que necesita si no *necesitaba* nada. Dios no ha separado a la humanidad de Sí Misma, Dios no nos pide que le demos nada, y Dios nunca nos destruirá por no cumplir con sus inexistentes exigencias.

Al vivir esta verdad, mi vida se vuelve un reflejo de ella. El diccionario define "reflejo" como lo que indica, muestra, exhibe, demuestra, ofrece evidencia de, registra, revela, descubre, expresa, comunica y prueba. Así que cuando mi vida se vuelve un reflejo de mi experiencia interna libremente elegida, mi mundo exterior se convierte en una imagen reflejada de mi mundo interno, que luego se vuelve un espejo de mi mundo externo, que a su vez se convierte en un espejo más grande de mi mundo interno, pues cada uno continúa reflejando al otro *en* el otro, produciendo una vida de profunda reflexión.

He encontrado que tales momentos permanentes de reflexión profunda generan momentos permanentes de gran alegría al romperse por fin las ilusiones de la Vida. O, más correctamente, al desechar *las ilusiones de otras personas* en favor de las mías propias.

Todo en la Vida es una ilusión. Esto es algo que haríamos bien en reconocer y admitir. La vida física como la experimentamos no es real. Nuestra experiencia de vida es lo que *pensamos* que es. Cada momento es lo que *experimentamos* que sea, basados en toda una serie de decisiones internas (descritas con maravilloso detalle en las secciones sobre la Mecánica de la Mente de *El cambio está en ti*).

Como Shakespeare escribió: "No existe nada bueno ni malo; es el pensamiento humano el que lo hace aparecer así". Descartes lo enunció de otro modo: "Pienso, luego existo".

¿Cómo hacer práctico todo esto en tu vida diaria? Ésa es la cuestión. He aquí unas cuantas sugerencias:

- Crea una Libreta de "Creencias acerca de Dios". (Soy un entusiasta de las libretas, como pueden ver. Tomar nota, en un libro que puedas mirar, de cómo te sientes, en qué crees, cómo vas por la vida, y cómo elegirías hacerlo si creyeras que puedes hacerlo como quieras, es un ejercicio valioso. A menudo sugiero llevar libretas separadas para cubrir distintos aspectos de la vida, en oposición a un solo diario continuo. Esto te permite acceder más pronto a un registro de tus pensamientos y experiencias sobre cualquier asunto de impacto considerable en tu vida, y *rastrear* esos pensamientos y experiencias a lo largo de tu vida, de modo que puedes ver Dónde Has Estado, Dónde Estás y Hacia Dónde Vas.) En tu Libreta de "Creencias Acerca de Dios", haz una lista de todas tus creencias actuales acerca de Dios. Si tus pensamientos acerca de Dios en relación a un aspecto particular de la Divinidad no son claros o los desconoces, simplemente anótalo

- Indica en tu Libreta qué crees que Dios necesita, qué crees que Dios exige, qué crees que Dios ordena, y qué crees que Dios condena.

- En la misma Libreta, indica cuál has hecho (si las hay) de esas cosas que crees que Dios condena (si anotaste alguna).

- Responde las siguientes preguntas en tu Libreta: ¿quién crees que es la Máxima Autoridad en tu vida? ¿Qué es Bueno y qué es Malo? (Nombra sólo algunas cosas.) ¿Qué es el Bien y qué es el Mal? (Nombra sólo algunas cosas.) ¿Qué es Apropiado y qué es Inapropiado? (Nombra sólo algunas cosas.) ¿Qué es auténticamente Tú y qué no es auténticamente Tú? (De nuevo, nombra sólo algunas cosas.) Estas últimas preguntas son abiertas, por supuesto, así que no trates de escribir una Tesis para la Humanidad Entera, sólo apunta lo que te venga a la mente. Luego cierra tu Libreta y vuelve a ella más tarde.

- Ahora, luego de cierto tiempo, vuelve a esta Libreta y mira otra vez las preguntas, revisando las pequeñas listas que creaste como respuestas. Pregúntate: ¿quién dijo que esto es "bueno" y eso "malo"? ¿Quién dijo que esto es el "Bien" y aquello el "Mal"? ¿Quién dijo que esto es "apropiado" y aquello "inapropiado"? Y, en cada categoría... *¿por qué?* ¿Cuál es la razón de que hayas aplicado estas etiquetas? Fíjate qué te dice esto acerca de tus creencias actuales.

- Hacia el centro de esta Libreta, crea una sección llamada Mi Reporte Diario, y haz una nota cada noche durante treinta días acerca de cualquier juicio o evaluación que recuerdes haber hecho en el día sobre los aspectos antes mencionados (u otros similares de tu experiencia). Haz esto al final de cada día sin falta durante un mes. Contempla los cambios que se producen en ti conforme te observas.

- En una enciclopedia electrónica, revisa las creencias de las principales religiones del mundo (y de algunas de las más pequeñas). Éste es un proyecto a largo plazo, así que haz un poco cada semana, una hora en cada ocasión, y permítete descubrir lo que creen las personas de diferentes religiones y tradiciones de fe. Conforme cobras conciencia de estas cosas, pregúntate (y registra tus respuestas en tu Libreta de "Creencias Acerca de Dios") qué de cada religión o tradición particular es parte de *tu* propio sistema de creencias.

Este último proyecto es una maravillosa actividad para tu cuerpo, mente y alma. Te dará oportunidad de sentirte plenamente integrado en cuanto a lo que realmente crees y declaras como "verdadero" en tu propia realidad acerca del asunto más importante de tu vida: Dios.

Hagamos juntos los primeros tres, sólo para que empieces.

## ADVENTISTAS DEL SÉPTIMO DÍA

Los Adventistas del Séptimo Día creen en la verdad infalible de la Escritura y nos enseñan que la salvación se alcanza sólo mediante la fe en Jesucristo. Los Adventistas creen en la inmortalidad condicional. Creen que los seres humanos no tienen un alma inmortal que vive eternamente por sí misma, sino que la vida sólo puede continuar eternamente a través del poder de

Dios. Si uno no cree en Dios, uno deja de existir, porque ha negado deliberadamente la existencia y el poder de Dios. No existe el infierno, sin embargo. Un ser humano no es torturado pero simplemente deja de existir.

Los Adventistas también creen en el "pensamiento inspirado": que Dios inspira los pensamientos de los escritores de la Biblia, y ellos expresaron entonces esos pensamientos en sus propias palabras.

¿Cómo encajan estas ideas con tus propias creencias? ¿Has pensado siquiera en estas cosas? De ser así, ¿cuáles son tus pensamientos y conclusiones? Anótalos en tu Libreta. Si tienes otras preguntas acerca de esta religión, busca a los Adventistas del Séptimo Día en la enciclopedia o en cualquier obra de consulta sobre religiones. O haz una búsqueda en internet desde tu computadora.

## TESTIGOS DE JEHOVÁ

Los Testigos de Jehová creen que Dios pronto pondrá fin a la era actual de la existencia humana. Un gobierno celestial, establecido por Jesucristo sobre la Tierra, sustituirá los gobiernos humanos existentes y quienes no sean Testigos serán destruidos para crear una sociedad de auténticos fieles.

Los Testigos de Jehová interpretan literalmente buena parte de la Biblia y basan todas sus creencias en ella, tal como la interpreta su Cuerpo Gobernante. Los Testigos de Jehová creen que Dios es el Creador y el Ser Supremo. Creen que Dios, cuyo nombre es Jehová, es "infinito, pero accesible"; reside en el cielo y no es omnipresente; es posible tener una relación personal con Dios; es amable y misericordioso, y no torturaría eternamente a la gente malvada en un lugar llamado infierno. No impone su soberanía a la gente, pero salva sólo a aquellos que desean servirle.

Los Testigos de Jehová creen que Satanás fue originalmente un ángel que desarrolló sentimientos de importancia propia y quería ser venerado como Dios. Satanás persuadió a Adán y Eva de obedecerlo a él y no a Dios. En lugar de destruir a Satanás, Dios decidió probar a la humanidad para ver si habiéndole otorgado libre albedrío, la gente obedecería a Dios bajo la tentación y la persecución. Los Testigos de Jehová creen que Satanás es el enemigo de Dios y el gobernante oculto de este mundo. Creen que los demonios eran originalmente ángeles que se rebelaron contra Dios y tomaron partido por Satanás en la controversia.

Los Testigos de Jehová enseñan que el reino de Dios es un gobierno literal en el cielo, establecido en 1914, regido por Jesucristo y 144 000 seres humanos criados en el cielo. Dios utilizará a este reino para hacer de la Tierra un mundo libre de crímenes, enfermedad, muerte y pobreza, transformando la Tierra finalmente en un paraíso. Los testigos creen que el alma no sigue existiendo después de que uno muere y consideran la muerte como un estado de no-existencia. Los Testigos creen que la única esperanza de vivir después de la muerte es la resurrección, en la cual Dios re-crea al mismo individuo con un nuevo cuerpo. Creen que 144 000 personas serán resucitadas en el cielo para ser gobernantes sacerdotales bajo Cristo, pero el resto de la humanidad que "cree" será relegado a la vida física en un paraíso en la Tierra.

Los Testigos de Jehová han afirmado con insistencia que son la única religión verdadera, y creen que las demás religiones están bajo el control de Satanás.

¿Cómo encajan estas ideas con tus propias creencias? ¿Has pensado siquiera acerca de estas cosas? De ser así, ¿cuáles son tus pensamientos y conclusiones? Anótalos en tu Libreta. Si tienes otras preguntas acerca de esta religión, busca a los Testigos de Jehová en la enciclopedia o en cualquier obra de consulta sobre religiones. O haz una búsqueda en internet desde tu computadora.

La Fe Bahá'í, fundada por Bahá'u'lláh en la Persia del siglo xix, hace énfasis en la unidad espiritual de toda la humanidad. La Fe Bahá'í reconoce la existencia de "mensajeros divinos" a lo largo de la historia —incluidos Moisés, Buda, Jesús y Mahoma—, quienes establecieron religiones acordes con las necesidades de su tiempo. Para los Bahaíes, los mensajeros más recientes son el Báb y Bahá'u'lláh, y creen que la vida y las enseñanzas de Bahá'u'lláh cumplen las promesas de escrituras anteriores para el tiempo final.

Los Bahaíes creen que nosotros, hoy, estamos llamados a establecer la paz, la justicia y la unidad a escala global.

La doctrina Bahá'í se basa en tres principios centrales: la unidad de Dios, la unidad de la religión y la unidad de la humanidad. Creen que Dios revela periódicamente Su voluntad por medio de mensajeros divinos, cuyo propósito es transformar a la humanidad. La religión es vista así como algo ordenado, unificado y progresista a lo largo de la historia.

Por obra de los escritos bahaíes, los seres humanos tienen un "alma racional", y pueden entonces reconocer el papel de Dios y la relación de la humanidad con su creador. Todo ser humano tiene el deber de reconocer a Dios por medio de Sus mensajeros, y cumplir con sus enseñanzas. Mediante el reconocimiento y la obediencia, el servicio a la humanidad y la oración y la práctica religiosa habituales, el alma se acerca a Dios, el que es tenido como ideal espiritual.

Los Bahaíes creen que cuando uno muere, el alma pasa al otro mundo, donde es juzgada a partir de su desarrollo espiritual en el mundo físico y avanza de modo similar en el mundo espiritual. El cielo y el infierno son estados espirituales de cercanía y distancia hacia Dios, no lugares físicos de recompensa o castigo merecidos después de la muerte.

Shoghi Effendi, jefe designado de la religión de 1921 a 1957, escribió el siguiente resumen de los que consideraba los principios fundamentales de las enseñanzas de Bahá'u'lláh y la fundación de la Fe Bahá'í:

*La búsqueda independiente de la verdad, libre de la superstición o la tradición; la unidad de toda la raza humana, el principio axial y la doctrina fundamental de la Fe; la unidad básica de todas las religiones; la condenación de todas las formas de prejuicio, ya sea religioso, racial, de clase o nación; la armonía que debe existir entre religión y ciencia; la igualdad de hombres y mujeres, las dos alas sobre las que el ave de la humanidad es capaz de elevarse; la introducción de la educación obligatoria; la adopción de un idioma auxiliar universal; la abolición de los extremos de la riqueza y la pobreza; la institución de un tribunal mundial para la resolución de disputas entre las naciones; la exaltación del trabajo, ejecutado con actitud de servicio, a la categoría de culto; la glorificación de la justicia como el principio gobernante en la sociedad humana, y de la religión como baluarte para la protección de todos los pueblos y naciones; y el establecimiento de una paz permanente y universal como la meta suprema de toda la humanidad: éstos sobresalen como los elementos esenciales que Bahá'u'lláh proclamó.*

¿Cómo encajan estas ideas con tus propias creencias? ¿Has pensado siquiera acerca de estas cosas? De ser así, ¿cuáles son tus pensamientos y conclusiones? Anótalos en tu Libreta. Si tienes otras preguntas acerca de esta religión, busca a la Fe Bahá'í en la enciclopedia o en cualquier obra de consulta sobre religiones. O haz una búsqueda en internet desde tu computadora.

## Comparando teologías

Podría ser interesante comparar aquí algunas de las enseñanzas de estas tres doctrinas con los Mensajes clave de las Conversaciones con Dios como aparecen en el capítulo 2 de este libro.

¿Conversaciones con Dios es una religión? No. Rotunda e inequívocamente... *No.* ¿Es una teología? Sí. Rotunda e inequívocamente... *Sí.*

El diccionario define teología como "el estudio y análisis de Dios, y de los atributos de Dios y su relación con el universo".

En términos más generales, y más cerca de su origen y utilización inicial, el sitio web www.Ehow.com nos dice que la palabra *teología* puede rastrearse por el francés antiguo y el latín hasta el griego *theologos*, que quiere decir "el que diserta sobre los dioses", de "theos" (Dios) y "logos" (palabras).

Dados estos parámetros, Conversaciones con Dios es absolutamente una teología, un estudio de Dios.

Entre otras cosas, las Conversaciones con Dios postulan que no hay Escritura infalible ni irrebatible de o acerca de Dios. Libros como la Biblia, el Bhagavad Gita, el Corán, los Upanishad, el Talmud, el Libro de Mormón, los Vedas y otros, son sólo eso, libros, escritos por seres humanos en momentos de gran inspiración, pero seres humanos de cualquier modo. Por consiguiente, pueden contener gran sabiduría y también errores. Es más provechoso no tomar esos libros de modo absolutamente literal, palabra por palabra.

Las Conversaciones con Dios advierten muy claramente en sus páginas que la gente no debería tomar sus palabras como la "Verdad de Dios", sino situarlas dentro del Departamento de Lo que Podría Servir, evaluándolas junto con otras fuentes de conocimiento y sabiduría que hayan hallado en su vida, pero siempre remitiéndose en última instancia a su propia reacción hacia ellas, a su propio conocimiento profundo, su propia guía interna, su propia experiencia personal, como la Autoridad Única y Máxima en todas las cuestiones espirituales.

Como las palabras de Ellen G. White, como los escritos de Mary Baker Eddy, como las ideas de Charles y Myrtle Fillmore, como los pensamientos de Ernest Holmes, como los pronunciamientos de William Miller o Charles Taze Russell o Joseph Smith Jr. o Bahá'u'lláh, los mensajes recibidos en las Conversaciones con Dios deberían considerarse sólo palabras compartidas por un ser humano entre muchos que han experimentado ellos mismos haber sido inspirados por lo Divino para entregar, iluminar y clarificar una sabiduría espiritual y un conocimiento que *no son suyos,* pero recibieron a través de su imperfecto filtro humano, para registrarlos y transmitirlos tan puros como fue posible.

A diferencia de los miembros de esa lista, sin embargo, no espero o deseo, preveo o solicito, sugiero o recomiendo que se cree una religión alrededor de los mensajes que recibí. Sólo espero que sean estudiados y examinados a profundidad, que merezcan consideración imparcial y seria contemplación, a fin de que si los Mensajes clave de las Conversaciones con Dios son considerados viables y provechosos para la vida de la gente, puedan adoptarse y ser aplicados útilmente en los encuentros cotidianos de una persona y sean de ayuda como herramientas en la preparación de una experiencia grupal sobre la Tierra más maravillosa, más alegre, más pacífica y más gloriosa, todo como parte del viaje eterno del alma y de la expresión interminable de Dios.

Es muy agradable hablar acerca del Viaje del Alma, pero es el Paso por la Vida lo que preocupa a la mayoría de los seres humanos. Y sin duda debería. El propósito de nuestra vida en la Tierra no es *ignorar* nuestra vida en la Tierra sino vivirla plenamente, haciendo el paso del nacimiento a la muerte con alegría, con maravillosa expresión creativa, con la meta de alcanzar la autorrealización, sin sufrimiento, y sin causar sufrimiento a otros. Creo que nos haría mucho bien si éste fuera nuestro objetivo principal.

En *Dios es felicidad: Convierte tu vida en una experiencia extraordinaria*, el texto comienza con esta notable observación:

La vida fue hecha para ser feliz.

¿Crees en eso?

Es verdad. Sé que no lo parece cuando miras alrededor, pero es verdad. La vida fue hecha para ser feliz.

*Tú* fuiste hecho para ser feliz. Y si tú *eres* feliz, fuiste hecho para ser más feliz. Incluso si eres *muy* feliz, puedes ser aún más feliz.

¿Qué tan feliz? ¿*Cuán* feliz puedes ser? Bueno... puedes ser *más feliz que Dios*

Una vez escuché a una dama describir a un caballero que era muy rico. Dijo "¡Tiene más dinero que Dios!". A eso me refiero. Intento usar el máximo superlativo...

...pues ocurre que hay una *fórmula* mediante la cual puedes ser más feliz que Dios. Todos los místicos lo han sabido, la mayoría de los maestros de la sabiduría mística lo han sabido, algunos mensajeros espirituales contemporáneos lo saben, pero se ha vuelto, a lo largo de los siglos, una especie de "fórmula misteriosa"... porque no se habla demasiado de ella. Demasiado en absoluto.

¿Por qué? Sencillo: muy pocas de las personas a quienes los maestros y los mensajeros espirituales pudieron haber hablado han sido capaces de creer lo que se dice que la "fórmula misteriosa" es capaz de generar. Y cuando hablas sobre cosas que nadie cree, puedes volverte muy impopular.

Así que incluso hoy, en que se supone que es una época de iluminación intelectual y espiritual, no muchos maestros y mensajeros espirituales revelan esta fórmula, aun si la conocen. O si hablan acerca de ella, sólo mencionan la mitad de lo necesario. La mayoría de ellos mantienen la otra mitad, la parte más impresionante de esta fórmula, bajo un velo. De modo que lo que tenemos aquí es una increíble verdad, pero *no conoces la mitad de ella.*

El libro continúa para describir con maravilloso detalle un enfoque de la vida que virtualmente garantiza que serás feliz sin importar lo que pase a tu alrededor. Escribí este texto como una ampliación del mensaje de la película *El secreto,* que habla de la enorme influencia que el pensamiento afirmativo puede tener en nuestras vidas, muy en la tradición de *El poder del pensamiento positivo*, del doctor Norman Vincent Peale. Pero *El secreto* ignoró el papel de Dios en el proceso de la creación personal. El libro *Dios es felicidad* llena ese gran vacío, cambia "el secreto" de forma dramática.

No he hallado provechoso dejar a Dios fuera de cualquier proceso de la Vida, ya que Dios *es* la Vida y la vida *es* Dios. Las palabras son intercambiables. De manera que vivir mi vida sin Dios sería como tratar de respirar sin usar mis pulmones, o ver sin abrir los ojos, o pensar sin involucrar mi mente. ¿Cómo puedo vivir sin implicar a Dios?

No puedo, por supuesto. Tal cosa sería imposible. Pero no sería imposible *imaginar* que lo hago, y es lo que mucha gente está haciendo hoy. Imaginan que están *viviendo la Vida sin Dios.*

No hay nada malo en ello, a propósito. Quiero decir, no es un acto de inmoralidad; no es una ofensa contra el Altísimo. (No es posible "ofender" a Dios.) Pero es un tanto como tratar de manejar un auto sin encender el motor.

Ahora que puedes *hacerlo,* de hecho... mientras vayas cuesta abajo. Pero la Vida es a ratos cuesta arriba, y entonces podrías encontrar que usar la energía hace el viaje mucho más fácil.

En la Vida estás *siempre* "usando la energía", por supuesto, porque la Vida *es* "la energía", pero hacerlo *conscientemente* hace una gran diferencia. No hacerlo conscientemente sería como llevar una lámpara encendida en la oscuridad, pero mantenerla en tu bolsillo porque olvidaste —o ni siquiera sabías— que estaba allí.

El truco en cuanto al Poder de Dios es *estar consciente de que está allí.* Y eso nos lleva a...

> **MENSAJE CLAVE DE LAS CONVERSACIONES CON DIOS #21**
>
> Hay Tres Niveles de Conciencia: Esperanza, Fe y Conocimiento. El dominio espiritual tiene que ver con vivir a partir del tercer nivel.

De lo que se tratan las Conversaciones con Dios no es sólo de exponer una nueva teología, una que pueda proporcionar una nueva base espiritual a la humanidad, sino también brindarnos a todos herramientas prácticas para reconstruir nuestras vidas, esta vez como siempre quisimos que fueran. Los nueve libros de la serie Conversaciones con Dios ofrecen un mapa de ruta confiable y nos ayudan a cruzar el terreno a veces traicionero de nuestros encuentros terrenales.

En pocas palabras, saber con gran claridad qué dijo Dios puede ayudarnos a facilitar nuestra experiencia cotidiana, e incluso llevarnos al dominio de la vida. Es por esto que me he tomado el tiempo de buscar entre las tres mil páginas de diálogo en las Conversaciones con Dios y extraer los 25 mensajes más importantes de ese intercambio en nueve libros. Estos mensajes nos muestran cómo llegar a donde queremos ir en nuestro Viaje del Alma. También nos dicen por qué hacer este viaje es trascendental, y cómo no *descaminar* en el *camino* hacia allá.

Un lugar al que la mayoría de los seres sensibles buscan llegar es el lugar de la Conciencia, así que veamos eso ahora.

Algunos maestros hablan en términos de "expandir" tu Conciencia. No puedes hacer eso. En términos estrictos no es posible un "crecimiento" de tu Conciencia. Minneapolis no se hace más grande porque hayas llegado allí, y tu conciencia no se expande por que la hayas alcanzado.

Tu Conciencia es lo que es; no "crece" más y más grande. Eso es porque tu Conciencia descansa dentro de tu Alma, y tu Alma no se hace más grande, o de alguna manera "más" de lo que siempre fue y es ahora.


Es tu *Mente* lo que se expande. Para entenderlo más fácil, pudiera decirse que la Conciencia descansa en el Alma y la Atención reside en la Mente.

Así que para enunciar de otro modo lo que puede estar ocurriendo en tu vida ahora mismo, estás poniendo *mayor Atención* a tu Conciencia. Una cosa es "percibir" y otra distinta poner atención a aquello de lo que tu Alma es consciente (en lugar de ignorarlo, lo que la mayoría de la gente hace la mayor parte del tiempo).

La mezcla de las dos es lo que podría llamarse Conciencia amplia. Cuando tu mente presta atención a tu Alma, y tu Mente y tu Alma llevan por consiguiente la misma información, sostienen la misma idea y poseen la misma perspectiva, podría decirse que eres *plenamente consciente*.

De modo que en términos reales, es tu Conciencia amplia la que se expande mientras la Conciencia de tu Alma pasa a la Atención de tu Mente.

Hay tres paradas en la senda por la que tu mente puede experimentar un estado más elevado de Conciencia, y las Conversaciones con Dios abordan cada uno de ellos.

### EL LUGAR DE LA ESPERANZA

La Esperanza es el primer lugar al que llega quien busca alcanzar la Conciencia. He escuchado describir deliciosamente a la esperanza como la energía que corre entre los ojos y la cola de un perro. La esperanza es una energía maravillosa y es mi deseo que nunca la abandones pues produce, inicia y fomenta toda clase de acciones, elecciones y decisiones positivas, y genera entusiasmo y emoción a lo largo del camino.

Habiendo dicho eso, advertimos que es sólo la primera parada en el camino a la Conciencia. ¿Y por qué no es la última parada? Porque la esperanza es un sitio donde parecemos reconocer una elevada posibilidad de que un algo pueda o *pueda no* ocurrir. Si estuviéramos *seguros* de que fuera a ocurrir, no habríamos necesitado "esperar" que ocurriera. Si estuviéramos seguros de que algo es "así", no habríamos necesitado "esperar" que sea "así".

De este modo, la Esperanza es la admisión de que una condición, situación o circunstancia particular pueda o pueda no suceder. Una persona que espera es una persona que se pregunta si lo que ella o él está esperando tendrá lugar. No hay un sentido de seguridad sino un sentido de ilusión, un sentido de optimismo de que *podría* suceder. Y eso es bueno. Quiere decir que uno no se ha dicho "No es posible". Pero la Esperanza es la energía más débil en el Proceso de Creación Personal.

De nuevo, esto no significa que es una energía improductiva o inútil, sino simplemente que hay energías aún más fuertes que Dios nos ha dado para trabajar con ellas mientras avanzamos hacia la Conciencia, y el dominio que produce.

La Conciencia es la energía que al final genera las experiencias internas y las manifestaciones externas en la vida de uno. Esto es porque la Conciencia nos permite saber que el resultado *ya ha ocurrido;* que *ya* es *así,* y eso es simplemente esperar que nosotros lo percibamos. (Más sobre esto después.)

Así, la Esperanza nos permite alcanzar las orillas del Estado de Conciencia. No es como estar totalmente dentro de ese estado sagrado, pero es mejor que estar muy, muy lejos de él.

### El lugar de la Fe

La Fe es la segunda parada en la senda hacia la Conciencia. Uno está mucho más cerca del centro de ese sagrado estado cuando ha alcanzado un lugar de Fe.

La Fe no se trata de preguntarse si algo ocurrirá, o pensar que podría suceder, tiene que ver con *sentirse* seguro de que sucederá. Éste es un gran salto de tan sólo desear. Es una energía mucho mayor, mucho más poderosa.

Si pensamos en la energía como un imán, una herramienta que nos atrae ciertos resultados y experiencias, entonces la Fe tiene diez veces más poder de atracción que la Esperanza. Atrae con fuerza los resultados hacia nosotros desde el Campo Contextual en el cual existen todos los resultados, lo que mi amigo Deepak Chopra llama "el campo de las posibilidades infinitas". (Más sobre esto después, también.)

La Fe se encuentra en el interior del Estado de Conciencia, pero no en su centro. Sin embargo ha cruzado la frontera de la duda, y eso es muy bueno. Hemos recorrido un largo trecho, y hace mucho dejamos el lugar donde nos preguntamos o conjeturamos o especulamos sobre los resultados. Tenemos *fe* en que se producirán resultados particulares, lo que quiere decir que *confiamos* en que lo harán, tenemos una *convicción* de que lo harán, tenemos confianza en que lo harán, y esto genera un alto nivel de optimismo al respecto.

Con todo, la Fe es un anuncio de que aún queda la posibilidad de que un resultado particular pueda *no* materializarse. Es importante ver que la "confianza" (que es la Fe bajo otro nombre) *no es necesaria* en el espacio de la certidumbre.

La definición de "fe" es "completa confianza" en alguien o algo, y la definición de "confianza" es "una firme creencia" en algo o alguien. Pero una "creencia" es aún una *creencia,* y no Conciencia Absoluta. Creer algo es una cosa, saberlo es otra.

Una persona no debería "confiar" o "creer" que el resultado de un acontecimiento particular será "bueno". Deberían estar tan seguros de ello que la "confianza" ni siquiera sea parte de la ecuación, y la "creencia" haya quedado atrás hace mucho, dando paso al simple conocimiento de que todo resultado, cualquiera que pueda ser, es el perfecto paso siguiente en su evolución personal.

## EL LUGAR DEL CONOCIMIENTO

Esta última parada en la senda hacia la Conciencia es el lugar más poderoso en que una persona podría encontrarse jamás. Es el lugar del Conocimiento Absoluto. Aquí se encuentra la paz. Aquí se encuentra una apacible alegría. Aquí se encuentra la clase de profunda seguridad que da origen a la tranquilidad total y la serenidad sagrada.

Esto no tiene que ver con "sentirse seguro", se trata de ser "positivo". Hay una diferencia.

El Iniciado tiene Esperanza, el Estudiante tiene Fe, el Maestro tiene Conocimiento. Y lo que el Maestro conoce es que cualquier resultado que tiene lugar en la Vida genera lo más alto y lo mejor para todos los involucrados. No puede ser de otro modo en el mundo del Maestro. En consecuencia, el Maestro no espera resultados particulares, ni tiene fe en que se manifestarán resultados específicos. El Maestro *sabe* con *certeza* que todos los resultados son perfectos, tal como son; exactamente como surgen, precisamente como se presentan.

Y el Maestro sabe esto porque entiende que todos los resultados en el mundo físico son co-creados, manifestados en forma colaborativa y conjuntamente generados para servir exactamente al plan de cada alma en cada situación en cada momento en cada lugar en "Todos los Cuándos/Dóndes de la Existencia" (para tomar prestada una maravillosa frase del escritor Robert Heinlein).

## Llegar a la Conciencia

Podría esperarse que el buscador sincero que recorre la Senda hacia la Conciencia ahora diga: "De acuerdo, entiendo. Ahora tengo estas preguntas: ¿cómo llego a estos tres lugares? Y, ¿puedo saltarme uno o dos de ellos, o debo pasar por los tres uno después del otro?".

La respuesta a la primera pregunta es que para llegar a ellos, uno debe hallar un mapa que sea útil. Y eso, como he dicho, es los que las Conversaciones con Dios ofrecen. Es un Libro de Instrucciones. (O en este caso, una serie de ellos: nueve libros en total.) Es una Guía para la mente interminablemente inquisitiva. Ofrece un plano, un patrón, una piedra de toque, un esquema para el corazón. Una *vía para llegar allí.*

Pero no es el único camino hacia la Conciencia. Aclara este punto una y otra vez, así como lo hacemos ahora. Aunque es un camino, y para millones en todo el mundo ha sido un camino muy efectivo.

Y sí, uno puede ir directo al Conocimiento. No es necesario detenerse en la Esperanza o la Fe, como no es necesario detenerse en cada peldaño de la escalera para llegar a la cima. Pero esto a veces puede hacer más fácil la subida. Así que acéptalo si aún no estás en el lugar de Conciencia Absoluta, o si te has encontrado allí, y luego *ya no;* de vuelta allí, y de nuevo *ya no*.

En mi propia vida he entrado y salido del lugar del Conocimiento Total, y hasta ahora no he sido capaz de permanecer ahí por un periodo muy prolongado (mucho menos el resto de mi vida). Pero algunas personas lo han logrado. Y no sólo antiguos maestros; santos o sabios, tampoco. Hay personas que viven en el planeta ahora mismo que lo han hecho. Y algunas de las personas que conozco personalmente lo han hecho. Así que puedo prometerte que es posible.

Estoy trabajando en llegar allí y quedarme de forma permanente. Si quieres trabajar en ello conmigo, estás invitado a unirte a la comunidad en CWG Connect. Gracias a la maravillosa tecnología moderna, gente de todo el mundo puede ahora conectarse con los demás, compartir con los demás, alentarse entre sí, brindarse apoyo, recordarse cosas y marchar juntos en el Viaje del Alma. Esta comunidad global es un amoroso grupo de personas que han encontrado en las Conversaciones con Dios un maravilloso camino a la Conciencia. Si te sentirías apoyado al unirte a mí allí, simplemente ponte frente a una computadora y visita www.CWGConnect.com.

## APLICAR ESTE MENSAJE A LA VIDA DIARIA

Las herramientas para la Vida, o las piedras del camino a la Conciencia, que he descrito como Esperanza, Fe y Conocimiento, son todas (quiero dejarlo claro nuevamente) poderosas. La primera es poderosa, la segunda es aún más poderosa y la tercera es la más poderosa.

¿Puedo sugerirte una o dos formas de usar esas herramientas en tus encuentros cotidianos con la Vida?

- Comienza a observar tu propio lenguaje en cuanto a situaciones y circunstancias por las que pasas en la vida. Aunque no sea necesario (o incluso recomendable) que vigiles cada palabra que sale de tu boca a fin de asegurarte de que "hablas apropiadamente" (la "corrección espiritual" es prima hermana de la "corrección política", y ambas pueden ser a veces una plaga), es útil saber que las palabras llevan energía (de hecho, están *llenas de energía*), y las palabras que se repiten una y otra vez tienden a crear un estado mental que puede tener un efecto prolongado en el pensamiento de uno, y en consecuencia en el propio Proceso de creación Personal.

- Decide cambiar la palabra "espero" por las palabras "me siento muy seguro" o incluso "tengo fe" de que todo ocurrirá en perfecto orden. Luego, mientras eliminas poco a poco "espero" de tu vocabulario, pasa de "me siento seguro" o "tengo fe" a "sé".

- Cuando te involucres específicamente en el Proceso de Creación Personal (en oposición a simplemente hablar de ello en casa o platicarlo con amigos), intenta invocar conscientemente la energía de "sé", dándote permiso de volverte cada vez menos exigente acerca de un resultado particular y más y más tranquilo en cuanto a cualquier resultado que pueda tener lugar. Deja que "sé que todo resultará perfectamente" comience a sustituir a "espero" o "me siento seguro" de que éste o aquel resultado particular ocurrirá. Si quieres saber más acerca del Proceso de Creación Personal, consigue y lee *Dios es felicidad*.

- Añade *sentir* a tus palabras cuando las digas (o incluso las pienses), en especial si empleas tus palabras y pensamientos tratando de experimentar algo de forma deliberada. Las Conversaciones con Dios nos dicen que "los sentimientos son el lenguaje del Alma". Usa este lenguaje de los sentimientos para comunicar al Universo qué es lo que deseas experimentar. Si realmente hay un resultado particular y específico que desees profundamente ver manifestado en tu vida, usa los sentimientos en tus verbalizaciones. Permítete visualizar un resultado particular en tu mente, y luego déjate sentir *exactamente como te sentirías si lo que visualizaste estuviera ocurriendo*. Este trío dorado de Pensamiento/Visualización/Sentimiento es la combinación más poderosa que he encontrado para llamar, para magnetizar desde el Campo Contextual de las posibilidades infinitas, experiencias y resultados específicos.

- Abandona las expectativas o las exigencias cuando te involucres en el Proceso de Creación Personal. Una vez que hayas fijado tu intención y declarado tu deseo, abandona cualquier idea de que *tiene* que pasar de esta manera y sólo de esta manera. Di "Gracias, Dios, por esto o algo mejor", ¡y dilo con sinceridad!
- Haz un Ejercicio de Conciencia al menos una vez al día durante los siguientes treinta días. Cambia la hora en que haces esto. Hazlo, digamos, a las diez a. m. el lunes, al mediodía el martes, a las tres p. m. el miércoles, a las seis de la tarde el jueves, por la noche los viernes, y así. De hecho *agéndalo* en tu teléfono. Cuando suene la alarma, deja cualquier cosa que estés haciendo y haz un inventario de Conciencia. Pregúntate: "¿De qué estoy consciente aquí y ahora mismo? ¿De qué fui agudamente consciente hace una hora o dos? Si no estuve consciente de algo específico entonces, ¿hay algo de lo que soy consciente ahora cuando lo recuerdo?" Detente y respira profundo. Mira a tu alrededor. Ve lo que ves cuando miras profundamente en cada cosa que se presta a tu atención en el Presente. Escucha lo que escuchas. Siente lo que sientes en ese momento. Sabe lo que sabes al respecto, y *sabe* que sabes.

La Conciencia puede cultivarse. Date permiso de entrar a tu Estado de Conciencia, y luego más allá de él, a un lugar donde te vuelves *consciente* de estar Consciente.

Es como ver tu reflejo en un espejo en un espejo en un espejo. Todos hemos tenido esa experiencia. Puedes hacer esto también con tu Mente. Permítete —llámate, invítate— a ser consciente de lo que eres consciente, y *consciente* de que estás consciente de lo que eres consciente.

Esto puede ser una herramienta poderosa en la expansión de tu Conciencia. Recuerda, la Conciencia no puede expandirse, pero la Conciencia amplia, sí. Date permiso de ser *plenamente* Consciente tanto tiempo como sea posible. Las listas de pendientes, las distracciones del momento, las exigencias de tu vida y los acontecimientos del día pueden ser demandantes y distractores. Está bien. Sólo adviértelo. Pronto aprenderás cómo *usar* los acontecimientos, las presiones y las exigencias para que te *lleven*, en lugar de apartarte de tu Conciencia Más Profunda, y sentir en plenitud, en lugar de sólo en parte, tu Conciencia Más Elevada.

* Y a propósito de eso, consigue y lee de inmediato el que sospecho que se volverá uno de los libros más importantes de tu vida: *Hacia la expansión de la conciencia: El camino a la felicidad a través del amor vivo*, de Ken Keyes Jr., quien celebró su Día de la Continuación hace unos años, pero dejó para todos nosotros un regalo de proporciones inenarrables. Este libro cambió el curso de mi vida. Estaré agradecido por ello siempre. Está disponible en la mayoría de las librerías en línea.

## 11

Desde los primeros momentos de mi niñez hasta que pasé de los 50 años intenté averiguar cómo funcionaba la vida. Eso es más de medio siglo de contemplar la misma pregunta. Lo hice de maneras tanto casual como concentrada, sencilla y sofisticada. Pensarías que todo ese esfuerzo me habría aportado alguna sabiduría, quizás, o alguna comprensión, pero no, no estaba experimentando eso. A la edad de 50 años sentía que sabía poco más que a los quince.

No exagero.

No había experimentado a Dios, sentía que no sabía nada sobre el amor, no entendía cómo funcionaban las relaciones, y todos los misterios de la vida *seguían siendo* misterios. No tenía idea de por qué estaba aquí o de qué se trataba todo esto. Sabía que estaba aquí, arrojado en mitad de todo esto que llamamos la Vida en la Tierra, y trataba de sacar el mejor partido de ello.

Pero seguramente debe haber alguna *razón* para todo esto, o al menos algún *método* en toda esta locura (como mi madre solía decir). Pero si lo había, yo tenía un conocimiento nulo de ello; tampoco idea alguna. Así que me levantaba cada mañana tratando sólo de aferrarme a alguna clase de meta o esperanza o deseo, alguna clase de actividad o experiencia o proyecto, alguna clase de propósito o función u objetivo para el día, como fuera, o tal vez incluso la semana o el mes, si no es que por el resto de mi vida.

Si nada de esto te resulta familiar, eres uno de los afortunados. Has conocido por algún tiempo Quién Eres y Por Qué Estás y Qué Estás y Adónde Vas y Cómo Es Que Vas Allá y La Forma de Llegar Allí.

Éstas no son preguntas menores, y si has tenido respuestas que te dejaron satisfecho, bien por ti, y que Dios te bendiga. Yo me enfilé hacia los 60 años y no tenía ninguna.

Entonces, de pronto, las tuve todas.

Como puedes imaginar, esto me sacudió hasta la médula. ¿Podía creer todo lo que recibí de una sola vez? ¿Era al menos funcional o aplicable a la vida diaria? ¿Tenía algún valor práctico en absoluto?

He encontrado que la respuesta a las tres preguntas es sí. ¡Rotundamente, *sí!* Pero primero tenía que entender de verdad, adoptar de verdad y *emplear* de verdad algo que había escuchado en mis conversaciones con Dios, o ninguna de las otras piezas del rompecabezas encontraría su sitio, ninguno de los misterios de la vida sería resuelto.

Ésta es sin duda una de las cosas más importantes que escuché en mi vida. Es una de las piezas de información sobre la vida más críticas que he encontrado. Echaba abajo —*por fin* echaba abajo— la puerta. No respondía todas mis preguntas, pero resolvía todos mis problemas. Hacía la vida mucho más fácil. Estoy hablando de:

---

MENSAJE CLAVE DE LAS CONVERSACIONES CON DIOS #20

La vida funciona dentro de un paradigma Ser-Hacer-Tener. La mayoría de la gente tiene este retroceso, creyendo que primero uno debe "tener" cosas para "hacer" cosas, y entonces "ser" lo que desean. Revertir este proceso es la manera más rápida de experimentar un dominio en el vivir.

---

Cuando digo que la mayoría de la gente invierte esta fórmula para la vida, no estoy bromeando. Observé esto en mí mismo durante los primeros 153 años de mi vida.

El primer libro de las Conversaciones con Dios, y luego el tercero, me trajeron a un lugar de gran claridad acerca de esto bastante pronto. Se me recordó en éste último que la mayoría de la gente cree que la Vida funciona en estas líneas generales, o a lo largo de esta secuencia general: Tener-Hacer Ser.

Las personas piensan que si ellos "tienen" una cosa (más tiempo, dinero, amor, lo que sea), luego podrán al fin "hacer" una cosa (escribir un libro, practicar un pasatiempo, ir de vacaciones, comprar una casa, comenzar una relación), lo que les permitirá "ser" una cosa (felices, tranquilos, satisfechos o enamorados).

En la práctica, están revirtiendo el paradigma Ser-Hacer-Tener. Como dije, yo también hice eso mismo. Es como se me dijo que funcionaba la vida.

## PONER LAS COSAS EN EL ORDEN CORRECTO

En el universo como es en realidad (en oposición a como pensamos que es), la "tenencia" no produce "existencia", sino que es al revés. Primero debes "ser" eso "llamado "feliz" (o "tranquilo", o "satisfecho", o "enamorado" o lo que sea), entonces comienzas a "hacer" cosas desde este lugar de la existencia, y pronto descubres que lo que estás haciendo termina por traerte las cosas que siempre quisiste "tener".

Así que la fórmula es Ser-Hacer-Tener, no Tener-Hacer-Ser.

La manera de poner este proceso creativo (y eso es lo que es esto, el Proceso de Creación Personal) en marcha es mirar qué es lo que quieres "tener", preguntarte qué crees que "serías" si "tuvieras" eso, y luego ir directo a *serlo*. Comienza ahí, en lugar de tratar de llegar ahí.

De esta manera reviertes la manera en que has estado empleando el paradigma Ser-Hacer-Tener —de hecho, lo pone en orden—, y funciona *con,* en lugar de *contra,* el poder creativo del Universo.

Ésta es una manera breve de establecer este principio: cómo funciona la vida para ti tiene que ver en buena medida con qué y cómo estás *siendo.*

El tercer volumen ilustra esto al invitarnos a pensar en una persona que simplemente sabe que si tuviera tan sólo un poco más de tiempo, un poco más de dinero, o un poco más de amor, sería en verdad feliz. Cree que hay una conexión directa entre este "no ser muy feliz" ahora mismo y no tener el tiempo, el dinero o el amor que desea.

Ahora piensa en una persona que está "siendo" feliz a cada momento. ¿No es interesante observar que parece tener tiempo para hacer todo lo que es de verdad importante, tener todo el dinero necesario y suficiente amor para el resto de la vida? Encuentra que tiene todo lo que necesita para "ser feliz"... ¡"siendo feliz", para empezar!

## ALGO PARA EL REFRIGERADOR

Resulta que decidir *por anticipado* lo que eliges ser *puede a menudo generar eso en tu experiencia.* "Ser, o no ser. Ése es el dilema", como lo planteó Shakespeare. La felicidad es un estado mental. Y como todos los estados mentales, se reproduce a sí mismo en forma física.

Como mucho de lo que se encuentra aquí, ésa es una declaración del tercer volumen de las Conversaciones con Dios muy adecuada para poner con un imán en el refrigerador: "Todos los estados mentales se reproducen a sí mismos".

Pero podrías preguntarte, ¿cómo puedes "ser" feliz para empezar, o "ser" *cualquier cosa* que busques ser —más próspero, por ejemplo, o más amado—, si no tienes lo que crees que necesitas para "ser" eso?

La respuesta es actuar como si lo fueras, porque tú *lo eres, y simplemente no lo sabes*. Ésta es la parte más importante de la "fórmula secreta". Ya tienes felicidad, ya tienes satisfacción, ya tienes amor, ya tienes prosperidad, paz, alegría, sabiduría, y cualquier otro aspecto de la Divinidad, todo almacenado dentro de ti. Es Quien Eres. Estas cosas con Quien Eres. No tienes que hallarlas en otra parte; simplemente tienes que *sacarlas de tu Ser*. Simplemente tienes que *ser* Quien Eres en Realidad.

A esto es a lo que me refiero con "empezar" donde has estado deseando poder "terminar". Es un asunto de *saber* que tú eres la *fuente* de estas cosas, no el *buscador* de ellas. Se trata de Conciencia.

De lo que *no* se trata es de intentar "engañarte" a ti mismo con un enfoque de la Vida que algunos llaman "Fingir hasta que sea cierto". No puedes de verdad estar "fingiendo" cuando estás "siendo" algo. Tus acciones deben surgir con sinceridad. *Todo lo que hagas, hazlo con sinceridad, o se pierde el beneficio de la acción*. La Ley Natural exige al Cuerpo, la Mente y el Espíritu estar unidos y alineados en pensamiento, palabra y acción para que funcione el Proceso de Creación Personal.

### Experimentar la sinceridad sinceramente

¿Cómo puedes entonces "ser" feliz si no te estás sintiendo feliz sinceramente? ¿Cómo puedes "ser" próspero si no te estás sintiendo próspero con sinceridad? ¿Cómo puedes "ser" amado si no te estás sintiendo sinceramente amado?

Debes sinceramente *experimentar que lo eres*. Debes experimentar que eres todas esas cosas que no estás sintiendo con sinceridad. Y la manera más rápida de experimentar algo que no estás sintiendo con sinceridad es *hacer que otro lo experimente gracias a ti*.

Éste es un gran secreto. Puede ser el más grande secreto de la Vida. Hacer que *otro* experimente lo que *tú* deseas experimentar te hace Consciente de que tú eres la fuente, y no el buscador, de esa experiencia. Esto cambia el paradigma entero de tu vida. En lugar de tratar de hallar lo que quieres, puedes tratar de encontrar formas de dar lo que quieres.

¿Pero cómo puedes dar lo que no tienes?

Sabiendo que *sí* lo tienes.

¿Y cómo puedes llegar a saber eso?

Ah, la lógica circular: ¡dándolo!

Por tanto, si eliges ser feliz, haz que otro sea feliz. Si eliges ser próspero, haz que otro prospere. Si eliges ser amado, haz que otro sea amado.

*Es tan simple como eso.* Y tan *poderoso* como eso.

Haz esto con sinceridad —no porque busques una ganancia personal, sino porque de verdad quieres que la otra persona tenga una experiencia particular— y todas las cosas que des las experimentarás tú.

De nuevo, una vez más: ¿cómo? ¿Por qué? Porque el mismo acto de dar algo te hace experimentar que lo tienes para darlo. Este principio se ha enunciado en tres palabras en los libros de las Conversaciones con Dios: Sé la Fuente.

### ¿Qué va primero?

Como no puedes dar a otro algo que ahora no tienes, cuando estás siendo en la vida de otro la Fuente de todo lo que quieres, tu Mente llega a una nueva conclusión, un Nuevo Pensamiento, acerca de ti: esto es, que debes de tener esto, *o no podrías darlo.*

Pero, podrías decir, si tú puedes ser la Fuente de algo en la vida de otro, ¿por qué no lo atraes a tu *propia* vida?

Puedes, y voy a proporcionarte el proceso aquí mismo.

Sí, podrías contestar, ¿pero por qué tengo primero que dárselo a otro? ¿Por qué no puedo dármelo a mí mismo antes?

La respuesta, de acuerdo con las Conversaciones con Dios, tiene que ver con la psicología humana, y la historia que se nos ha enseñado acerca de nosotros mismos. En pocas palabras, se nos ha enseñado que somos indignos. En consecuencia es muy difícil que nos permitamos darnos a nosotros mismos. Podemos ver con facilidad y reconocer, por otro lado, que los demás son valiosos y merecen cualquier ayuda que podamos darles. El truco, entonces, es dar a otros con frecuencia y de manera intencionada.

Pero no puedes hacer esto como medio o método para conseguir lo mismo para ti, o conseguir lo que te falta, porque la misma motivación detrás del proceso crea un pensamiento propiciatorio que continuará generando tu realidad.

No, cuando das a otros debes hacerlo desde un lugar de conocimiento y demostración de que realmente tienes eso. Si no puedes hacer eso, entonces no lo pienses siquiera. No analices ni calcules las cosas. Sólo da lo que quieras si ves que otros lo necesitan. Hazlo espontáneamente. Sorpréndete a ti mismo. Saca tu billetera y da ese billete de doscientos pesos. Te darás cuenta el mes siguiente de que no te afectó en absoluto. De hecho, te hizo sentir de maravilla. Y de manera bastante sorprendente, fue sólo una semana antes de que recibieras ese bono por ventas. O la devolución de impuestos de la que te habías olvidado. O esa llamada de un abogado, allá en tu estado natal, acerca de una herencia.

Y entonces te preguntarás: ¿qué fue primero, el huevo o la gallina?


## TODO SE TRATA DE ENTRENAR A LA MENTE

Puedes domesticar a tu Mente exactamente de la misma forma que domesticas tu cabello. Al mostrar a tu Mente un Nuevo Pensamiento acerca de ti una y otra vez por medio de tu manifestación de ello, se vuelve tu experiencia. Empiezas a "ser" eso cada vez más. Y una vez que empiezas a "ser" algo, pones en movimiento el mecanismo de la más poderosa máquina de creación en el universo: tu Conciencia. Has llegado a *saber* qué es eso en verdad, qué es en realidad verdadero acerca de ti, al *demostrar* qué es verdad (sin importar lo que pueda parecer en sentido contrario).

Cuando lo piensas, la sencillez de este proceso es notable, y obvia. Sabes muy bien que nunca te sentirá más feliz que cuando haces feliz a alguien. Tu vida te ha enseñado que nunca experimentas mayor prosperidad que cuando la compartes con los demás. Y tienes muy claro que el sentimiento más profundo y bendito de ser amado es tuyo cuando has sido el causante directo de que otra persona se sienta amada.

Los mensajeros de las grandes religiones de todo el mundo han enseñado precisamente este principio, cada cual a su manera. El mensaje que personalmente me resulta más familiar: "Trata a los demás como quisieras que te trataran".

Esto no es sólo un dicho agradable o un aforismo inteligente; es una indicación explícita acerca de *cómo funciona la Vida*. No tiene que ver con la moral, es una cuestión de mecánica.

Cuando sabes esto, estás listo para alcanzar el dominio de la vida.

## APLICAR ESTE MENSAJE A LA VIDA DIARIA

Jamás he encontrado una herramienta más poderosa, práctica o fácil de emplear para una vida espiritual y dichosa que el paradigma Ser-Hacer-Tener.

Es una herramienta espiritual porque apela a la Conciencia espiritual que reside en cada uno de nosotros, y nos permite demostrar que tenemos clara nuestra identidad espiritual. No hay nada más espiritual en la Vida que experimentar a la Divinidad fluir a través de ti.

Es una herramienta práctica porque funciona "sobre el terreno" en la vida real, y de inmediato. No en una semana o dos o en un mes y así, sino en el preciso momento en que se utiliza.

Éstas son algunas sugerencias acerca de cómo podrías utilizar el paradigma Ser-Hacer-Tener en tu propia experiencia cotidiana:

- Elige con anticipación cómo quieres "ser" en cada circunstancia dada que sepas con certeza que surgirá repetidamente en tu vida. Por ejemplo, si eres alguien que viaja con frecuencia, puedes saber con certeza que a la larga, en algún viaje tu vuelo se retrasará. Si estás casado y tu cónyuge tiene tendencia a llegar tarde a los compromisos, sabes con certeza que habrá alguna ocasión en que llegará tarde a algo en que de verdad necesites que esté a tiempo. ¿Cómo decides ser en esas situaciones?

- Si algo inesperado ocurre en tu vida, detente un momento y pregúntate: "¿Cómo quiero "ser" con respecto a esto?". Luego, entra en ese Estado de Ser. Éste es un proceso creativo en lugar de un proceso reactivo. Recuerda, la Vida fue *diseñada* como un proceso de creación, no como un proceso de reacción. Y lo que la Vida te invita a hacer en cada dorado momento del Ahora es a recrearte por completo a ti mismo en la siguiente mayor versión de la visión más grande que hayas tenido acerca de Quien Eres. De modo que, si te encuentras inesperadamente en una situación muy estresante —un accidente pequeño de auto, la pérdida de tus llaves de casa, una amistad que nunca pensaste que lo haría te decepciona—, puedes usar esto como una oportunidad para preguntarte a ti mismo en ese momento cómo quieres "ser" con respecto a lo que sucede, y entonces pasar a ello.

- Haz una lista de cinco cosas de las que desearías tener más en tu vida ahora mismo. Pueden ser físicas o experiencias. Entonces ponte "en busca" de gente que claramente tenga incluso menos de estas cosas de lo que tú pareces tener. Dale estas cosas a ellos. Hazlo de una sola vez, sin pensar ni analizar o calcular. Sólo *dalas*. Cuando su rostro se ilumine, observa qué increíble se siente advertir que *las tenías para dárselas*. Deja que ese sentimiento conforme tu sentido del Ser.

Ahora podrías decir, "De acuerdo, puedo ver cómo esto sería capaz de funcionar con la abundancia o el amor, ¿pero cómo podría funcionar con cosas físicas, como un mejor lugar para vivir? Digamos que lo que realmente quiero es un mejor lugar para vivir. ¿Cómo manifiesto *eso* dándole a otra persona un mejor lugar para vivir?".

Recuerdo que tenía a una señora en una de mis clases semanales de Metafísica Práctica que impartía hace años que hizo la misma pregunta. La llamaremos Sue.

Sue y su esposo habían estado viviendo en el mismo pequeño apartamento durante años, trabajando duro, los dos, ahorrando dinero para un día poder pagarse la casa de sus sueños.

—¿Cómo puede funcionar tu teoría conmigo? —quería saber, y no era muy amistosa al respecto. Era su frustración la que hablaba, yo lo sabía.

—¿Estás dispuesta a que lo haga? —pregunté—. ¿Estás dispuesta a que la teoría funcione?

—Mira —dijo—, no hay manera en el mundo en que yo pueda "ser la Fuente" de un mejor hogar para alguien más. Ni siquiera podemos hacerlo para nosotros mismos. Tu pequeño "proceso" no funcionará.

—¿Estás dispuesta a que lo haga? —volví a preguntar.

Me miró directo a los ojos.

—De acuerdo —dijo—. Estoy dispuesta. Pero no puede funcionar en algo como esto.

—Si tú lo dices —dije.

—¿Qué se supone que significa eso? —preguntó ella.

—Quiere decir que mientras lo dices, así sucederá contigo.

—Me encanta. Más frases hechas. Deben adorar a este tipo.

—Cariño, sé que estás frustrada con tu vida. Lo entiendo. Pero el Universo no puede darte lo que dices que no puede. Ésa es la norma. Ésa es la... ¿cómo dicen en ese programa de TV?... Ésa es la Primera Directiva. Así que si dices que el proceso no funcionará, ¿adivina qué? No funcionará. Estás poniendo demasiados obstáculos en el camino. Tu energía crea tanto obstáculos como oportunidades. Tú eliges.

Sue se quedó en silencio un momento, y dijo:

—De acuerdo, parece justo. Mi esposo dice también que soy una pesimista continua, así que trataré de dejar de serlo.

—Magnífico. Ahora, ¿estás dispuesta a que funcione este proceso del que he estado hablando?

—Sí, de verdad lo estoy. De verdad quiero que funcione.

—¿Crees que puede hacerlo?

—Cuando pienso positivamente, supongo que puede.

—Bien. El truco es no preguntar cómo. Sólo cambia a tu disposición a ello.

—De acuerdo. Entiendo.


UNA SEMANA DESPUÉS...

¿Estás preparado? Sue volvió a la siguiente clase —me refiero a una semana después—, rebosante de emoción. No podía esperar a compartir con el grupo.

—Fue el jueves por la noche, creo —comenzó—. Estaba leyendo el periódico y decía que se buscaban voluntarios para un proyecto que iba a empezar el pasado fin de semana para dar a una familia que hubiera perdido su casa un nuevo hogar, ¡en tres días! Hay un grupo llamado Hábitat para la Humanidad que hace esto. Y estaban solicitando voluntarios. Decían que cualquiera y todos eran bienvenidos.

"Acudes a un sitio de construcción y te dicen exactamente lo que debes hacer. Si sabes usar un martillo o cargar madera o lustrar un grifo recién instalado, puedes ser de ayuda. Y pensé, 'Cielo santo, ésta es una forma de que *yo pueda dar a alguien más lo que quiero*, es decir, ¡un lugar agradable para vivir!'. Así que mi marido y yo fuimos allí el sábado.

"Debe haber habido unas cien personas. Levantamos una casa entera en tres días. Y entonces llegaron con formatos en un tablero y nos preguntaron si estaríamos dispuestos a donar una pequeña cantidad al mes para comprar materiales para proyectos de Hábitat para la Humanidad en otros lugares. Dijimos 'Claro', y así encontramos una forma de ser la Fuente de un mejor hogar para alguien más, allí mismo en el momento.

El grupo estaba asombrado por la sincronicidad, pero Sue aún estaba lejos de haber terminado.

—¡Esperen! Hay más —exclamó—. El lunes por la noche recibimos una llamada de mi tío George. Dijo que su compañía le había ofrecido un importante ascenso —se había abierto un puesto de alta dirección— y el trabajo estaba al otro lado del país, pero demasiado bueno para dejarlo pasar, así que debía mudarse con su familia y se preguntaba qué haría con su casa de cuatro recámaras.

"Quería saber si nosotros le 'cuidaríamos la casa' por unos meses mientras se le ocurría algo, o mejor aún, si estaríamos interesados en rentársela. Le dije que no podríamos nunca permitirnos rentar un lugar como ése y además ahorrar para una casa que fuera nuestra.

"Él dijo: '¿Y si rentan con opción a compra? Les daré un buen alquiler, y cada centavo irá sobre el precio de compra si deciden que les gusta la casa y quieren comprarla. Además, yo me encargaré del papeleo. No tendrán que ir a un banco a calificar para una hipoteca. Ustedes son familia, y sé que les vendrá bien. Además, preferimos que se quede con ella alguien que conocemos y queremos, no extraños'.

Sue ahora estaba sin aliento cuando dijo:

—¡Nos mudamos el *mes próximo!*

La clase gritó con fuerza.

Y los ángeles cantaron.

¿Y Dios?

Bueno… Dios sólo sonrió mucho.

## 12

Me parece que la vida sigue siendo un misterio en descubrimiento para casi todos. Ha habido, y hay ahora, auténticos Maestros que viven en continua paz y armonía (sin importar lo que estaba o está ocurriendo). De modo que sabemos que alcanzar tal nivel de desarrollo personal o espiritual es posible. Con todo, he visto a muy poca gente alcanzarlo "en un destello".

Mi observación es que para la mayoría de nosotros la vida continúa revelándose a sí misma una capa a la vez. Ése ciertamente ha sido el caso conmigo. Incluso mis Conversaciones con Dios tuvieron lugar durante un periodo de años.

Lo que advierto es que el mundo aún sigue lleno de buscadores. A pesar de toda la sabiduría que puede encontrarse allá afuera, a pesar de toda la información en todas las enciclopedias, a pesar de todos los mensajes espirituales en todos los libros sagrados de todas las religiones del mundo, a pesar de todas las profundas reflexiones que nos han brindado las filosofías del mundo, a pesar de todo ello, aún no tenemos idea acerca de muchas cosas a propósito de la vida que estamos viviendo. Así que buscamos señalamientos. Buscamos conocimientos. Miramos a los demás en busca de sugerencias para salir adelante de todo esto, sobre cómo mejorar, sobre cómo arreglárselas. Y si somos afortunados, tenemos una relación —una relación *personal*— con Dios.

Si somos afortunados, tenemos la capacidad de relacionarnos con esta Fuente de Sabiduría que existe en el universo. Si somos muy afortunados, somos capaces de interactuar con esta fuente, de experimentarla como un amigo, de utilizarla como un recurso.

He sido lo bastante afortunado de hacer eso, y así me han sido dados mapas de ruta espirituales y muchos señalamientos que me han ayudado a lo largo del camino, y me han hecho sentir más cómodo conmigo mismo y con toda la experiencia vital mientras entro a mi séptima década, como no lo estuve nunca antes.

He tenido oportunidad de observar y recordar muchísimas cosas, y me he desafiado a darles sentido en estos últimos quince años de mi vida y a crear un enfoque holístico para mi experiencia diaria.

## VOLVER A UNIR EL "YO FRAGMENTADO"

Hemos escuchado mucho en las décadas pasadas acerca de la "vida holística". Hace veinticinco años, yo era incluso el director administrativo de un semanario en San Diego llamado *Noticias de la Vida Holística*. El diccionario define holístico como "caracterizado por la comprensión de las partes de algo como íntimamente interconectadas y explicables sólo en referencia al todo".

¿Qué?

¡Me pregunto quién escribió *esa* definición! Si yo definiera la palabra, diría simplemente que significa "un enfoque completo de sistemas hacia todo".

Vivir holísticamente significa, para mí, vivir de manera que la totalidad de quien soy se exprese y experimente mientras interactúo con la totalidad de todos y todo lo demás, en lugar de parte de mí interactuando con *parte* de alguien o algo más, que es como advierto que yo y la mayoría de la gente vivimos más a menudo.

Muchos de nosotros hemos vivido momentos pasajeros de un *sentido percibido de unidad* con otra persona, o con todos los demás, de hecho, e incluso con cualquier otra *cosa*.

Si has tenido un momento así una o dos veces, tal vez lo recuerdes como un breve instante de pura dicha. La *experiencia* de la Unidad, en oposición a la conceptualización de la Unidad, es con frecuencia una sorpresa. La Mente no sabe qué hacer con ello, o adónde ir. (Lo cual sin duda explica por qué nos lleva de vuelta a la Separación tan rápido como es posible. Tienes que entender, el ego piensa que nuestra misma *existencia* está amenazada cuando experimentamos la Unidad.)

Toda mi vida he querido saber cómo vivir como una persona completa, que es el primer paso para experimentar la Unidad en la Vida en su conjunto. Me experimenté a mí mismo en el pasado como siendo, en cierto sentido, "fragmentado". Es decir, una parte de mí iba en una dirección, una parte de mí iba en otra, ¡y una tercera parte de mí trataba de ir en ambas direcciones al mismo tiempo! Me sentí "desgarrado" muchas veces en mi vida.

Este sentido fragmentado de quien soy es, no tengo duda, lo que me hizo vivir una vida que hasta los años más recientes fue todo menos ligera, todo menos fácil, todo menos tranquila. No es que me lo estuviera pasando particularmente mal, quiero decir, pero mi vida tuvo ciertamente más retos, más decepciones y más momentos infelices de los necesarios. Y, lamento decirlo, más momentos en que hice a otras personas profundamente infelices de lo que alguna vez imaginé que podría.

Pero, como mencioné antes, la vida fue hecha para ser feliz, y la mayor parte del tiempo en realidad no debería haber razón para que fuera de otro modo. Ciertamente, no hay razón para que la vida sea una experiencia de infelicidad *continua*. Pero cuando vivimos como personas fragmentadas, tratando de servir a dos amos y tres agendas y cuatro pensamientos diferentes que cuatro personas diferentes tienen acerca de quienes creen que se supone que somos, la vida puede de hecho volverse muy estresante e infeliz.

De modo que la invitación de la Vida es a "desfragmentarnos" a nosotros mismos, a volvernos completos de nuevo.

## INSTRUCCIONES FORMIDABLES

Vinimos a esta experiencia física como seres completos y perfectos, pero hemos dejado que la Vida nos separe y en algunos casos nos *desgarre*.

Así que ahora se trata de regresar a ese lugar de Completud Original, y luego volver desde allí en todas nuestras interacciones. Y no sé tú, pero yo necesité instrucciones, como dije hace un momento, para ayudarme a llegar a ese lugar, y para asistirme en la vida desde ese lugar. De modo que quedé encantado cuando las Conversaciones con Dios me obsequiaron...

> MENSAJE CLAVE DE LAS CONVERSACIONES CON DIOS #19
>
> Los Tres Conceptos Clave de la Vida Holística son Honestidad, Conciencia y Responsabilidad. Vive según estos preceptos y la ira contra ti mismo desaparecerá de tu vida.

No sabía siquiera que la ira contra mí mismo era parte de mi vida hasta que estuve casi a la mitad de ella. En algún punto entre mis cumpleaños 35 y 40 se me hizo evidente que en realidad no estaba muy contento conmigo mismo, y sí, que de hecho estaba *enojado* conmigo mismo respecto de muchas cosas.

Principalmente, estaba enojado conmigo mismo por ser la persona que le estaba mostrando al mundo. No es que fuera un ser humano terrible, lamentable y corrompido, pero sin duda las demás personas no estaban experimentándome en las formas en que yo pensaba acerca de mí mismo. De hecho, tenía una idea acerca de quién soy que era *completamente diferente* de la experiencia que la gente que me rodeaba decía tener en cuanto a mí.

"Nadie me comprende", me decía a mí mismo y de vez en cuando me quejaba con algunos amigos. "De hecho, podría ser la persona más incomprendida que conozco."

Tal vez nada de esto te resulte familiar, o tal vez mucho. Pero puedo prometerte que lo que te describo acerca de mi propia experiencia no es algo único. Así que comencé a buscar señalamientos, sugerencias, conocimientos acerca de cómo podría literalmente volver a unirme. Y debo ser honesto, rechacé lo que la mayoría de las religiones y la filosofía y la psicología me decían, porque sentía todo eso demasiado simplista.

Entonces me topé con la experiencia de las Conversaciones con Dios. Y lo que *decía* también se sentía simplista. Incluso, en algunos casos, poco sofisticado e ingenuo. Pero esta vez decidí escuchar porque la experiencia misma era muy notable, muy reveladora espiritualmente. Así que me permití recibir sus mensajes, considerar la posibilidad de que hubiera más de lo que veía, de que lo que saltaba a la superficie como demasiado simple estuviera, de hecho, brindándome una oportunidad de contemplar la vida y experimentarme a mí mismo de forma más profunda, más rica y con una mayor apreciación de la auténtica complejidad de lo que, en la superficie, parecía simplista.

Eso es particularmente cierto en cuanto al Mensaje clave de las Conversaciones con Dios #19. En la superficie parece demasiado obvio y simple, casi vergonzosamente ingenuo. Por *supuesto* que la honestidad, la conciencia y la responsabilidad son atributos importantes en la vida de cualquiera. Eso es bastante fácil de entender.

Pero cuando miré debajo de la aparente simplicidad del mensaje, vi y encontré más de lo que originalmente imaginé que había. Veamos estos tres conceptos centrales, uno a uno.

Algo que he descubierto en mi vida es que no resulta fácil ser honesto. Creí que lo era, pero estaba equivocado. También observé que otras personas aparentemente habían descubierto esto mismo.

Nos hemos vuelto seres fragmentados porque hemos aprendido a rompernos a nosotros mismos en pequeños trozos y partes. Algunas de estas partes son la verdad acerca de nosotros en las diversas áreas de nuestras vidas, y algunas de estas partes son los escudos que hemos colocado para impedir que la gente conozca la verdad. A veces, para impedirnos *a nosotros mismos* conocer la verdad. (O tener que admitirla.)

La ironía de la experiencia humana es que muchos padres le enseñan a sus hijos a decir la verdad, y les explican que la honestidad es un importante rasgo del carácter, al tiempo que les dan un ejemplo donde ésta no existe, no sólo en su trato directo con los niños, sino en otras áreas de su vida de las que ellos son testigos. Los niños escuchan a su madre mentir acerca de tener un compromiso social previo, para evitar ir a una fiesta que ella sabe que será aburrida; escuchan a su padre reportarse enfermo al trabajo cuando de hecho acudirá a un partido de béisbol. Por consiguiente, los padres enseñan a sus hijos que deben ser deshonestos para evitar los reproches o los castigos o tener que hacer algo que no quieren. No les toma mucho a los niños entender la idea.

De manera que la honestidad se ha convertido en un verdadero desafío para mucha gente, porque hemos aprendido que —al contrario de lo que nos han dicho— la honestidad no siempre da buenos resultados. Demasiado *a menudo* no da buen resultado. Demasiado a menudo produce el resultado opuesto al esperado. Así que aprendemos a ser deshonestos. Con suerte, no en cuanto a cosas terriblemente importantes o en verdad graves. Pero a veces, sí, de cuando en cuando, incluso acerca de ellas.

El plan no es ser honesto o deshonesto, sino salir del paso. Es nuestro instinto de supervivencia el que interviene, y es ése instinto el que dirige el motor de la experiencia humana. Aprendemos a ser honestos si y cuando nos ayuda a sobrevivir, y a ser deshonestos precisamente por la misma razón.

De modo que hay más de lo aparente cuando se trata de este "asunto de la honestidad". Está involucrada la valentía, y no es poca la que se requiere. También la determinación, y no en poca cantidad. Entra en juego la disposición, y no en poca medida. Tenemos que estar dispuestos a aceptar las críticas que sin duda recibiremos si decidimos ser honestos en cuanto a todo con todo mundo todo el tiempo.

Debemos estar decididos a decir la verdad, sin importar las consecuencias. Esto requiere una actitud resuelta. Debemos tener la fortaleza para soportar cualquier consecuencia que pueda derivar de nuestra determinación y disposición a ser honestos a cualquier precio.

En un par de capítulos estudiaremos este tema de la honestidad más profundamente mientras echamos una mirada a los Cinco Niveles de Expresión de la Verdad. Pero por ahora, simplemente ten presente que si crees que esta es una idea simplista, una enseñanza sencilla, casi ingenua, acerca de cómo vivir una vida holística, estás equivocado. Es todo menos eso.

De modo que seamos honestos al respecto: *La honestidad no es para cobardes*. Requiere un nivel muy alto de compromiso con el crecimiento personal propio.

### Debemos ser honestos... ¿siempre?

Y estudiemos *eso* por un momento. ¿De verdad la "honestidad" tiene que ver con el crecimiento? ¿Qué importa si somos totalmente honestos acerca de todo, todo el tiempo? ¿A quién le interesa? ¿Y si lastima al menos tanto como ayuda, cómo podría justificarse siquiera en cada caso? Tal vez en algunas ocasiones la deshonestidad es lo más recomendable. ¿Podría ser cierto esto?

Si tienes preguntas respecto a todo esto, como la mayoría de las personas, quiero recomendarte los maravillosos escritos de Brad Blanton. Es un brillante, aunque poco convencional, psicólogo que escribió un libro llamado *Honestidad radical*. Yo mismo escribí un libro con él hace varios años, titulado *Honesto con Dios*. En él discutimos —"alegamos de ida y vuelta" podría ser una mejor descripción— si la honestidad era, de hecho, lo más recomendable en cada ocasión, con cada persona. Podrías encontrar interesante el diálogo.

No voy a entrar aquí en todo eso, porque se trata de un libro entero. Pero te dejaré saber que concuerdo con el doctor Blanton en que hay muy, muy pocas ocasiones en esta vida en que sea provechoso mostrar algo menos que total honestidad.

Esto no quiere decir que yo practique una honestidad total a cada minuto con toda persona; quiere decir que hay muy pocas ocasiones en que no sea provechoso hacerlo. Aun habiendo dicho eso, a veces me encuentro a mí mismo "protegiéndome" al decir menos que "la verdad, toda la verdad y nada más que la verdad, que Dios me ayude". Y también a mucha gente que hace esto mismo. Mucha.

De manera que ahora me doy cuenta de que para vivir como seres humanos completos, para poner fin a la continua expresión de nuestros seres fracturados, nos beneficiaríamos como especie a partir de trabajar con más diligencia en lo que podría parecer una tarea relativamente sencilla: Sólo. Decir. La. Verdad.

Déjame decir una cosa más acerca de esto, si es posible. Me parece que la única manera en que podría resultarme fácil decir la verdad *siempre* sería si yo imaginara que no es posible que me lastimara alguna de las consecuencias de hacerlo. Y me parece que la idea de no poder ser lastimado descansa en el concepto más amplio que tengo de mí mismo con respecto a quien soy. Si me veo a mí mismo como un aspecto y una individualización de lo Divino, iré por la vida con una *conciencia* profunda tanto de mi identidad como de las implicaciones de esa identidad. Y eso nos lleva a nuestro siguiente estudio.

## Conciencia

Ya hemos hablado sobre la conciencia en una parte previa de este texto. La conciencia es un estado del ser que puede convertirse, al final, en un estado mental. El camino a la conciencia contiene, como hemos estudiado antes, tres paradas: Esperanza, Fe y Conocimiento. Con respecto a la discusión que nos ocupa, mi actual estado de conciencia me hará "esperar" que decir la verdad no me lastime, "tener fe" en que no será así, o "saber" que no puedo ser lastimado o dañado de ninguna manera.

Si permanezco en el estado de plena conciencia de quien soy realmente —y para el caso, de quienes son realmente todos los demás—, nunca reconsideraré ser honesto. No habría razón para ello. De modo que sin duda la conciencia es una clave más importante para la vida holística de lo que pude haber considerado originalmente. La conciencia también se utiliza en el contexto de esta discusión como ser sensible ante la experiencia ajena, y en especial a la experiencia que yo puedo estar estimulando a los demás a crear.

Me parece que si vivimos holísticamente estamos "aceptando" la totalidad del momento presente, y de cada momento en que nos encontremos. Ponemos atención no sólo a lo que la gente dice sino a cómo se sienten. Observamos no sólo lo que *decimos* sino cómo *nos sentimos*. Y nos acostumbramos al hecho de que si creemos que podemos esconder nuestros sentimientos de los demás, la mayoría de las veces estamos equivocados al respecto.

De tal suerte que la conciencia tiene que ver con sintonizarse en el Momento Completo y todo lo que contiene para ti y cualquier otro que lo experimente. Esto también requiere valor, determinación y disposición, porque hay muchos elementos y aspectos de cada uno de los momentos de nuestra vida que preferiríamos ignorar. Nos hacen sentir incómodos, o revelan demasiado acerca de nosotros, o acerca de alguien más. "Demasiada información", como nos gusta decir. No queremos Demasiada Información acerca de los demás o sobre el momento que estamos enfrentando actualmente.

¿Entonces cómo experimentamos plena conciencia, si nos entrega demasiada información? Ésa se vuelve una pregunta fascinante. Y expone en términos claros el desafío que enfrentamos la mayoría de nosotros mientras avanzamos por la vida.

En mi propio caso, he decidido que permitirme estar abierto a todos los datos, toda experiencia, toda emoción, todo sentimiento, toda la información que contienen todos los momentos de mi vida es la única manera de vivir. Pero, como con la honestidad, no pretendo vivir de esa manera todo el tiempo. Pero sé que es el camino a seguir.

Y como con la honestidad, hay mucho más que "concienciar" de lo que parece. Porque mientras más conozco y más soy consciente, más responsable soy de lo que pasa aquí y ahora, de cómo está ocurriendo, del papel que desempeño en hacer que ocurra de cierta manera, y de los resultados que deriven de ello. Todo lo cual nos lleva a la última de estas tres palabras que parecían tan simples sólo hace un momento.

## RESPONSABILIDAD

A no ser que estemos dispuestos a asumir plena y completa, absoluta y total responsabilidad por todo en nuestras vidas y por las experiencias que hayamos estimulado a los demás a crear en sus propias vidas, no podemos vivir una vida holística. Podemos fingir que sí, y actuar como si lo estuviéramos haciendo, pero en realidad no sería así. Debemos aceptar el hecho de que estamos a cargo en lo que respecta a nuestras vidas.

Observo que cuando la gente aprende a tomar plena y completa responsabilidad de sus vidas, esas vidas cambian. Cambian las decisiones y elecciones que la gente hace. Cambian las acciones y tareas que emprenden. Incluso su pensamiento cambia

Las Conversaciones con Dios nos dicen que no hay víctimas ni villanos. La implicación de esa declaración es que somos totalmente responsables de todo lo que nos sucede, y que ha sucedido *por nuestra mediación*, en nuestras vidas.

La primera reacción de las personas a esta declaración cuando la comparto en conferencias es distanciarse de ella; quieren sacar de inmediato todas las instancias en sus vidas en que les ocurrieron cosas por las cuales *no* fueron responsables. Pero aquí no estamos hablando sólo física sino metafísicamente.

En un nivel metafísico, que es el único desde el que podemos partir en nuestras vidas si elegimos vivir en forma holística, somos responsables —y debemos serlo, dada nuestra identidad verdadera— de cada acontecimiento, situación, circunstancia y resultado en nuestra vida. Estamos co-creando en una enorme colaboración con todos los demás, pero esa asociación no nos releva de la responsabilidad por el papel que *nosotros* hemos desempeñado en cada suceso y condición. Esto incluye, en un nivel metafísico, atraer a nosotros exactamente las personas, los lugares y las circunstancias correctas que nos permiten recrearnos a nosotros mismos por entero en la siguiente versión mayor de la más grande visión que hayamos tenido acerca de quiénes somos.

El ejemplo más vívido de esto en el que puedo pensar sería una persona como Jesucristo. Cuando estudiamos su vida y muerte, tenemos que preguntarnos, *¿A qué nivel era responsable por lo que experimentaba?* ¿Fue la víctima de su propia crucifixión, o en cierto nivel altamente espiritual y metafísico estaba a cargo al respecto?

Si aceptamos que estaba a cargo en el asunto —que nada le pasó *a* él, sino que todo ocurrió *a través* de él—, entonces debemos preguntarnos: *¿Hemos estado a cargo al respecto, en un nivel altamente espiritual o metafísico, en cuanto a cada "crucifixión" en nuestras propias vidas, ya sea grande o pequeña?*

Si decimos que Jesús fue responsable de su crucifixión pero nosotros no somos responsables de las nuestras, declaramos entonces una falsedad metafísica: que no somos todos uno, que algunos de nosotros somos superiores a otros, y que algunos de nosotros somos, tal vez, Divinos, mientras otros son "sólo humanos".

Estas afirmaciones equivalen a una negación de la Realidad Última con respecto a tu identidad personal y la mía. Y así nos quedamos sin otra opción más que ser responsables por todo lo que nuestra vida nos ha dado y ha enviado *de* nosotros hacia los demás.

Como vemos, la honestidad, la conciencia y la responsabilidad pueden sonar simplistas como ingredientes para vivir en forma holística, sin embargo son todo menos eso. Con todo, no deben experimentarse como una carga.

El maestro no experimenta estos tres elementos de la vida holística como cargas sino como hallazgos: maravillosas oportunidades para entrar de lleno a la riqueza de esa expresión de la vida por la cual todos nosotros vinimos a la Tierra.

De hecho, mi experiencia ha sido que en los momentos en que soy honesto, cuando soy tan plenamente consciente como puedo ser, y cuando estoy dispuesto a experimentar mi propio nivel de responsabilidad por todo lo que alguna vez haya sido, está sucediendo ahora y pasará alguna vez, me siento más libre, más dichoso, más poderoso y más emocionado de estar vivo que nunca antes. Así que éstas no son cargas; dones y maravillosas herramientas es lo que son. Y eso es la verdad acerca de ellas.

## APLICAR ESTE MENSAJE A LA VIDA DIARIA

Estas son algunas sugerencias sobre cómo puedes aplicar el Mensaje clave #19 en tu vida diaria:

- Haz una lista de las últimas cuatro cosas sobre las que puedas recordar haber sido deshonesto con alguien. Considera qué implicaría para ti ir con esa persona o personas y aclarar las cosas. Pregúntate por qué no hacerlo. Luego llama o contacta a esas personas y diles que estás involucrado en un proceso personal de expansión espiritual y que quisieras aclarar algo sobre una declaración que hiciste en el pasado y que no fue del todo abierta. Date permiso de hacer esto. No te preocupes por las consecuencias. Te sentirás mucho mejor por ello en el sentido último de que estarás en contacto con el Milagro de la Honestidad.

- Recuerda una época en que estabas involucrado con otras personas y eras consciente del impacto de algo negativo o dañino dicho o hecho por otros o por ti, y lo ignoraste. Considera cómo sentiste en el estómago haber visto pasar la ocasión sin responder a tu conciencia por lo que implicaba. Toma la decisión para tu vida de nunca volver a crear una experiencia semejante.

- Piensa en tres cosas en tu vida que tuvieron lugar en tu relación con los demás acerca de las cuales negaste tu responsabilidad porque sentías sinceramente que no eras responsable. Luego de volver a evaluar esos recuerdos, explora contigo mismo si hay alguna posibilidad de que *pudieras* haber sido, en un nivel altamente espiritual o metafísico, responsable por ese acontecimiento o circunstancia. Escribe una descripción de tres a cinco párrafos de lo que la exploración trajo a tu conciencia más amplia.

- Mientras pasas por los siguientes tres días de tu vida, plantea ante tu mente una sola pregunta: ¿Y si fuera responsable por todo lo que pasa en mi vida y en la de aquellos con quienes interactúo ahora, sin reserva y sin límite? ¿Hay alguna forma en que yo podría cambiar o alterar cómo estoy pasando por este momento?

- Pregúntate: ¿en qué nivel, de ser así, soy responsable por los sentimientos y respuestas de los demás? Escribe tu respuesta a esta pregunta en una libretita donde puedas mirarla en algunas semanas, cuando hayas terminado de leer este libro.
- Por último, haz esta notable pregunta metafísica: ¿quién es responsable por el contenido de este libro que ahora estás leyendo? ¿Yo lo escribí? ¿O *tú* lo causaste, en un nivel altamente espiritual y metafísico, para que *yo* lo escribiera, y luego llamara tu atención? ¿Quién hace qué en todo esto? ¿Quién es el mago y de qué se trata el truco?

# 13

El interesante resultado de pedir a Dios que te explique exactamente cómo funciona la vida es que Dios te lo *explicará*.

El interesante resultado de *eso* es que nunca serás capaz de nuevo de ver la vida como la veías antes.

Y el interesante resultado de *eso* es que cambiará la totalidad de tu experiencia desde que amanece hasta que cae la noche.

Lo maravilloso y lo emocionante del material de las Conversaciones con Dios es esto precisamente: leído de principio a fin, libro tras libro, nos presenta toda una nueva cosmología. Una construcción novedosa. Una estructura completamente diferente que sostiene esa experiencia más grande que llamamos la vida misma.

La estructura no sólo es diferente, es mucho más adecuada para quienes somos como entidades inteligentes en surgimiento en la comunidad cósmica de los seres sensibles. Somos mucho más de lo que nuestra Antigua Historia nos revela acerca de nosotros mismos.

Creo que la última frase es lo suficientemente importante para merecer repetirla. *Dije...* Somos mucho más de lo que nuestra Antigua Historia nos revela acerca de nosotros mismos.

Lo que hace el material de las Conversaciones con Dios es ofrecernos una Nueva Historia. Nos proporciona otra manera de mirar la vida, una manera que, en lugar de derrotarnos, nos apoya para experimentar y expresar Quiénes Somos, y que sirve al plan que vinimos a llevar a cabo en la Tierra.

Y de todos los libros de la serie Conversaciones con Dios, ninguno fue más impactante para mí que *Comunión con Dios*. Este libro, entregado en la voz de Dios en primera persona, sin ninguna pregunta mía o interacción conmigo, constituye en esencia el mensaje de Dios al mundo mientras nos acercamos a nuestro futuro en el siglo xxi.

## Una afirmación extraordinaria

Sé que es muy atrevido de mi parte sugerir que Dios le ha hablado al mundo por este medio, pero no tengo otra opción. Sólo puedo compartir con la audiencia global que ha llegado al material de Conversaciones con Dios exactamente lo que ha sido mi experiencia y lo que recibí para entregarlo a la humanidad.

Incluso esa frase —"lo que recibí para entregarlo a la humanidad"— suena presuntuosa. Cuando veo las palabras en la pantalla de la computadora frente a mí, tengo que forzarme a mí mismo a dejarlas allí. Tengo que forzarme a mí mismo a no oprimir Borrar y cambiar todo lo que he venido a decir en este libro. O incluso a publicar un solo libro. Cada vez que lo hago, libro la misma batalla interna conmigo mismo. *¿Y si me imaginé todo esto?*

Como ya sabes si has leído el material, le hago a Dios esta misma pregunta. ¿Y la respuesta de Dios?

*"¿Cuál sería la diferencia?* ¿No ves que Yo podría simplemente trabajar igual de fácil por medio de tu imaginación como con cualquier otra cosa? Te daré las palabras, los pensamientos o sentimientos correctos *exactos,* en cualquier momento dado, ajustados precisamente al propósito que nos ocupa, empleando un recurso, o varios.

"Sabrás que estas palabras son mías porque tú, por ti mismo, nunca has hablado de forma tan clara. De haber hablado tan claramente sobre estas preguntas, no estarías haciéndolas.

"Bueno, entonces", pregunté, "¿con quién se comunica Dios? ¿Hay gente especial? ¿Hay momentos especiales?"

La respuesta que recibí:

"Toda la gente es especial, y todos los momentos son preciosos. No hay una persona y no hay un momento más especial que otro. Mucha gente prefiere creer que Dios se comunica de maneras especiales y sólo con gente especial. Esto le quita al grueso de las personas la responsabilidad de escuchar mi mensaje, ya no digamos de *recibirlo* (lo cual es otro asunto), y les permite tomar la palabra de alguien más para todo. No *tienen* que escucharme, pues ustedes ya decidieron que otros me han escuchado acerca de cualquier materia, y los tienen *a ellos* para escucharlos.

"Al escuchar lo que *otras* personas piensan que me escucharon decir, *ustedes* no tienen que *pensar en absoluto*.

"Ésta es la principal razón por la que la mayoría se aparta de mis mensajes en un nivel personal. Si reconocen que reciben mis mensajes *directamente,* entonces son responsables por interpretarlos. Es mucho más seguro y fácil aceptar la interpretación de los demás (incluso aquellos que vivieron hace dos mil años) que buscar interpretar el mensaje que bien podrían estar recibiendo en este mismo momento.

"Sin embargo los invito a una nueva forma de comunicación con Dios. Una comunicación *de dos sentidos*. En verdad son ustedes quienes me han invitado. Pues yo vengo a ustedes, en esta forma, ahora mismo, en *respuesta a su llamada*."

El punto de este intercambio es el Dios que nos habla *a todos nosotros,* todo el tiempo. Ese mismo punto se señala también en varias partes del material de las Conversaciones con Dios. Y así espero que esto anule el impacto o la molestia por mi declaración de que Dios me habla. No estoy solo en esta categoría. Todo mundo está teniendo conversaciones con Dios a lo largo de la vida, tal vez llamándolas de otro modo.

La mejor parte de todo esto es que no tienes que aceptar la idea de que ocurrió una conversación real con Dios para poder encontrar algún provecho en la lectura de los libros. Ni siquiera es necesario en absoluto que aceptes la idea de que existe un Dios. Todo lo que te invito a hacer es a leer el material resultante y dejar que el mensaje hable por sí mismo.

Millones de personas lo han hecho, y millones han considerado el material extraordinariamente perspicaz, maravillosamente valioso y altamente provechoso para su crecimiento espiritual. Me abruma este resultado, porque me resulta claro que no tengo nada que ver con ello. Yo sólo tomé dictado.

Con eso como respaldo, déjame decir que considero *Comunión con Dios* como uno de los mensajes espirituales más revolucionarios que se hayan ofrecido a la humanidad. El fondo del mensaje es que *todo en la vida es una ilusión*.

Esto es algo que hemos escuchado antes. No es lo que podrías llamar información novedosa. Lo que *es* nuevo es que ahora tenemos, en este texto, una rica y profunda y *explicación* de la ilusión, aspecto por aspecto, parte por parte. Se nos dice cómo funciona la ilusión y por qué en principio se puso en marcha.

Es como si hubiéramos sido llevados detrás del telón, al área detrás del escenario del Mago Más Grande del universo. Ahora comprendemos los trucos del mago, cómo se llevan a cabo, y por qué los disfrutamos tanto.

Antes de adentrarnos en esto, sin embargo, quiero erradicar el pensamiento que puedas tener de que todo lo que Dios está haciendo aquí es jugar con nosotros. No somos juguetes de Dios, y Dios no está jugando con nosotros. Lo que estamos haciendo aquí sobre la Tierra es mucho más sagrado de lo que nuestra danza con la ilusión podría sugerir a primera vista.

Lo que nos "proponemos" aquí es algo muy especial. Nuestro asunto es expresar a la Divinidad. Veremos más al respecto al avanzar en el libro. Por ahora, vayamos al pensamiento fundacional debajo de todo esto. Es este:

Lo que Dios nos dice aquí es que nada de lo que vemos es lo que creemos. Vivimos en una realidad física sin duda, pero todo el *significado* que tiene para nosotros es significado que nosotros hemos creado. Para repetirlo: toda persona, lugar, situación, circunstancia o acontecimiento es lo que *creemos* que es. Y estamos creando nuestros significados sobre la marcha, por una razón particular y sagrada.

Todos los significados en nuestras vidas surgen del Campo Contextual que los contiene. El contexto crea todo, y nos hemos colocado a nosotros mismos dentro de un Campo Contextual tan enorme como para incluir un universo de universos, y tan majestuoso como para expresarse a sí mismo en lo maravilloso de una mariposa y la belleza de una rosa y la gloria de un cielo nocturno, por no hablar de la magnificencia de un ser humano.

Todo esto, cada parte de ello, es el acomodo de la Divinidad Misma en lo físico. Dios ha elegido conocerse a Sí Mismo no sólo de manera conceptual sino experimental, y ha creado lo físico como medio para hacer esto. Has escuchado antes sobre esto, pero ahora echaremos un vistazo a algunas cosas sobre las que no has oído hablar. Estudiaremos algunas de las ilusiones que Dios y nosotros hemos creado.

## Aquí comienza

La primera ilusión de los humanos es la Existencia de la Necesidad. Tenemos que crear la ilusión de la Existencia de Necesidad para que podamos crear la posibilidad de la creación misma. No habría necesidad de crear nada si no necesitáramos nada.

El hecho es que *no* necesitamos nada, porque somos la Divinidad Misma. Pero aquel que es Divino anhelaba experimentar cada aspecto de Sí Mismo, incluido su aspecto más grandioso, el poder de crear, la capacidad de manifestar, la dicha de producir maravilla y gloria hasta donde el ojo alcanza, a lo largo y más allá de cualquier horizonte, mucho más lejos de las limitaciones y fronteras de la imaginación más amplia.

La "realidad" física que imaginamos estar observando no es nada más que la ilimitada presencia de Dios en la insondable enormidad del Todo de Todo.

Ahora permíteme explicarte por qué son necesarias las ilusiones, y por qué es particularmente cierto esto con la primera ilusión, la idea de la Existencia de la Necesidad.

Imagina que viste una película que adoraste de principio a fin. Desde el primer momento de la historia hasta el cuadro final del filme, estuviste en éxtasis y dicha, asombrado y emocionado, alegre y feliz más allá de cualquier cosa que hayas experimentado antes.

Ésta es la película más magnífica, la más especial que hayas visto nunca. Es tan maravillosa que te volviste hacia todos los que te rodeaban al terminar la cinta y dijiste, "¡Veámosla de nuevo!". Y eso hiciste exactamente. Y entonces, en los días siguientes, una vez más. Y luego, conforme pasó el tiempo, más a menudo aún, hasta que podías recitar los diálogos a la letra y describir las escenas en términos increíblemente precisos.

Ahora imagina que nunca te cansas de ver esa película, excepto por una cosa. Conoces la trama, sabes cómo termina, sabes cada línea del diálogo, conoces cada escena de ella. Nada puede sorprenderte, nada puede emocionarte, nada puede crear en la misma medida el impacto que creó la primera vez que la experimentaste.

Así que incluso con tu película favorita, al final la pondrás en algún lado en un estante y decidirás no volver a verla por un rato. Pueden pasar unos años tal vez antes de que la tomes del estante, sacudas el polvo de la cubierta, la pongas en el reproductor y la veas una vez más. Si tienes suerte, habrás olvidado algunos de los momentos clave; si tienes suerte, encontrarás muchos de sus momentos como si fuera la primera vez. Dirás a quienes te rodean, "¡Oh, sí! ¡Había olvidado esta parte! ¡Esperen a ver esto!".

Entonces la alegría de lo que estás viendo de hecho se *duplica*. No puedes *esperar* a verla de nuevo, *aun cuando sabes exactamente lo que va a pasar*. Ahora los detalles que *no* habías olvidado te resultan emocionantes, en realidad te *tientan* a ver todo de nuevo, a *experimentar todo otra vez*.

Pero por un momento, tuviste que olvidar que ya habías visto esto antes. Por un momento, tu Mente tuvo que contemplar la idea de que al menos algunas de las escenas, parte del diálogo, algunas de las acciones y sus resultados eran del todo nuevos. O que al menos se *sentían* como nuevos. Todos hemos vivido esta experiencia. Todos hemos visto una vieja película favorita y tenido este encuentro.

Acabo de explicarte por qué las Diez Ilusiones de los humanos existen en la forma en que lo hacen.

Tu parte Divina se deleita en la aventura una vez más, en la gloria una vez más, en el entusiasmo y la emoción, la felicidad y la expresión espectacular, la experiencia y la realización personal que viene de encontrarse con lo que ya has encontrado antes, como si fuera la primera vez.

Lo que nos permite hacer esto, lo que nos permite crear tal magia, es eso que llamamos amor. Ésta es una extraordinaria energía para la cual es imposible encontrar palabras suficientes y adecuadas. Y la energía es tan mágica que puede transformar lo viejo en nuevo, el pasado en presente, el "ya sé en qué acaba eso" en "me pregunto qué sucederá a continuación".

Traída al momento presente de la vida misma, esta magia especial puede volver nuevo todo y justo tan emocionante como era la primera vez que se experimentó. El amor es lo que logra esto, el amor es lo que sustenta esto, el amor es lo que hace posible la magia, pues la magia es el amor mismo, expresado en forma maravillosa, momento a momento, a lo largo de la totalidad de la vida de uno.

Con frecuencia he dicho (y no quiero ser en modo alguno insensible con esta observación) que la experiencia sexual humana es un microcosmos de la vida misma. Si has estado involucrado en una relación romántica con un amante en el largo plazo, puedes saber y puedes predecir, puedes esperar y estar consciente de cada movimiento que hará la otra persona en el encuentro sexual humano. Mientras más tiempo sean amantes, más cierto será esto. Llegará al punto de "nada puede pasar que no haya pasado antes". Ah, pero *eso no significa que no pueda sentirse del todo nuevo.*

Aquí es donde entra el amor.

Y Dios amó tanto al mundo que le dio esta capacidad de hacer magia. No sólo al hacer el amor, sino al hacer lo máximo y lo mejor de cada momento de la Vida Misma.

Podría, por supuesto, estar inventando todo esto, Podría estar imaginado que así es como son las cosas. Pero si conoces una mejor manera de vivir, por favor cuéntame sobre ello, porque he buscado por más de medio siglo y no la había encontrado hasta que Dios me dijo lo que te estoy diciendo.

Así que ahora entendemos la razón y el propósito de las Ilusiones de la Vida. De nuevo, la primera de estas ilusiones es la idea de que necesitamos algo. Por supuesto, todo lo que sabemos es que Dios no necesita nada. Y debido a que eres una individualización de lo Divino, tú tampoco necesitas nada. Pero entras en la ilusión de que la necesidad es parte de tu realidad para poder experimentar la maravilla de satisfacer esa necesidad de frente, creando precisamente lo que imaginas que requieres momento a momento.

Ahora el maestro es la persona que ve todo esto, comprende todo esto, y está consciente de que nada de ello tiene que ver con la Realidad Última. Sabe que no necesita nada. Sabe que puede ser perfectamente feliz y estar del todo contento con sólo lo que es verdadero, justo como es, sólo lo que está pasando aquí y ahora.

Desde este sitio de profunda paz actúan todos los Maestros, adentrándose en la Ilusión una y otra vez para demostrar la maravilla y la gloria de Quienes Realmente Son, y para ayudar a otros a afirmar su verdadera identidad, y a su vez hacer lo mismo. Esto es todo lo que cualquier Maestro ha hecho siempre.

Y así bendecimos la idea de la existencia de la necesidad, porque nos da una plataforma a partir de la cual comprobar que no existe. Y ése es el mayor truco de magia de todos los tiempos.

Todas las otras Diez Ilusiones de la Humanidad parten de la primera. Luego de una revisión más estrecha verás que cada una da origen a la siguiente. Esto se explica total y maravillosamente en *Comunión con Dios*. Si no has leído ese libro, tal vez querrías hacerlo cuanto antes. Pero por ahora, en este espacio, observemos unas cuantas de estas ilusiones más de cerca, las que creo son las más críticas en el esquema general de las cosas.

Las otras ilusiones que quisiera examinar en este libro son la ilusión de la Existencia del Fracaso, la Existencia de la Superioridad, y la Existencia de la Ignorancia.

Ya sabes por lo que has leído hasta ahora que el Juicio y la Condenación no existen. Ya sabes que la Desunión no existe. Y se sigue entonces que la Insuficiencia no existe. Así que estas cosas no necesitan mayor análisis aquí.

Ya también sabes que es una ilusión la Existencia de la Obligación. Nadie está obligado a nada por nadie —al menos, *nosotros* por *Dios*— por la razón de que no existe la Necesidad. Si nada se necesita, nadie está obligado. Ni siquiera por Dios.

¡Qué idea tan extraordinaria! ¿Puedes imaginarte a un Dios que no exija nada en absoluto? Si puedes, has entrado en la Realidad Última.

Pero ahora, veamos las Ilusiones que no son tan obvias.

## LO ÚNICO EN LO QUE PUEDES FRACASAR

Nada tiene mayor impacto negativo en la experiencia diaria de los seres humanos que la ilusión de la Existencia del Fracaso. Detiene a más gente en el camino de lo que podrías imaginar. Acorta más esfuerzos, cierra más posibilidades, trunca más proyectos y más promesas que cualquier otra condición o circunstancia.

Pero lo que Dios ha venido a decirnos en *Comunión con Dios* es que el fracaso no existe. De hecho, ¡"fracasar" es la única cosa en la que puedes fracasar! (Esto es lo que yo llamo una Dicotomía Divina.) Todo lo que experimentas, todo lo que haces, todo lo que expresas, todo lo que creas produce movimiento hacia adelante en el viaje en el que te has embarcado.

Oh, sí, hay un viaje. Hay una razón para todo esto que se extiende más allá del simple gozo de experimentar las Ilusiones *como* ilusiones. El viaje en el que nos hemos embarcado es el Viaje del Alma. Es un proceso que ha sido llamado Evolución.

Dios, por supuesto, es el que Siempre Fue, Es Ahora, y Siempre Será. Por tanto, *no puede* evolucionar. Pero nosotros sí podemos. Cada Alma individual ha recibido el gran regalo final de Dios: la capacidad de volverse más y más y más y más.

Este proceso no tiene que ver con volverse más *en realidad,* sino con volverse más *consciente* de lo que Dios *siempre* ha sido, siempre es y siempre será. En otras palabras, "absorberlo en plenitud". (Una memorable invención verbal del difunto Robert Heinlein, cuya novela clásica *Forastero en tierra extraña* es un comentario fascinante y a menudo perspicaz sobre la experiencia de vivir y la búsqueda de una especie para comprender a Dios.)

La "evolución", por tanto, no es en realidad un proceso de crecimiento, es un proceso de recordación.

## No puedes descubrir nada

Vuelvo de nuevo a la muy humana experiencia de estar enamorado. Cuando verdaderamente estamos enamorados de alguien encontramos —para nuestro gran deleite y asombro— que es posible amar a alguien más y más y más, aun cuando pensabas que habías amado tanto como uno puede posiblemente amar desde el mismo principio.

La maravilla y la gloria del amor es que puede expandirse. O parece hacerlo. Lo que pasa en realidad es que tú simplemente estás experimentando mayores cantidades de lo que siempre estuvo allí. Lo que se ha expandido no es el Amor, sino tu conciencia de él. Y es por eso que puedes decir a tu amado, con sinceridad en cada palabra: "Te amo más y más cada día".

Así también es con todo en la Vida. Y también con Dios. Pues Dios y la Vida son uno y lo mismo. Por consiguiente, se vuelve la plegaria más maravillosa que cualquier Alma humana puede pronunciar en agradecimiento al propio Creador: *Te amo más y más cada día.*

Y una de las razones por las que nos enamoramos tan profundamente de Dios es que Dios ha creado la vida de tal forma que no es posible que el Fracaso exista. No podemos fracasar en llegar adonde vamos. No podemos fracasar en experimentar quiénes somos. No podemos fracasar en recordar lo que es verdad en realidad y cómo es realmente.

Sin duda puede parecer a veces como si hubiera ocurrido un fracaso, pero todo eso es una ilusión. El científico en el laboratorio entiende esto perfectamente. Incluso el experimento que "fracasa" es visto como un éxito, que revela al científico más de lo que necesita saber para seguir adelante con el proceso más grande de descubrimiento en el que está involucrado.

En la realidad no existen los descubrimientos. Eso que siempre fue, es ahora y siempre será no es posible que sea "descubierto". Nosotros no descubrimos como si encontráramos algo nuevo, descubrimos como quien desentierra algo, como quien quita un velo. Así descubrimos las verdades de la vida como gemas, como tesoros largo tiempo enterrados y hallados de pronto; el tesoro siempre estuvo allí, enterrado dentro de la Vida Misma. No lo descubrimos, lo desenterramos.

Ésta es una manera maravillosa de explicar el proceso entero en el que estamos involucrados todos. Dios me dio esa metáfora de modo que pudiera entender exactamente lo que ocurre.

De tal suerte que el enorme punto decisivo en mi vida fue cuando me percaté de que el fracaso no puede existir; de que no he fracasado en nada en absoluto, desde el comienzo de mi vida hasta el momento más reciente. Ahora puedo dejar de darme de golpes por todas las cosas que pensé que había hecho "mal" en el pasado, y por todas las cosas que imaginaba haber "fracasado" en conseguir.

Todo es perfecto exactamente como ha ocurrido, precisamente como tuvo lugar, y tal como está surgiendo ahora mismo. El Maestro comprende esto.

Si quisieras saber más acerca de cómo una persona puede vivir con tal entendimiento como asunto práctico de cada día, lee cualquier cosa escrita por Byron Katie, cuyo libro *Amar lo que es* ha sido un regalo a la humanidad y cambia la vida.

Igualmente, lee cualquier cosa de Eckhart Tolle, uno de los más extraordinarios seres humanos que he conocido, quien entiende a la perfección todo lo que acabo de decir, *y lo vive a la perfección cada día.* Como también lo hace Byron Katie.

¡Qué liberador es saber que todo sucede exactamente como debía y que no hemos fracasado en nada en el pasado! Ésta no es una excusa ingenua por nuestro pasado, sino una magistral explicación de él.

## La seducción más grande de la Vida

He aprendido y experimentado que no hay nada más seductor en la vida humana que la idea de superioridad. Pero si el fracaso no puede existir en la vida de cualquier ser humano, entonces la superioridad debe ser una ilusión de igual manera. Pues en la ausencia de fracaso por parte de cualquier persona viva encontramos la ausencia de cualquier persona siendo "mejor" que otra.

Resulta que todos nosotros somos iguales ante los ojos de Dios, una afirmación que es asombrosa y arrebatadoramente verdadera, pero que las religiones del mundo no pueden aceptar, no pueden adoptar ni suscribir, y que no se atreven a sugerir a nadie. Esto se debe a que todas las religiones del mundo, y todos los partidos políticos para tal caso, y ciertamente las llamadas clases altas del mundo, dependen para su propia existencia de la idea de que de algún modo, en alguna forma, son "mejores " que otra religión, partido o clase. Quita la superioridad y quitarás aquello que mucha gente y grupos sienten como especial acerca de sí mismos.

La superioridad no sería tan mala si no la usáramos como justificación para discriminar a otros, por no mencionar hacerles la guerra. Pero la idea de superioridad es tan desagradable en última instancia que no puede producir sino resultados desagradables. La belleza de un jardín no está en que una flor sea superior a otra, sino en que el *esplendor de igual gloria* sea obvio a primera vista. Lo mismo es cierto en cuanto a un cielo nocturno. Dime qué sector es más glorioso que otro.

Por qué no podemos ver a la raza humana del mismo modo en que vemos a jardín de hermosas flores es algo que escapa a mi entendimiento. Pero si viéramos a la humanidad en su conjunto del mismo modo en que Dios nos ve, observaríamos la misma belleza impresionante que podemos observar con facilidad en todo el mundo que nos rodea. Hay quienes dicen, sin embargo, que no podemos esperar saber y entender lo que Dios sabe y entiende. Esto me lleva a la última ilusión de los seres humanos, la idea de la existencia de la ignorancia.

### LA MENTIRA MÁS GRANDE DEL MUNDO

Nada es más dañino para la psique humana que la idea de que hay algo que no sólo *no* sabemos, sino que no es posible que *lleguemos* a saberlo, no es posible que lo sepamos *alguna vez*.

"Misteriosos son los caminos del Señor" es la mentira más grande alguna vez dicha. No hay nada misterioso acerca de Dios, no hay nada misterioso acerca de la vida, y no hay nada misterioso acerca de ti y de quien eres y por qué estás aquí y cómo puedes experimentar y expresar mejor eso.

No hay nada acerca de la Divinidad que no podamos saber plenamente, entender plenamente y experimentar plenamente. Ésta es la promesa más grande de Dios: Buscad y hallaréis. Llamad y se os abrirá. ¿Llamaríamos mentiroso a Dios?

Elimina de tu cosmología, de tus creencias más arraigadas, la idea de la existencia de la ignorancia, la superioridad y el fracaso y habrás retirado el último obstáculo hacia la expresión más completa de la mayor gloria y la maravilla más grande de quien eres en realidad.

## APLICAR ESTE MENSAJE A LA VIDA DIARIA

La idea de que la mayor parte de lo que entendemos (o *creemos* entender) es una ilusión, puede ser difícil de integrar a nuestra experiencia momento a momento. Y si es sólo un interesante pensamiento que nunca se estudia de manera más profunda, no será de provecho para nosotros aunque lo intentemos. Éstas son, entonces, algunas cosas que puedes hacer para volver más real esta idea en tu vida cotidiana:

- Crea una Libreta de las Diez ilusiones. En la primera parte de esta libreta, haz una lista de cosas que hace una década pensabas que eran absolutamente necesarias. Al lado de esa lista, indica cuáles han sido satisfechas y advierte en especial cualquier necesidad que aún no lo esté, y cuál imaginas que aún tienes hoy.
- Nota que aún sigues aquí, aún eres capaz de experimentar el nivel más alto de felicidad, aún eres capaz de expresarte gozosamente a ti mismo (a pesar, a propósito, de cualquier situación actual). Nota que no necesitaste lo que pensabas para ser, hacer y tener lo que estás siendo, haciendo y teniendo en este mismo día.
- En tu libreta, haz una lista de tres cosas en las que sientas haber fracasado por completo en tu vida. Debajo de cada una, escribe un párrafo acerca de lo que has aprendido de ese "fracaso", o lo que hayas experimentado como resultado de ello. No te sorprendas si esto te permite ver con gran claridad que tu "fracaso" no lo fue en absoluto, sino tan sólo un escalón que te llevó exactamente adonde estás ahora mismo: un lugar de mayor sabiduría, mayor entendimiento, mayor capacidad, mayor conocimiento y mayor conciencia de lo que hayas experimentado antes. ¿Cómo puede ser cualquier cosa que te haya traído hasta aquí ser un fracaso?
- También en tu libreta, haz una lista de cualquier persona o grupo frente a los que te hayas sentido "superior" en el pasado. Escribe un párrafo sobre por qué te sentías así. ¿Cuál era la causa de ello? Expresa en un segundo párrafo cómo te sientes acerca de esa persona o grupo hoy y explica por qué, aun (y tal vez en especial) si tus sentimientos no han cambiado.

- Haz una lista de las personas que has sentido que son superiores a ti. Escribe un párrafo sobre cómo esto te afecta y cómo respondes a esas personas cuando las ves.

- La próxima vez que creas que hay algo que no sabes y que no es posible que comprendas, permítete, como un simple experimento, hacer lo que sea necesario para llegar a saber y entender por completo esa cosa particular. Utiliza el universo como tu material de consulta. Utiliza el mundo como tu herramienta. Ahora más que nunca descubrirás que la sabiduría reunida y acumulada de nuestra especie entera ha sido puesta a nuestro alcance en internet. Con presionar un botón y hacer clic en un *mouse*, podemos acceder a cualquier cosa sobre la que creíamos no saber. ¿Cómo puede existir la ignorancia?

- Si la sabiduría y las enseñanzas sobre la vida es en lo que sientes ser ignorante en cualquier nivel, simplemente cierra este libro ahora mismo, cierra los ojos también y pide al Dios de tu comprensión que te proporcione un lugar de mayor conciencia y conocimiento total de lo que sea que imagines que no te es posible entender. No te sorprendas si aun antes de terminar la pregunta que podrías formular en tu mente, Dios ya la ha respondido. "Antes de que me llamen, yo les responderé" es otra de las famosas promesas de Dios. Se ha hecho famosa porque es verdad.

# 14

El hecho de que vivamos nuestras vidas dentro de una construcción de ilusión es una bendición, porque sólo dentro de una construcción semejante sería posible para cada uno de nosotros ser el creador de su propia realidad.

Si la "realidad" fuera estática, sería extraordinariamente difícil para cualquier individuo cambiarla, alterarla, modificarla en cualquier forma para acomodarla al plan de su Alma. Sólo dentro de una realidad flexible podrían esperarse tales ajustes. Así que nuestra maleable realidad es el regalo más grande que Dios nos ha dado.

Esto no quiere decir que no hay Constantes en nuestro entorno. Es bastante fácil crear una Constante. Todo lo que debemos hacer es estar de acuerdo con los demás acerca de algo, y eso sobre lo que hayamos acordado se volverá nuestra Condición Constante.

La pregunta es, ¿cómo puede vivirse la vida dentro de un contenedor que crea tanto Condiciones Constantes como Circunstancias Cambiantes simultáneamente?

Tenemos que "ponernos de acuerdo" en muchas cosas. Llamamos "cuchara" a una cuchara, "cielo" al cielo, "rojo" al rojo, "azul" al azul y "amarillo" al amarillo. Señalamos a las estrellas de noche y decimos que están "arriba". Señalamos a la Tierra y decimos que está abajo. Idioma tras idioma y cultura tras cultura, estas Constantes permanecen en su sitio. Nos ayudan a negociar el territorio.

Creemos que estos aspectos de nuestra experiencia permanecen Constantes porque son "hechos", pero ésa no es la razón en absoluto. Lo que llamamos "hechos" son simplemente elementos de nuestro entorno físico y nuestra experiencia emocional sobre los que todos hemos seguido de acuerdo por muchísimos años. De hecho, durante siglos y milenios.

(Aunque un astronauta que ha orbitado la Tierra podría no estar de acuerdo en que "las estrellas" estaban "arriba", sino a la derecha o la izquierda, y tal vez haber sentido que miraba "arriba" hacia la Tierra, ¡no hacia abajo! Así que ahí tienes, todo acuerdo es contextual.)

Y en eso radica la belleza de la vida y su mayor desafío. Porque estamos literalmente "arreglándolo todo", según el contexto en que lo hayamos encontrado, y más valdría que lo hagamos bien o estaremos en graves problemas.

Esto es precisamente lo que hemos hecho.

Y aquí está el gran problema: debido a que queremos tanto como necesitamos las Constantes acerca de las que hemos acordado *permanecer* Constantes para poder expresarnos y experimentarnos a nosotros mismos dentro de las cambiantes mareas creadas por los momentos de nuestras vidas, somos extraordinariamente renuentes a *modificar* cualquier Constante.

En consecuencia, los que hemos imaginado que son "hechos sabidos" acerca de nuestro mundo han sido difíciles de cambiar, incluso cuando hemos descubierto que esos "hechos" son totalmente imprecisos.

¡No te imaginas el problema que tuvo nuestra especie tan sólo para admitir que el sol no gira alrededor de la Tierra! Excomulgamos a una persona brillante de la religión más prestigiosa de su tiempo porque se atrevió a sugerir que una de nuestras Constantes no era constante en absoluto sino tan sólo una idea que teníamos, basada en lo que *imaginábamos* era verdad. En cierto sentido, era una historia elaborada que inventamos.

Fue igualmente difícil para los doctores admitir que existían los gérmenes. O para los maestros de algunas escuelas parroquiales reconocer que la zurdera no era una señal del Demonio, y que no era necesario en lo sucesivo que ataran el brazo izquierdo de los estudiantes zurdos a su espalda y los obligaran a aprender a escribir con la mano no dominante. (*¿Crees que estoy inventando esto?* Esto *sucedió* en realidad en muchas de nuestras escuelas parroquiales en tiempos de nuestros abuelos.)

De modo que vemos que aun frente a la evidencia irrefutable de que algo no es cierto (por no mencionar que sea también ridículo), nos resulta extraordinariamente difícil quitarnos de encima una creencia que hemos mantenido como una Constante. Se nos tiene que decir una y otra vez a lo largo de un periodo de varios años que lo que creíamos una Constante era tan sólo una Ilusión, algo que *pensábamos* cierto, pero que era evidentemente falso.

La pregunta en estos días es: ¿podrían algunas de las cosas que *ahora* consideramos Constantes ser, de hecho, igualmente erróneas? ¿Y podría alguna de estas cosas *tener que ver con Dios?*

Así, el gran reto con esta bendición que llamamos las Ilusiones de la Vida es que necesitamos estar más dispuestos a crear nuevas y más provechosas ilusiones más rápidamente de lo que lo hemos sido en el pasado. Necesitamos ser ligeros de pies, por así decirlo. Necesitamos ser capaces de "ir con los tiempos".

Si en la Vida debemos caminar sobre la arena, ésta no debería estar amontonada frente a nosotros, colocada y moldeada según la fuerza del viento, de formas que la hagan imposible de cruzar, sino más bien convertida en hermosos castillos que nosotros mismos podamos deshacer si lo deseamos en cualquier momento.

En pocas palabras, necesitamos ser creativos más que reactivos. Si vamos a vivir en el Mundo de la Ilusión, creemos ilusiones que nos *sirvan,* no ilusiones que nos obstaculicen.

Por supuesto que no podemos producir algo que nos sirva si no tenemos idea de lo que tratamos de hacer. Primero debemos entender quiénes somos y dónde estamos y por qué estamos aquí y qué "pretendemos", antes de tener posibilidad de crear una Ilusión que nos sirva.

Alcanzar esta comprensión ha sido nuestro segundo mayor desafío, porque incluso el plan es algo que Dios nos invita a crear en cualquier forma que deseemos. Así que no se trata de llegar a un *entendimiento* en absoluto, se trata de llegar a una *decisión*.

En esto nos encontramos en algo parecido a una casa de espejos. Miramos el primer reflejo y vemos múltiples reflejos de él detrás de nosotros. Somos un reflejo de nuestros propios reflejos, o si lo prefieres, de nuestros pensamientos acerca de nosotros mismos.

Si pienso en mí mismo como que soy "valiente", entonces me veo como alguien que es valiente, y luego puedo actuar como una persona que es valiente. De esta manera mis acciones se convierten en un reflejo de cómo veo esas acciones, a partir de lo que pienso de mí mismo. (Lo que para una persona es "valentía", para otra es "insensatez".) Me vuelvo un reflejo de mi reflejo de mí mismo.

Si pienso en mí mismo como "sin suerte", o como "perdedor", entonces me veré a mí mismo "perdiendo" cuando ocurran ciertas cosas en mi vida, aun cuando al suceder esas mismas cosas en la vida de alguien más sean vistas por *ellos* como "ganancias".

Y así observamos que en la Casa de Espejos de la Vida nos volvemos un reflejo de nuestro reflejo de nuestro reflejo.

De modo similar, nuestra experiencia de Dios es un reflejo de nuestros pensamientos acerca de Dios. O como se dijo de manera resumida en las Conversaciones con Dios: "La vida es un proceso que informa a la vida acerca de la vida durante el proceso de la vida misma". Y cómo la vida te informa acerca de la vida depende de cómo *te* hayas informado *a ti mismo* acerca de cómo ese proceso te informó *a ti*.

Ésta es otra forma de decir que la vida es lo que tú crees que es.

Historias antiguas y nuevas, desde *Alicia en el País de las Maravillas* hasta *Matrix* nos han dado atisbos de este estado último de las cosas. En todas y cada una de estas historias el argumento es virtualmente el mismo: ¡nosotros lo estamos inventando todo! Una cosa es lo que tú dices que es.

Estos atisbos han sido esencialmente metafóricos, tienen que ver con los misterios de nuestra vida física diaria, pero raramente son teológicos, relacionados con realidades espirituales. Estamos perfectamente satisfechos con la idea de que la vida entera puede ser, después de todo, una metáfora, pero de ninguna manera nos satisface que eso pueda ser cierto acerca de la Teología.

Nuestra comprensión de Dios, nos hemos dicho a nosotros mismos, es absolutamente completa y correcta, aun si no lo es nuestra comprensión de todo lo demás.

Puedes imaginarte cuán difícil hace esto, entonces, adoptar el mensaje de cuatro palabras al mundo que Dios me invitó a compartir con Matt Lauer en el programa *Today* en NBC hace algunos años. Recordarás, del inicio de este libro, el contenido de ese mensaje:

"Me han entendido mal".

Esta afirmación es el regalo más grande que Dios podría haber dado a la humanidad Nos ofrece una oportunidad de "hacerlo todo de nuevo" cuando se trata de la creación de nuestra Historia Más Sagrada. Nos invita no sólo a re-crearnos *a nosotros mismos* de nuevo, sino a re-crear a nuestro *Dios* de nuevo, en la siguiente versión mayor de la visión más grande que hayamos tenido alguna vez acerca de lo Divino.

*¿Nos atrevemos a tal cosa?*

¿Nos atrevemos a cambiar nuestra mentalidad acerca de Dios? ¿Nos atrevemos a componer una Nueva Historia acerca del Creador mismo de la Historia?

De no hacerlo, la historia que ahora vivimos no tendrá un final feliz. O para decirlo de otro modo, si no somos cuidadosos, vamos a terminar exactamente adonde nos dirigíamos.

Y así nuestra especie ha llegado al que podría ser posiblemente el Punto Decisivo más importante de toda su historia sobre la Tierra: un momento en que decidimos sobre nuestro futuro decidiendo sobre nuestro pasado. Un momento en que elegimos advertir que lo que imaginamos verdadero ayer no es lo que decidimos que queremos experimentar hoy. Un momento en que construimos una nueva construcción de forma constructiva, no destructiva, permitiéndonos experimentar y expresar cuando menos todo el potencial de quienes somos en realidad y quienes siempre debimos ser.

Este es el momento del nacimiento de la humanidad dentro de la comunidad de los seres sensibles, como lo definió la futurista y visionaria Barbara Marx Hubbard. Coincido con su alegoría por completo.

Sin embargo, ¿qué debemos usar como los elementos de construcción de esta Nueva Historia? ¿Cuáles deben ser las próximas Constantes, al menos por un tiempo? ¿Hay algo nuevo que quisiéramos decirnos a nosotros mismos acerca de todo lo que nos rodea y de Todo lo Que Es? ¿Hay una manera diferente en que podamos expresarnos y experimentarnos sobre este planeta que pueda alterar la tradición, pero no la trayectoria, llevándonos, en cambio, exactamente adonde siempre buscamos ir?

¿Sería beneficioso para nosotros reconstruir ideas que hemos tenido mucho tiempo por sagradas y ciertas y verdaderas?

Aun cuando al final abandonamos nuestra idea de que la zurdera es una señal del Demonio, ¿es adecuado para nosotros ahora, por fin, abandonar nuestra idea de que los negros son inferiores a los blancos? ¿De que las personas del mismo género no deberían demostrar su amor entre sí de forma sexual? ¿De que las mujeres son inferiores a los hombres y no deberían ocupar posiciones de poder a causa de su inferioridad? ¿De que la gente no es capaz de gobernarse a sí misma libremente y sin restricciones? ¿De que Dios es una deidad violenta, furiosa, vengativa y castigadora que nos "atrapará" al final si no hacemos precisa y exactamente lo que nos exige, en la forma precisa y exacta en que lo prescribe?

Tal vez lo más desafiante de todo, ¿es tiempo para nosotros de abandonar la idea de que existe algo que pueda considerarse la Verdad Absoluta?

Conversaciones con Dios responde a todas esas preguntas, y a muchas más. Dice sí a la pregunta acerca de si es el momento para que cambiemos todo lo que ya no nos sirve, sino que visible y obviamente nos estorba para dar cumplimiento a la agenda más elevada que podamos concebir, dejándonos sólo con la menos ambiciosa.

Los textos ponen ante la humanidad 25 construcciones asombrosamente revolucionarias, revisiones de nuestra realidad y nuestra teología que, de ser adoptadas por la humanidad, pondrían al mundo de cabeza. ¿O más bien sobre sus pies?

Entre estas Nuevas Historias está el concepto estremecedor contenido en:

MENSAJE CENTRAL DE CONVERSACIONES CON DIOS #17

No existe la Verdad Absoluta. Toda verdad es subjetiva. Dentro de este marco hay cinco niveles de expresión de la verdad:
Decirte la verdad acerca de ti mismo;
Decirte la verdad a ti mismo acerca de alguien más;
Decir tu verdad acerca de ti mismo a alguien más;
Decir tu verdad acerca de alguien más a otro;
Decir tu verdad a todos acerca de todo.

Si aceptamos la noción articulada en este mensaje de Dios, virtualmente todo lo que hemos pensado que es como es queda al descubierto ante nosotros. Como dije antes, esto podría ser el regalo más grande que hayamos recibido jamás, y este podría ser muy bien el momento perfecto para que toda la humanidad lo reciba.

Es probable que a muchos, si no es que a la mayoría, de nuestros conocimientos actuales de lo que es "como es" les vendría bien ponerlos al descubierto. No sería el menor de ellos nuestra idea de existe una Verdad Absoluta.

Si adoptamos la idea de que la Verdad Absoluta, en un sentido objetivo, no existe, esto nos situaría en el espacio de la responsabilidad total de cómo percibimos y experimentamos el mundo que nos rodea. Esto no quiere decir que la gente que ha sido victimizada en nuestro mundo, o maltratada por acontecimientos de la vida sobre los que no tenían control, son responsables por esas creaciones. No deseo que nadie crea que las Conversaciones con Dios se dice algo parecido. No es así.

Lo que deja claro es que los acontecimientos de la vida que experimentamos en forma individual son creados de manera colaborativa, son el resultado y la consecuencia de nuestra conciencia ampliada colectiva. Esto incluye victimizaciones, como la violación y los robos, así como condiciones circunstanciales, como cuestiones de salud, situaciones económicas o sucesos ambientales.

Lo que también deja claro es que nuestras reacciones internas a esos acontecimientos están por entero bajo nuestro control, sin importar cuán horribles puedan ser dichos sucesos. Y es aquí donde radica nuestro poder y nuestra libertad para crear nuestra propia realidad.

Hay mucha gente que ha experimentado esos mismos acontecimientos externos —de la violación al robo, de la enfermedad a la bancarrota—, pero han reaccionado de manera totalmente diferente a esa experiencia.

Si adoptamos la idea de que la Verdad Absoluta, en el sentido objetivo, no existe, veríamos y reconoceríamos que *objetivamente* nada es "como es", y que toda "verdad" es subjetiva. Es decir, una cosa es "como es" sólo a los ojos de quien la mira.

Ahora que si *muchos* de "quienes miran" ven algo —una circunstancia, condición, situación o acontecimiento— de la misma forma, entonces ellos, *de mutuo acuerdo, crean* en realidad lo que en adelante se *llama* "Realidad".

Cuando nos percatamos de cómo funciona este "sistema", llegamos a una conclusión inquietante: estamos, y siempre hemos estado, mucho más en control de nuestra realidad colectiva (y en consecuencia, por extensión, de nuestra experiencia individual) de lo que hasta ahora hemos sido capaces de advertir, admitir, o reconocer.

En una escala colectiva, el calentamiento global es un ejemplo perfecto. Hasta que cierto número de nosotros *estemos de acuerdo* en que el calentamiento global es "real", mientras tanto no lo es. Existe en la "realidad" de una persona y no en la "realidad" de otra, ambas al tanto de la misma información exterior, pero cada una extrayendo conclusiones internas totalmente distintas de ella.

Se ha dicho que cuando bastante gente concuerda en la interpretación de la información externa, se crea la "Verdad".

Si la humanidad al fin alcanza una conciencia colectiva de que toda la "Verdad" se produce interiormente a partir de la información exterior actualmente al alcance, cuando menos advertirá que el mayor misterio que aún enfrenta la humanidad —la existencia, la verdadera naturaleza, y los deseos y exigencias de Dios— descansa en una sola, sencilla pregunta: *¿Toda la información sobre esta cuestión está al alcance en este momento? ¿O es posible que aún haya algo que no sabemos sobre todo esto, que de saberlo podría cambiarlo todo?*

Como una sociedad recién reconstruida, estaríamos invitados al momento más valiente que los miembros de cualquier especie podrían enfrentar jamás: el momento de decidir que *somos los únicos que toman las decisiones*, el instante en que aceptamos que *somos tanto el creador como lo creado*.

Sólo una especie que se haya visto a sí misma como Divina podría adoptar tal idea. ¿Y la humildad? ¿No es éste el orgullo por el que se dice que Dios castigó a su ángel más prometedor, Lucifer?

Según las enseñanzas religiosas, Lucifer era antes el Ángel de Luz, también conocido como Satanás, quien se proclamó a sí mismo como igual a Dios. Furioso por esta afrenta, Dios lo proscribió por la eternidad al Hades, señalado de haber cometido el Mayor Pecado.

¿Pero no todos los padres desean que su descendencia los iguale en logros, y aun los superen? Si sus descendientes lo consiguen, ¿no cometen el Mayor Pecado? ¿No es esto, de hecho, el Mayor *Deseo* de todos los padres amorosos?

¿Es Dios, entonces, menos gentil, menos generoso, magnánimo y benevolente que nuestro propio padre terrestre?

Sólo las más valientes y más evolucionadas especies de seres sensibles podrían atreverse a adoptar un concepto tan radical como para incluir la posibilidad de equipararse a sí mismos con la Divinidad.

Eso sería la humanidad en este punto temporal.

A menos que no lo sea.

Debemos decidir *incluso eso*.

## ¿QUÉ ES LA "VERDAD", EN TODO CASO?

La noción de que la Verdad Absoluta no existe tal vez encuentra mejor aplicación en un principio en un nivel personal. Si podemos empezar a entender y experimentar que lo que experimentamos internamente a diario es algo que podemos controlar y cambiar, hemos dado el primer paso para modificar también nuestra experiencia colectiva externa.

En la actualidad todo lo que hacemos y experimentamos en un nivel individual se manifiesta en lo que tenemos por "verdadero" acerca de nosotros mismos y las personas, lugares, acontecimientos y circunstancias a nuestro alrededor. Lo más triste acerca de esto es que mucha, mucha gente no vive incluso dentro del marco de la "verdad" que han construido para sí mismos. Es decir, tienen una verdad y defienden una verdad y la consideran absolutamente "lo que es" en su interior, pero muy a menudo no demuestran esta verdad en su vida y en la creación de su experiencia externa diaria.

Las Conversaciones con Dios nos dicen que toda verdad es subjetiva. Esto es, que es "verdad" sólo para nosotros. Lo que es verdad para mí puede no serlo para ti. En la mayoría de los casos probablemente *no* lo es.

Lo que llamamos "verdad" no es nada más que nuestra experiencia subjetiva de lo que asumimos como una circunstancia, condición o acontecimiento objetivos. Incluso la naturaleza objetiva de los acontecimientos, las circunstancias y condiciones debe, sin embargo, cuestionarse.

La física cuántica nos dice ahora: "Nada que sea observado queda sin ser afectado por el observador". En otras palabras, el acto de mirar algo envía energía hacia ello de una forma que interactúa con la energía de lo que es observado. Todo en la *vida* es energía, *interactuando*. Esta notable revelación de los físicos ha puesto en términos científicos la afirmación metafísica de que somos los creadores de nuestra propia realidad.

Sería útil, dado este estado de cosas altamente flexible, que pudiéramos al menos advertir y reconocer *lo que hemos decidido dentro de nosotros mismos* con respecto a lo que encontramos en nuestro exterior. Por consiguiente, las Conversaciones con Dios nos ofrecen una fórmula con la que podríamos darnos a conocer a nosotros mismos y a los demás. Esto se resume en los Cinco Niveles de Expresión de la Verdad que se mencionan más adelante.

La idea que brindan las Conversaciones con Dios es que adoptar y practicar los Cinco Niveles de Expresión de la Verdad puede proporcionarnos una nueva base fundamental sobre la cual formular nuestros mutuos acuerdos sobre la Vida.

Recuerda que dije que vivimos bajo acuerdos. Una cuchara es una cuchara, una flor es una flor, arriba es arriba y abajo es abajo. Por supuesto, si fueras un astronauta (un ejemplo que utilicé antes) toda tu idea de lo que es arriba y abajo se desintegraría tan pronto te encontraras mirando "abajo" hacia a la luna y "arriba" hacia la Tierra. De modo que vemos que incluso los que suponemos conocimientos inmutables son simplemente contextuales.

Vivimos dentro de un Campo Contextual. Y cuando ese Campo Contextual cambia —o, más correctamente, es visto desde una perspectiva más amplia—, nuestra "verdad" cambia también. Y mejor que así sea, o estaremos profundamente conflictuados en el momento en que nuestras percepciones sobre la Vida se expandan.

Pero no podemos cambiar nuestra verdad si somos incapaces de saber o anunciar, declarar o defender lo que es verdad para nosotros ahora. Por eso es que los Cinco Niveles de Expresión de la Verdad pueden ser una herramienta poderosa mientras buscamos re-crearnos nuevamente en la siguiente versión mayor de la visión más grande que hayamos tenido acerca de quiénes somos.

## NIVEL UNO

Dios nos aconseja primero "decirte la verdad acerca de ti mismo". Podrías pensar que esto es fácil de hacer, pero podría ser lo más duro, lo más difícil de todo. Nos exige que seamos totalmente honestos con nosotros mismos.

Y así vemos ahora que todos estos mensajes de las Conversaciones con Dios se entretejen de manera maravillosa, porque antes se nos dijo que la honestidad, la conciencia y la responsabilidad son los tres conceptos centrales de la Vida Holística. Ahora estamos siendo invitados a aplicar esos conceptos al confrontar y reconocer nuestra propia verdad acerca de nosotros mismos.

Por supuesto, tu verdad acerca de ti mismo cambiará constantemente porque *tú* estás cambiando constantemente. Como eras ayer no es como eres hoy, y como eres hoy podría muy bien *no* ser como serás mañana. Pero como eres hoy es como eres hoy, y eso es lo único cierto al respecto.

En el capítulo 9 creé un acrónimo para la palabra *"true"* (verdadero). Dije que, en mi experiencia, aquello que *yo digo* que es *"true"* es *The Reality Understood Existentially* (La Realidad Entendida Existencialmente) o, si prefieres, como un despliegue de libertad individual y voluntad personal. Una cosa es "verdadera" porque yo *digo* que lo es. Por tanto, es *verdadera para mí*.

Cuando algo es "verdadero" en la misma forma para mucha gente a lo largo de muchos años o siglos, los humanos tienen el hábito de llamarlo *la* Verdad. Mi acrónimo para *"truth"* (verdad) experimentada a este nivel es: *Temporary Reality Understood Throughout History* (Realidad Temporal Entendida a Través de la Historia). (Lo que no la hace demasiado "temporal" en absoluto, ¿no es cierto...?)

Pero toda "verdad" *es* temporal, y mientras más pronto aceptemos esto, mejor para nosotros, me ha parecido, porque entonces no nos vemos apegados a una verdad particular de forma particular en un momento particular, lo que en nuestro mundo tendemos a llamar "política" o "religión".

## Cosas que deberías saber

Así que quiero que entiendas que cuando uso el término "verdadero" en este libro, hablo de La Realidad Entendida Existencialmente. Hablo de lo que *yo* he decidido que es verdadero, y lo que te invito a *explorar* para ver si puede ser verdadero para *ti*.

Con respecto al nivel uno de los Cinco Niveles de Expresión de la Verdad, estamos hablando de lo que *es* verdadero para ti aquí y ahora mismo. En cuanto a esto, el primer nivel te invita a decirte la verdad acerca de ti mismo. Lo bueno, lo malo, o lo que tú *llamas* Bueno y Malo. Sólo di lo que es acerca de cada aspecto de ti mismo y de tu relación con los acontecimientos exteriores y las personas de tu vida.

No tienes que compartir esto con nadie. Nadie más tiene que saberlo. Pero *tú* deberías saberlo. Deberías ser claro momento a momento. A menos que lo seas, estarás confundido interiormente en cuanto a muchas de tus experiencias exteriores.

## NIVEL DOS

El Segundo Nivel de Expresión de la Verdad te invita a decirte la verdad a ti mismo acerca de alguien más.

Esto también puede ser más fácil de decir que de hacer. He encontrado en la vida que las personas a menudo desean engañarse a sí mismos acerca de alguien. Un ejemplo típico es cuando se dan cuenta interiormente de que ya no están enamorados de la persona con la que comparten su vida.

Rechazan el pensamiento de inmediato cada vez que aparece, diciéndose a sí mismos que no deberían pensar tal cosa, que sólo están molestos en ese momento, que simplemente están reaccionando a un suceso o situación particular. Y así permanecen en una relación disfuncional por un periodo extraordinariamente largo de tiempo, convenciéndose a sí mismos de que lo que se decían por dentro durante años simplemente no era "verdad".

En esto se encuentran a sí mismos en un lugar de confusión entre el "ahora sí"/"ahora no" en cuanto a los sentimientos de "amor" y compatibilidad. Creen que los dos tienen que ser uno. Cuando se sienten compatibles y en armonía con el otro, se dicen a sí mismos que están enamorados. Cuando no están en armonía —y en especial si esto sucede durante un periodo prolongado—, se dicen a sí mismos que ya "no aman" a la otra persona.

He encontrado que debo permanecer dentro de un campo armónico para que pueda ser productivo, creativo, pacífico y útil a los demás. También, que es totalmente posible para mí amar a alguien *con quien no estoy en armonía.*

Lo que me resultaba difícil era desactivar la idea de que amar a alguien significaba que tenía que cohabitar con esa persona, pasando el resto de mis días y la totalidad de mi viaje humano en una cacofonía emocional. Tenía la idea de que si amaba a alguien, y se lo decía, y me comprometía a amarle por siempre, entonces tenía que quedarme a su lado, sin importar nada más, y que dejarle era anunciar que ya no le amaba. En esto confundía el amor con la proximidad física.

El resultado de esto es que yo creaba múltiples relaciones "permanentes", sintiendo que tenía que cohabitar en el largo plazo con toda persona que aceptara mi amor.

No soy la primera persona que ha hecho esto.

Cuando al final aprendí a decirme la verdad acerca de alguien más, fui capaz por fin de negociar las relaciones en una forma nueva y más funcional. Lamento decir que esto no ocurrió hasta que ya había herido a demasiada gente.

No hay razón para que tú caigas —o permanezcas— en la misma trampa.

### Niveles tres y cuatro

En el siguiente nivel de expresión de la verdad, se me invitó a decir mi verdad acerca de mí mismo a alguien más.

Esto significaba revelar todo lo que yo pensaba y experimentaba en mi interior con respecto *a* mí mismo en abiertos y honestos intercambios con alguien más. Se trataba de quedar total y completamente al desnudo frente a ellos.

Es un aspecto intrigante del comportamiento humano que nos resulte relativamente fácil y sea incluso excitante permanecer desnudos físicamente frente a alguien a quien amamos, pero a menudo es enormemente incómodo y difícil desnudarnos mental y emocionalmente ante esa misma persona.

Estamos dispuestos a ser vistos completamente por fuera, pero no por dentro. El resultado es que personas que han vivido juntas por años, maridos y esposas que celebran su aniversario cincuenta, con frecuencia pueden ser virtuales extraños entre sí en más formas de las que puedas imaginar.

Esto no sería cierto si adoptamos y practicamos el Tercer Nivel de Expresión de la Verdad. Pero tal ejercicio requiere enorme valentía. Tenemos que estar dispuestos a arriesgarnos a ser rechazados, y como el rechazo es el mayor miedo que albergan muchos humanos, para muchos implica la clase de valentía más grande arriesgarse a ello.

Aunque, ¿qué tan bueno puede ser para nosotros ser aceptados por alguien más si esa persona no sabe lo que está aceptando? ¿Cuánto podemos esperar continuar con nuestra actuación? ¿Cuánto podemos esperar no ser descubiertos mental y emocionalmente aun cuando no podemos aguardar a quedar al descubierto físicamente? ¿Cuánto tiempo podremos conducir este tren que parece ir en dos direcciones a la vez? ¿Por cuánto tiempo podremos decirle a nuestro ser amado "Conóceme por completo... pero no me preguntes acerca de *eso*..."?

Esto nos conduce al Cuarto Nivel de Expresión de la Verdad, en el que decimos nuestra verdad acerca de alguien más *a esa persona*. ¡Hablando de coraje, hablando de valentía, hablando de valor! Esto puede requerir el nivel más alto de todos ellos. Pero se vuelve la *experiencia* más liberadora de todas una vez que cruzamos esa tierra de nadie entre dos facciones en guerra consigo mismas acerca de lo mucho que desean revelar y rendirse ante su verdad del momento.

Es de vital importancia para cualquier otra persona con la que hayas tenido cualquier clase de relación de calidad en absoluto saber cómo te sientes en realidad acerca de ellos en cualquier forma. Las cosas grandes y las pequeñas. Lo obvio y lo no tan obvio. Lo importante y lo trivial. Necesitan saber *todo al respecto*. De hecho, tienen *derecho* a saberlo todo.

La vida no es un juego de póquer, donde colocas tus apuestas escondiendo tus cartas. La vida es un juego de solitario. Se juega con todas las cartas sobre la mesa, boca arriba, justo frente a nosotros. Es un juego de solitario aun cuando lo juguemos en parejas y a veces en grupos, porque en realidad sólo somos uno.

## Nivel cinco

Y esto nos lleva al último nivel de Expresión de la Verdad: decir tu verdad a *todos* acerca de *todo*.

Ahora en verdad estamos experimentando la libertad. Cuando estás libre de la necesidad de esconder cualquier cosa de alguien más, eres libre de proceder con tu vida en la forma más gozosa, creativa dinámica, fluida, exuberante y auténtica que pudieras haber imaginado.

Anteriormente te dije que hay diez ilusiones de los seres humanos, y que la primera ilusión era la de la necesidad. Ahora te digo esto: *Cuando estás libre de la necesidad, eres libre de proceder.*

El Quinto Nivel de Expresión de la Verdad nos da esta libertad. Ahora somos capaces de proceder con nuestras vidas sin la carga de la necesidad de "verse bien" o haber "entendido bien", o estar "espiritualmente iluminados", o cualquier cosa que hayamos imaginado que debemos ser, hacer o tener para evitar el rechazo.

Éste es un nivel de Total Transparencia al que el mundo no está acostumbrado. Cuando esta clase de transparencia se vuelve común no sólo en nuestras vidas personales sino en toda nuestra experiencia colectiva, desde los negocios hasta la política, la educación, la religión y todo lo intermedio, habremos creado la clase de sociedad en la que todos podemos saber cualquier cosa acerca de todo, y acerca de cualquiera.

Esa idea nos desafía a considerar las preguntas: ¿por qué deberíamos tener necesidad de mantener cualquier cosa en secreto?

¿Cuál es la diferencia entre "secrecía" y "privacidad"? ¿Qué en lo que imaginamos nos hace pensar que cualquier cosa necesita mantenerse "en privado"? ¿Y por qué esta cosa llamada "amor", cuando se expresa a su máximo nivel, borra mágicamente la necesidad de privacidad?

¿Podría ser porque el Amor y la Intimidad crean seguridad? ¿Nos sentimos "seguros" y continuamente amados sin importar nada más? ¿Nos sentimos aceptados tal como somos? ¿No es el miedo a no ser aceptados y amados tal como somos lo que nos hace sentir la necesidad de tener "secretos" y "privacidad"?

¿Nos da esto una pista acerca de algo con respecto a cómo nos estamos comportando con los demás en este planeta? ¿Nos da una pista acerca de cómo *podríamos* comportarnos si deseáramos una sociedad totalmente transformada?

## APLICAR ESTE MENSAJE A LA VIDA DIARIA

He encontrado que los Cinco Niveles de Expresión de la Verdad son fáciles de entender y difíciles de aplicar. Al menos lo fueron para mí. Aún no estoy a la altura en todos ellos todo el tiempo. Pero estoy más cerca de lo que estuve antes.

Éstas son algunas sugerencias sobre maneras en que puedes aplicar el Mensaje clave #17 en tu vida diaria:

* Crea una Libreta de la Verdad. (Sí, lo sé, ahí vamos de nuevo con la rutina de la libreta. Pero como te expliqué antes, establecer libretas para varios de los aspectos de tu vida y hacer importantes entradas en ellas puede ser una herramienta poderosa en la re-creación de tu vida como siempre has deseado experimentarla. Así que sigue el juego, no te resistas a esto. ¡Sólo crea la libreta!)
* Ahora... en tu Libreta de la Verdad, deja que tu entrada inicial sea toda la verdad que conoces actualmente acerca de ti mismo en todas las áreas de tu vida. Divide tu narrativa en todas las partes

constitutivas en que puedas pensar. Tal vez podrían ser: dinero, amor, sexo, Dios, trabajo o carrera, talentos y capacidades, hijos y paternidad, apariencia y atributos físicos, casa y entorno, y cualquier otra que sea verdadera acerca de ti mismo tal como te experimentas y conoces a ti mismo al vivir tu vida diaria. Esto puede ser un tanto incómodo si te permites ser honesto contigo mismo. Eso está bien. Permítete experimentar la incomodidad. La incomodidad no es más que un anuncio de que la sanación está por ocurrir.

- Ahora haz secciones similares en tu libreta, con narrativas similares, acerca de tu verdad presente con respecto a alguien más. Puede ser cualquier otra persona en tu vida, tu esposo, tus hijos, tu amiga, vecino o jefe, incluso tu Dios.

- Toma para ti mismo esas revelaciones que hiciste (ponerlas por escrito simplemente hace física tu experiencia mental) y "échalas a andar", por así decirlo. Es decir, elige vivirlas. Y el primer paso para vivirlas es decirlas. En esto, es bueno recordar: "Di tu verdad, pero suaviza tus palabras con paz".

- Decide que de este día en adelante serás total y completamente veraz con todos acerca de todo. Esto no significa que vayas por ahí diciendo a la gente que no te agradan sus ropas o la manera en que han elegido arreglar su cabello, sino que cuando se te pregunte algo específico, o te involucres en un intercambio abierto de ida y vuelta sobre cualquier tópico, te reveles a ti mismo por entero y completamente, permaneciendo totalmente desnudo y dejando que te vean plenamente. Cuando te expreses y experimentes a ti mismo como Quien Realmente Eres, no tendrás miedo de esta experiencia. De hecho, la incitarás y la esperarás con ansiedad. ¿Cómo podría entonces alguien conocernos a plenitud o aceptarnos del todo si sólo pueden experimentarnos en parte? Ésta es la pregunta delante de cada ser humano en toda relación. La vida te invita a responder esa pregunta con la mayor valentía, y la Vida te promete que si lo haces, recibirás la mayor recompensa.

- Cuestiona toda "verdad" que tu cultura, tu religión, tu sociedad, tu partido político, tu escuela y tu familia te han enseñado. Y cuestiona toda verdad en este libro, por supuesto.

- Escribe las veinticinco Verdades Más importantes de tu vida, y en una columna aledaña escribe por qué las tienes por verdades, y qué, si hay alguna cosa, podría cambiarlas.

- Haz lo que sea necesario para crear un entorno seguro para que otros digan su verdad acerca de *ti*, y pídeles hacer lo mismo. Platica con tu Ser Querido qué, de haberlo, podría hacerlo sentir totalmente seguro de tu amor sin importar lo que te diga.

- Practica el enfoque "Di tu verdad, pero suaviza tus palabras con paz" escribiendo por anticipado, en privado, cualquier Expresión de la Verdad importante que desees hacer con alguien. A menudo, por supuesto, esto no es posible, porque el "momento de la verdad" surge en el instante, espontáneamente. Sin embargo, hay ocasiones cuando sabemos que hay algo que de verdad queremos decirle a alguien en las que esperamos el "momento correcto". Éste es un buen momento para practicar esta habilidad. Escribe lo que quieras decir, dejando salir cualquiera y toda "carga" negativa posible que tengas sobre el particular en cualesquiera palabras que mejor lo expresen. Entonces, vuelve sobre lo que escribiste y mira si hay una forma de decir lo mismo sin perder nada de la intención o el significado, pero restando la carga negativa o cualquier energía potencialmente dañina o crítica que pudiera contener.

- Sé consciente de que el *tono de voz* y la *expresión facial* son tan importantes como portadores de energía como las propias palabras. De manera que en el modo de comunicación pacífica de la verdad, toma todo esto en cuenta.

- Disfruta este pequeño proceso. Toma una hoja de papel y escribe los nombres de tres personas que sean importantes para ti ahora mismo. Deja un espacio grande debajo de cada nombre. En el espacio, completa la siguiente frase: "Lo que temo decirte es..." Mira qué; si hay algo, te viene a la mente. Encuentra una forma de comunicárselos tan pronto como puedas.

- No temas *empezar* de verdad cualquier conversación con la frase "Lo que temo decirte es...". Asegúrate siempre de pedir permiso a la persona en cuestión para hablar abiertamente acerca de algo. Sé sincero con esto. No lo pidas simplemente como una formalidad.

- Di tu verdad a Dios cada día. Si estás enojado, enójate. Si estás agradecido, sé agradecido. Si estás frustrado y tienes preguntas, sé exactamente así. Ten una Conversación de verdad con Dios cada día. No la hagas sólo de ida. Ponla en el papel... y prepárate para recibir algunas de las respuestas más asombrosas. Sin embargo, sé cuidadoso. No hagas esto si no quieres que tu vida cambie.

# 15

Cuando la humanidad como especie reúna el coraje para cuestionar todo lo que ha aceptado acerca de sí misma y de su Dios, cuando la humanidad sea lo suficientemente valiente para creer que verdaderamente *ha* sido creada "a imagen y semejanza de Dios", será capaz por fin de expresarse y experimentarse a sí misma en la forma en que siempre fue prevista, en la forma que está abierta a todos los seres sensibles del universo.

Como todos sabemos, algunos individuos dentro de nuestra especie han hecho esto. De cuando en cuando, el que lo hagan ha llamado la atención del resto de los que no somos capaces de hacerlo, o a causa de nuestras creencias nos negamos a hacerlo, o debido a nuestra comprensión de Dios tenemos miedo de hacerlo.

Los pocos que lo han hecho de maneras muy visibles han sido puestos ante nuestros ojos y se les menciona en nuestras historias. Los llamamos santos y sabios y gurús y mártires y héroes, porque han violado la idea central de nuestra especie: *No somos Divinos, no somos parte de Dios; no podemos* y nunca *habremos* de alcanzar el nivel de expresión y experiencia que es Divino.

Pero el momento que ahora se presenta a la humanidad nos ofrece una invitación a llamarnos a *nosotros mismos* —a cada uno de nuestros miembros, no sólo unos cuantos elegidos— santos y sabios, gurús y héroes. No es sólo un hombre el que fue hijo de Dios, sino todos los hombres. No es sólo una mujer la que fue beatífica y bendita, sino todas las mujeres. No es sólo una persona la que es Divina, sino toda persona.

Dios no planeaba otorgar su magnificencia sólo a uno de nosotros o a unos cuantos elegidos. La intención de Dios es otorgar todas sus cualidades a todas sus creaciones sensibles. Esto ha hecho Dios, precisa y meticulosamente. Todo ser sensible ha sido *de hecho* "a imagen y semejanza de Dios".

Aunque se nos ha hablado de esto durante siglos, apenas ahora estamos llegando a un lugar donde nos parece posible aceptarlo como la Realidad Última. Aceptarlo sin ser llamados blasfemos, apóstatas o herejes. Aceptarlo sin ser tildados de histéricos, locos o egoístas dementes y jactanciosos. Aceptarlo sin ser marginados, excluidos y satanizados dentro de nuestra comunidad.

### La decisión: avanzar o derrumbarse

Nuestra especie se encuentra al Borde del Avance. Siempre, el avance tiene lugar cuando amenaza el colapso, y nunca antes en la historia de nuestra especie ha amenazado el colapso completo y total en más formas que ahora.

Como hemos advertido antes, nada en nuestra experiencia colectiva funciona del modo en que lo planeamos. Cuidadosa y meticulosamente construimos sistemas y soluciones políticas, económicas, ecológicas, educativas y espirituales, ninguno de las cuales ha generado los resultados para los que fueron diseñados, y los que largamente hemos anhelado. Cualquiera que imagine que nuestra política, nuestra economía, nuestra espiritualidad o algo de lo demás *funciona* en realidad se estaría haciendo ilusiones terriblemente.

Hay una diferencia entre "ilusión" como engaño y las ilusiones de las que hemos hablado. La primera es trágica, las segundas son magia.

Nuestro trabajo, nuestra oportunidad, la invitación que nos hace la vida es a hacer el cambio de las ilusiones trágicas a las ilusiones mágicas. Podemos hacer esto al usar el poder de la creación pura, sabiendo que todo en la Vida es una ilusión, y dándonos permiso entonces para crear nuestra realidad ilusoria *exactamente en la forma que deseamos,* en lugar de continuar situados en una realidad engañosa *como nos han dicho que debemos.*

Aunque, mientras permanecemos al borde de esta extraordinaria oportunidad, hay algo de lo que debemos todos ser conscientes. El poeta, sacerdote y filósofo francés Apollinaire escribió lo siguiente, que he adaptado ligeramente:

> "Vengan al borde."
> *"No podemos. Tenemos miedo."*
> "Vengan al borde."
> *"No podemos. ¡Nos caeremos!"*
> "Vengan. Al. Borde."
> Y ellos vinieron.
> Y él los empujó.
> Y ellos *volaron.*

## La analogía del vuelo

Debemos estar dispuestos a considerar la posibilidad de volar si buscamos despegar del todo. Y ahora más que nunca es imperativo que consideremos esa posibilidad, porque nos estamos quedando sin pista. Es tiempo de *despegar* en nuevas direcciones o *enfrentar* el futuro de pesadilla que inevitablemente producirá seguir aferrados a nuestras antiguas creencias.

Pero mientras avanzamos con coraje y convicción hacia la creación de nuestros mañanas más esperanzados y ensoñados, es importante que entendamos lo que enfrentaremos en el camino. Es importante que comprendamos plenamente...

Este elemento es crítico para nuestro entendimiento de cómo funciona la vida. Si no estamos conscientes de esta inmutable ley del universo, estaremos tentados a abandonar, a dar marcha atrás, a rendirnos, a evitar abandonar el borde y volar. Estaremos asustados, temerosos, muertos de miedo.

De hecho, ésa es la naturaleza de las vidas de cientos de millones de personas. Literalmente están muertos de miedo. Es decir, viven en el miedo del amanecer al anochecer, del primero al último, del principio al final de sus vidas.

Primero tienen miedo de sus padres. Luego tienen miedo de sus maestros. Luego tienen miedo de sus jefes. Luego tienen miedo de sus vecinos. Luego tienen miedo de su país. Luego tienen miedo —algunos de ellos, muchos de ellos— de Dios.

Esto es porque todo surge a su alrededor *menos* lo que ellos buscan y esperan.

La Ley de los Opuestos, sin embargo, no es nada a lo que haya que temer. Su efecto nos lleva a un lugar de magnífico poder sobre el rumbo y la dirección de nuestras vidas. Pues cuando atestiguamos este efecto, podemos al fin descansar seguros de que nos movemos en la dirección correcta.

Esto es, por supuesto, totalmente contrario al sentido común. Cuando vemos lo opuesto de lo que estamos eligiendo crear, imaginamos que nos movemos en la dirección *incorrecta,* hacemos lo *incorrecto,* intentando producir el resultado *incorrecto.* Más veces de las que no ocurre, justo lo opuesto es verdad. Es por eso que se llama Ley de los opuestos.

Así que echemos una mirada a cómo funciona.

La Ley de los Opuestos es simplemente una etiqueta que me fue dada en mis conversaciones con Dios para permitirme entender por qué, en el momento que tomo una decisión acerca de casi todo, de pronto parezco encontrar alguna especie de obstáculo o bloqueo en cada esquina. Lo "distinto" a lo que busco expresar y experimentar de inmediato ensombrece mi horizonte, mostrándome aparentemente todas las razones por las que no debo seguir adelante con mis planes.

Lo que no comprendemos es que la Vida *debe* hacer esto. Es un imperativo, para que la Vida cree un Campo Contextual dentro del cual podamos experimentar la expresión de nuestras elecciones.

Esto se ha discutido con amplitud en los diálogos de las Conversaciones con Dios, y ya ha sido estudiado aquí en el capítulo 8. Pero ahora veamos los encuentros sobre el terreno con esto que he observado en mi propia vida y en las vidas ajenas, de modo que podamos ver mejor no sólo *por qué* funciona, sino *cómo*.

## EL SECRETO DE CEBIR/CIBIR

Como lo he experimentado, El Proceso de Creación Personal ocurre en tres pasos. (1) Tenemos una idea. (2) El Universo de inmediato crea un contexto dentro del cual tal idea pueda estar contenida, ofreciendo elementos contrastantes dentro de los cuales la idea misma pueda singularizarse, verse y experimentarse. (3) Vemos cada elemento contrastante exactamente por lo que es; no un *obstáculo,* sino una *oportunidad* que nos empodera para seguir adelante con nuestra creación original.

Me he referido a esto a menudo como el Proceso de Cebir/ Cibir

Lo sé, lo sé, no existe esa palabra en los idiomas terrestres. Pero usemos el que nos es propio como referencia, y veamos entonces esta fascinante expresión...

Toda creación comienza cuando *concebimos* una cosa. Tenemos una idea de una u otra clase. Éste es el momento de la concepción. Damos nacimiento a un pensamiento nuevo.

En el momento en que tenemos una idea acerca de cualquier cosa, la Mente le echa una mirada. La explora y examina minuciosamente. Así *per*cibimos lo que hemos *con*cebido.

*Cómo* lo percibimos, cómo lo vemos y evaluamos en nuestra Mente, determinará cómo lo experimentamos. ¿Es una buena o una mala idea? ¿Es funcional o disfuncional? ¿Es posible o es imposible? ¿Debemos hacerlo y seguir adelante, o no y retroceder?

De este modo nos presentamos de nuevo la idea a nosotros mismos, pero no en su forma original. Más bien, la *re*cibimos. ¡La *ci*bimos otra vez! Ahora, sin embargo, en la forma en que ha evolucionado desde nuestra *con*ciencia de lo que hemos *con*cebido. Esto es rara vez una concepción inmaculada, sino más bien una forma distorsionada de lo que originalmente concebimos.

Debemos ser muy cuidadosos de cómo *re*cibimos lo que hemos *per*cibido de lo que *con*cebimos, porque si no lo somos, es muy probable que nos engañemos a nosotros mismos. Es decir, *desharemos* eso mismo que pensamos hacer. Crearemos *engaño* a causa de nuestra *recepción* de nuestra *conciencia* de nuestra *concepción*.

Más de una persona ha abortado una gran idea después de haberla concebido pero antes de que naciera. Lo hicieron debido a la Ley de los Opuestos, que los puso cara a cara con lo que no percibieron como oportunidad sino como oposición.

SABER LA VERDAD

Habiendo entendido esto. Haremos bien en ignorar —o, si lo deseas, desempoderar— esas cosas que parecen ser obstáculos en nuestra vida. Esos obstáculos son tan sólo señalizaciones, que nos indican que nos movemos precisamente en la dirección correcta. Son avisos de que se ha generado un Campo Contextual dentro del que podemos experimentar lo que hemos elegido manifestar en nuestra realidad.

Para volver a un ejemplo del capítulo 8, cuando llega la oscuridad la vemos como una oportunidad de conocernos a nosotros mismos como la luz.

De manera que cuando vemos estos "obstáculos" surgir, debemos reconocerlos como lo que son —pruebas de que estamos en el camino correcto— y seguir adelante.

Al quitar todo este proceso del reino de la metafísica y ponerlo dentro del contenedor de lo que llamamos vida física normal, llamaríamos todo esto simple "determinación" o "aferramiento". O como "apegarnos a nuestras convicciones" o "mostrar perseverancia". En Metafísica se llama "saber la verdad".

Entendemos desde un punto de vista espiritual que nada puede lograrse, expresarse o experimentarse fuera de un Campo Contextual en el que existe su opuesto. Esto nos ayuda a tratar con ese opuesto de una forma asombrosamente diferente. En lugar de ser echados hacia atrás, somos empujados adelante. En lugar de ser desalentados, nos vemos motivados. En lugar de sentir que todo se ha acabado, sentimos que acaba de empezar. Y así avanzamos con impulso deliberado, de prisa hacia la gloria y la consecución de nuestra siguiente creación magnífica.

SÍ, PERO QUÉ PASA SI...

Ahora, están aquellos que preguntan —y es una pregunta bastante válida, a propósito—, ¿qué pasa cuando lo opuesto de lo que intentamos lograr o experimentar se presenta repetida e interminablemente, una y otra vez sin cesar, durante un periodo de meses e incluso años?

Yo mismo he revisado esta pregunta, como estoy seguro de que todos lo hemos hecho. Así que es justo observar que hay un matiz acerca de esta Ley de los Opuestos que merece mayor estudio y explicación.

En mi propia vida, si continuamente surgen condiciones y circunstancias que me hacen cada vez más difícil alcanzar lo que me he propuesto hacer, observo dos cosas de inmediato:

1. ¿Hay algo que forma parte de mis creencias básicas que evita que trabaje con la Ley de los Opuestos de forma funcional, convirtiendo de nuevo a la oportunidad en la oposición que creí que era al principio?

De este modo la Ley de los Opuestos me da la oportunidad de revisar mis creencias. ¿Qué guardo como parte de mi realidad más íntima que no me permite ser, hacer o tener lo que ahora busco ser, hacer o tener?

Permíteme ser justo y considerar la posibilidad de que cuando te hagas a ti mismo esta pregunta encuentres que no tienes creencia alguna que evite que vayas adonde deseas ir en tu vida. Mi experiencia me ha mostrado que esto sería raro, pero no imposible. Sería el momento, entonces, de hacerte la segunda pregunta:

2. ¿Es posible que no esté yendo en la dirección *incorrecta,* haciendo lo *incorrecto,* intentando producir el resultado *incorrecto,* sino simplemente yendo de manera *incorrecta,* en el momento *incorrecto?*

Esto a menudo me lleva a un lugar que no había considerado previamente, por lo que no sería necesario un cambio de destino, sino un cambio de dirección. Ambas cosas no son lo mismo.

Cuando cambiamos de dirección, no estamos abandonando nuestro destino, sino simplemente *eligiendo una manera distinta de llegar ahí.*

Creo, entonces, que es justo observar que la Ley de los Opuestos puede ofrecernos más de un Campo Contextual para crear la experiencia que deseamos. También puede brindarnos una Señal del Alma de que éste no puede ser el mejor momento para nuestra manifestación, o la manera más efectiva y eficiente de producirla.

Así, la Ley de los Opuestos es de dos vías, no singular, en su aplicación.

Esto, por supuesto, lleva a otra pregunta muy válida: ¿cómo sé la diferencia entre las dos?

Para mí es un asunto de énfasis y consistencia. Si lo opuesto a lo que deseo experimentar se presenta inmediatamente después de que hago una elección o tomo una decisión, por lo común me burlo de ello, riéndome en mi conciencia. Sabía que esto sucedería. Sabía que esto *tenía* que pasar. La vida no tiene otra opción. La Ley de los Opuestos *debe* manifestarse en mi vida, como lo exige el Proceso de Creación Personal.

Pero si lo que parece oponerse a mí reaparece *de forma continua* durante un periodo prolongado, y si no puedo honestamente encontrar un sitio dentro de mi sistema personal de creencias donde esté guardando energía que en y por sí misma vuelve imposible de realizar mi más grande deseo, entonces me rindo ante la noción de que podría, de hecho, estar recibiendo una Señal del Alma de que esto no es lo mejor y más elevado para mí en este momento. De nuevo, para reafirmarlo, esto también es una manifestación de la Ley de los Opuestos.

Así que es un asunto de intensidad y longevidad en cuanto a los obstáculos y los opuestos que surgen.

Quiero decir algo ahora que podría sonar un tanto "místico", pero que debo explorar si quiero que esto te resulte de algún provecho.

Como sabes, si has leído las Conversaciones con Dios, todos nosotros vivimos no sólo muchas vidas (un proceso mencionado con frecuencia como reencarnación), sino que podemos vivir más de una vez la vida que ahora experimentamos. De hecho, muchas veces.

*En casa con Dios: una vida que nunca termina,* el último libro de la serie Conversaciones con Dios, nos dice que se nos ha dado la bendición de que se nos permita repetir una vida particular tantas veces como deseemos para utilizar esa identificación singular como medio para avanzar cada vez más cerca de la perfección, cada vez más cerca de la Completud en la expresión de la Divinidad en más y más momentos de una vida. Quiero sugerir que este es el proceso por el cual todos los maestros espirituales alcanzaron esa maestría.

Cuando pasamos por toda una vida que hemos experimentado antes, a menudo nos encontramos frente a momentos que llamamos *déjà vu.* Las cosas son exactamente como si ya hubiéramos experimentado ese momento antes. Esto nos para en seco. Miramos alrededor, preguntándonos cómo es posible. Incluso podemos decir a quienes se encuentren cerca, "¡Dios mío, ya he vivido esto antes! ¡Todo es exactamente como lo recuerdo! Tú estabas sentado allí, yo estaba de pie acá, estábamos diciendo esto... ¡Ya he pasado por esto antes!"

Más gente de la que conoces ha tenido esos momentos. Tal vez tú mismo has pasado por uno o dos de ellos. Si es así, sabes justamente a lo que me refiero. Se me ha dicho en mis conversaciones con Dios que esos momentos son "filtraciones" de una vida duplicada hacia esta vida, como una gota de agua sobre una pila de hojas de papel cebolla.

Ahora, dentro del contexto de esta discusión sobre la Ley de los Opuestos, a menudo he sentido que cuando las oportunidades son, de hecho, obstáculos, esto es una manifestación física de nuestro "otro yo" indicándole a nuestro "yo actual" que antes hemos intentado esto en particular y no resultó muy bien.

Déjame decirlo de otra manera.

Tengo la idea de que existimos en todas partes a lo largo de la Línea del Tiempo simultáneamente. Si esto es verdad, entonces tenemos un Yo en el Futuro, un Yo en el Presente y un Yo en el Pasado.

(No existen "Pasado", "Presente" y "Futuro" en esta cosmología, sólo Por Siempre Ahora. En la Tierra de Por Siempre Ahora, lo que estamos experimentando en este momento depende de dónde esté enfocada la Conciencia más amplia de cualquier expresión particular de la vida.)

Creo que es posible que nos estemos *dando instrucciones a nosotros mismos* de cómo podríamos proceder mejor con los planes de nuestra Alma, para lograr lo que teníamos intención de alcanzar cuando pasamos del reino espiritual al reino físico, por medio de la expresión de nuestra propia Vida sagrada.

Si de verdad todos somos Uno con Dios, y si nuestra Conciencia más amplia de verdad se expande hasta el punto de incluir todas las experiencias de todo, todo el tiempo, no es inconcebible que una parte de nuestra Mente pueda tener acceso a la parte de nuestra Alma que conoce todas las aventuras que está corriendo en todos esos Cuándos/Dóndes de la Existencia de los que habla Robert Heinlein.

Tampoco es inconcebible que el Alma pueda no estar encima "advirtiéndonos", como las señales en un cruce de vías, de que éste tal vez no sea el momento perfecto para seguir adelante en la dirección en que íbamos, sino que quizás sea necesario un cambio de dirección. O al menos un corto tiempo de espera. (A no ser que queramos que nuestra vida presente genere exactamente lo que nuestro otro viaje con esta identidad particular está generando; en cuyo caso, ¡sigue sin más!)

Ahora sé que eso suena un tanto disparatado, una teoría tan apartada de lo que muchos de nosotros llamamos "realidad" que puede resultarte difícil de adoptar y aceptar. Así que déjame decirte que en realidad no importa si la aceptas o no.

Todo lo que quiero decirte aquí es que si lo "opuesto" a lo que buscas experimentar se presenta en las fases iniciales de tu momento de creación, pasa a través de esa aparente oposición y vela como oportunidad. Yo lo he hecho así en mi vida, y puedo prometerte que este enfoque es poderoso y funciona.

También te diría que si lo que ves como "oposición" continúa presentándose durante un largo periodo de tiempo con creciente intensidad, podría caer dentro de la segunda categoría de Señal del Alma, lo cual he manejado como acabo de describir más arriba.

Ésa es la sabiduría que puedo ofrecerte sobre este asunto. Me ha funcionado bien. Y espero que te sirva a ti también.

## APLICAR ESTE MENSAJE A LA VIDA DIARIA

Como todo en la vida, la Ley de los Opuestos es más compleja de lo que puede parecer en la superficie, como la narrativa anterior ha evidenciado. Sin embargo, aún puede sernos de utilidad. No hay duda al respecto.

Entender esta Ley me desalienta de estar desalentado. Me detiene de detenerme. Y eso es bueno. Así que déjame darte unas cuantas sugerencias prácticas sobre cómo todo esto puede aplicarse a tu vida diaria:

• Ve inmediatamente y consigue un ejemplar de *Amar lo que es* de Byron Katie. He mencionado este libro antes y lo menciono de nuevo porque es una herramienta poderosa para mejorar la vida. Comienza a involucrarte en lo que Katie (todo el que la conoce la llama por su

apellido) llama El Trabajo. Éste es un proceso sencillo de autocues-
tionamiento que te invita a explorar, de manera más profunda de lo
que lo haces normalmente, todos los pensamientos que te surgen. Te
invito a hacerlo aquí, en particular esos pensamientos que enuncian
o presentan lo opuesto de cualquier cosa que desees experimentar.
Hazte las preguntas que el proceso de Katie te alienta a explorar. ¿Es
verdad? ¿Puedes saber absolutamente que es verdad? ¿Cómo reac-
cionas, qué sucede, cuando crees ese pensamiento? ¿Quién serías sin
ese pensamiento? Estás invitado entonces a hacer lo que Katie llama
La Inversión. Puede cambiar tu vida. Si deseas saber más acerca de
El Trabajo como Byron Katie lo creó y nos lo obsequió, visita www.
TheWork.com.

- La próxima vez que tengas una idea maravillosa o una visión emocionante o sueño fantástico que quieras hacer realidad, *hazlo sin
importar nada más*. Es decir, *no dejes que nada te detenga*. Ciertamente, no en el corto plazo, y por "corto plazo" no me refiero a uno o
dos días. No consideraría la idea de que la vida te está enviando una
Señal del Alma de que no deberías hacer algo hasta que haya pasado
bastante tiempo. Para mí es por lo regular meses o años, no días o
semanas. Soy persistente, sin duda.

- Mi lema es "Si *hay* una manera, *encontraré* una manera". Creo que
Dios ama esta clase de determinación. Envía a los cielos una señal de
que sabemos quiénes somos realmente, de que sabemos cuál es nuestro poder, de que entendemos el Campo Contextual en el que ese
poder puede expresarse, y de que no tenemos intención de que nada
se atraviese en nuestra forma de expresarlo, aun si seguimos nuestra
Señal del Alma de esperar un poco o expresarlo de otra forma.

- Ya sea que lo que estás experimentando es una manifestación de
corto plazo de la Ley de los Opuestos o una manifestación prolongada de una señal cierta y segura de que deberías cambiar de dirección,
siempre bendice, bendice, *bendice* eso que te bendice al aparecer
en tu vida de esta forma particular. Todo en la vida, y me refiero a
*todo*, busca tu propio beneficio. Un amigo mío en Francia, llamado
Jacques Schecroun, ha escrito un hermoso libro titulado *¿Y si la vida
sólo quiere lo mejor para ti?* Es una pregunta extraordinaria que se

responde a sí misma. La vida *sólo quiere* lo mejor para ti. Y cuando lo vemos de esa manera, lo experimentamos así. Es tan sencillo y tan maravilloso como eso.

Creo, antes de cerrar, que este asunto de "expresarlo de otra forma" merece un poquito más de estudio.

Como dije antes, cambiar de dirección no significa cambiar de destino. Hay más de un camino hacia la cima de la montaña. Advierte que lo que deseas experimentar es siempre un Estado del Ser, no un proceso de Hacer. Lo que estás Haciendo, o lo que crees que *tienes* que hacer, es simplemente y nada más que lo que crees obligado para que alcances un Estado del Ser.

Revisa, entonces, para ver qué es lo que crees que *serías* si fueras capaz de terminar de hacer lo que te has propuesto. ¿Estarías realizada? ¿Serías famoso? ¿Serías poderoso? ¿Serías rico? ¿Serías feliz? ¿Estarías satisfecho? ¿Estarías realizado? ¿Estarías contenta?

Todas estas cosas, y más, son cosas que tratamos de *ser* en nuestras vidas. Las cosas que *hacemos* no son nada más que las maneras en que creemos que tenemos que mover nuestro Cuerpo, y las formas en que imaginamos que debemos usar nuestra Mente, para que la Totalidad de Nosotros *sea eso*.

¿Pero y si hubiera otra forma de llegar a ese destino?

Para poner a funcionar esta idea absolutamente transformativa en tu vida, primero: (a) Decide en términos específicos qué es lo que te has dicho a ti mismo que *serías* si sólo pudieras *hacer* esto o aquello. Luego: (b) Haz una lista de al menos tres formas alternas que puedas pensar que te permitirían ser eso mismo. Por último: (c) Eleva lo que deseas *ser* como resultado de algún momento, acontecimiento o creación en tu vida al nivel de la Divinidad. Decide que eso que deseas experimentar y expresar es la Divinidad Misma; que esto es la única razón de que hayas venido a lo físico.

Si esto puede ser "verdadero" para ti (y recuerda que "verdadero" se define como La Realidad Entendida Existencialmente), mide cada esperanza y cada sueño y cada visión que tengas para tu vida contra esta referencia. Pregúntate:

*¿Qué tiene que ver lo que quiero hacer ahora con aquello que he elegido para expresar y experimentar usando mi vida?*

*¿Qué aspecto de la Divinidad veo hacerse manifiesto en la realidad física como resultado de emplear mi tiempo y energía para hacer esta cosa particular?*

Ten cuidado: estas preguntas pueden poner tu vida entera, no sólo tus decisiones y elecciones individuales, dentro de todo un nuevo contexto.

# 16

He oído decir que la humanidad, en su futuro, experimentará mil años de paz. Videntes y profetas han predicho a lo largo de las páginas de la historia que nuestra especie un día pasará al mañana más grande que nos hayamos imaginado, reclamando al fin nuestra verdadera herencia como seres cósmicos y manifestaciones de lo Divino.

Es mi creencia que esto es exactamente lo que ocurrirá, y mi creencia más amplia es que estamos en el umbral de esta nueva y maravillosamente espléndida expresión de vida. Todo lo que necesitamos hacer ahora es llamar a la puerta, pues un Maestro dijo muy proféticamente: "Buscad y hallaréis. Llamad, y se os abrirá".

No me parece que sea una coincidencia, un error o casualidad que tú y yo hayamos llegado y estemos pasando nuestras vidas en la Tierra en este momento culminante, atestiguando y participando en este extraordinario momento de transición. Creo que tu alma y la mía han venido aquí por una cita, por un designio, por un propósito.

Creo que hemos estado aquí antes, tú y yo. Ésta no es nuestra primera visita a la vida física en este planeta. Nos prometimos volver, y a *seguir* volviendo, hasta haber levantado a esta especie a un nivel de Divinidad hecho manifiesto en lo físico.

Pero el día del "salvador" individual o el "maestro" único ha pasado. Nuestros santos y sabios, salvadores y maestros anteriores, todos hicieron lo que vinieron a hacer. Nos despertaron a la posibilidad de que *todos* nosotros somos santos y sabios, que *todos* nosotros somos salvadores y maestros. Ahora ellos caminan entre nosotros de nuevo, aunque esta vez no para dirigirnos, sino para *unírsenos* en el proceso de realización personal. Su propósito en visitas previas fue dirigirnos mediante el ejemplo. Su propósito hoy es apoyarnos mediante la colaboración.

Este nivel de colaboración tiene como resultado que muchos otros seres humanos experimenten lo que sólo los "maestros" se decía que podían experimentar en tiempos pasados. Y así vemos que millones de personas llevan vidas de santidad y maravilla. Y vemos a miles de mensajeros dar un paso al frente para compartir con sus hermanos y hermanas conocimientos y apreciaciones acerca de la Vida que no tenían modo de conocer ni manera de entender a partir de sus propias experiencias individuales en esta vida. Pero toda la gente de la Tierra ahora se da cuenta, uno a uno en un lento pero seguro incremento, que todos hemos recibido la capacidad de alcanzar la conciencia colectiva más amplia y retirarnos de su eterna sabiduría en el transcurso de un instante.

Ésta es la hora de la transformación de la humanidad. Éste es el momento en que nuestra especie se invita a sí misma a vivir, al fin, su verdadera identidad.

Y es así que entre *Los 25 mensajes clave de las Conversaciones con Dios* está una idea que forma la base de todo lo demás que el diálogo busca compartir con nosotros e inspirar en nuestro interior:

MENSAJE CLAVE DE LAS CONVERSACIONES CON DIOS #15

El propósito de la vida es re-crearte de nuevo en la siguiente versión mayor de la visión más grande que tengas acerca de Quien Eres.

Por tanto tiempo como puedo recordar, me he preguntado qué hacía aquí. Puedo recordar cuando tenía siete años y estaba acostado en mi cama, mirando al techo, preguntándome por qué estaba siquiera vivo. Sin duda, pensé, debe haber algún propósito o función, alguna razón para todo ello.

Les hice estas preguntas a mis padres y, benditos sean, hicieron lo mejor que pudieron para responderme. ¿Pero qué le dirías tú a un niño de siete años que te llega con la Eterna Pregunta?

Llevé esta pregunta a las monjas de la clase de mi escuela parroquial. ¿Pero qué le dice una monja a un chico de primer año que hace preguntas que la gente se hace en el último año de su tesis de doctorado?

Así que le hice la pregunta al sacerdote de la parroquia. Sin duda el padre sabrá, me dije a mí mismo, ¡en especial si era un monseñor y tenía esos botones rojos en su casulla! ¿Pero qué le dice un monseñor a un niño de siete años que hace preguntas que él mismo remite al obispo, el obispo al cardenal y el cardenal al Papa para que las responda?

De modo que abandoné la niñez sin una respuesta en verdad satisfactoria de nadie. Pasé la mayor parte de mis años adultos también sin una. No fue hasta que tuve 53 que se me dijo algo que por fin le sonó cierto a mi alma.

Fue en mi conversación con Dios. Tuve la experiencia de que Dios me dijera directamente, "De acuerdo, parece justo. Has sido sincero y honesto en tu deseo de saber. Contemplaste la pregunta por casi medio siglo, desde que eras un niño. Tu búsqueda no ha sido frívola. Ni ha sido ociosa para ti. De acuerdo, parece justo, te mereces una respuesta directa. Ésta es".

Y entonces recibí el mensaje de más arriba.

## LO QUE NO NECESITAMOS SABER

He llegado a ver que lo maravilloso aquí es que a Dios no le importa cuál es mi mayor visión para mí mismo. Dios no tiene preferencia en el asunto. Así que ya sea que imagine que soy un carnicero, un panadero, o un fabricante de velas, el propósito de mi vida es muy simple: volverme la siguiente versión mayor de eso. (Aunque a fin de cuentas, según he encontrado, no tiene nada que ver con mi ocupación. Más sobre esto en un momento.)

La idea de que Dios no está apegado a mis lecciones acerca de mi vida es notablemente diferente de lo que oía seguido cuando era joven. Como un niño crecido dentro de la fe católica, se me decía una y otra vez que Dios tenía un plan para mí. Hay un plan para todos nosotros, anunciaban las monjas en el salón de clases. Pero nunca me dijeron cuál era ese plan, excepto que debía tratar de ser tan bueno como fuera posible, de modo que pudiera volver al cielo.

Así lo hice.

Traté de ser tan bueno como era posible.

Y cuando no fui tan bueno como pensé que debía ser, fui a confesarme y le dije al padre todas las cosas malas que había hecho. Y luego hice la penitencia que el padre me mandó para que pudiera recibir su absolución por los pecados que había cometido. Y luego recibí la Sagrada Comunión al día siguiente en Misa. ¡Y después ya estaba de nuevo en camino! ¡Libre de la carga de mi mal comportamiento! ¡Inspirado de nuevo para embarcarme una vez más en el viaje que no sabía adónde me llevaba!

Si crees que esto puede ser frustrante emocional, espiritual, psicológica y humanamente, estás absolutamente en lo cierto. En especial para un niño de nueve o diez años. Incluso para alguien de 22 o 27. ¡O de 30 o 50 años! ¿Cómo me puede ser posible llegar adonde voy cuando no tengo *idea* de adónde voy, o siquiera por qué?

Tal era el estado de cosas en mi pobre cabeza. ¿Y no sería agradable si estuviera solo en todo esto? ¿No sería agradable si sólo fuera mi viejo, pequeño yo que era simplemente incapaz de asimilar las cosas, sufriendo los estragos de una niñez perjudicial, respondiendo a las tragedias de una difícil vida adulta, y hallando imposible sacar algún sentido de todo eso? ¿No sería agradable que sólo fuera eso? Pero no lo era.

## Todos estamos en el mismo barco

Para que conste, tuve una infancia maravillosa. Tuve unos padres fantásticos. Tomé cada oportunidad que me dieron. No, no éramos fabulosamente ricos. De hecho, éramos de clase media baja. Pero la clase media baja se lo pasaba bastante bien en comparación con el 90 por ciento del resto del mundo, muchas gracias. Así que... nada de quejas al respecto.

¿Y las tragedias de mi vida como adulto? No hubo ninguna. Simplemente no surgieron o existieron en mi vida. He sido uno de los afortunados. Desearía poder decirlo acerca de todos ustedes, pero puedo decir que he sido uno de los afortunados. *¿Cuál, entonces, era mi problema?*

Quiero sugerirte que no sólo era *mi problema* nada más, sino uno que enfrentaban millones y millones de personas por una amplia variedad de razones. La mayoría de nosotros simplemente no habíamos recibido de nuestros padres, nuestros maestros, nuestra comunidad, nuestra sociedad global, nada que hiciera sentido como una *razón de ser*.

¿Cuál, preguntamos con urgencia, es nuestra razón de ser?

Cuando le hice a Dios esta pregunta, recibí una contestación dándome la respuesta en 29 palabras. Es una respuesta que podría funcionar para todo mundo, y me encanta la simetría que hay en ello. Entre los 25 Mensajes Centrales, una sola declaración que nos da en veinticinco palabras todo lo que realmente necesitamos saber acerca de por qué estamos aquí y cómo hacer nuestra estancia significativa, llena de significado y maravillosa.

Todo lo que tenemos que hacer ahora es decidir cuál *es* la mayor visión que tenemos acerca de quiénes somos. Y qué liberador es saber que Dios no nos hará sentir que estamos equivocados por la elección que hagamos. Resulta, después de todo, que Dios *no* tiene un Plan para nosotros. Tenemos una mayor posibilidad de decepcionar las expectativas de nuestros propios padres que de frustrar las expectativas de un Dios sin exigencias.

Y así todas las opciones están abiertas para nosotros, y Dios nos ha asegurado que no hay manera correcta o incorrecta de hacer lo que hemos venido aquí a hacer.

### Un ejemplo de la vida diaria

Cuando miro atrás a mi vida me doy cuenta de que recibí este mensaje antes, en una forma fascinante que fue asombrosamente parecida a la experiencia que tuve en mis conversaciones con Dios. Me pregunto si tú, también, has recibido mensajes todo el tiempo, y simplemente no te has conectado con ellos.

Déjame contarte acerca de mi experiencia previa, ya que es un gran ejemplo.

Cuando era más joven tuve un trabajo importante en una gran oficina pública del estado de Maryland. Y durante ese periodo en particular me llamaron para desarrollar un plan maestro que tenía que ver con cómo las oficinas como la nuestra proponían proceder en ciertas y particulares interacciones con el gobierno federal. Este plan debía enviarse a un subcomité del Congreso.

Yo no tenía idea de cómo escribir esto, cómo presentarlo. Nunca había abordado nada semejante antes. ¿Cómo iba a saber cómo enviar un documento importante de tal trascendencia a un órgano de tan austera importancia como el Congreso de Estados Unidos?

Llamé a mi padre. Le expliqué la situación.

—¿Cómo voy a crear este documento? —le pregunté—. Sé lo que nuestra organización trata de hacer, pero no sé cómo ponerlo en un reporte escrito que se supone debemos enviar a Washington.

Mi padre escuchó pacientemente hasta que terminé de sacar mi frustración. Luego dijo con tranquilidad:

—Hijo, ¿no te he enseñado nada?

Esperé la frase clave.

—No hay "manera correcta" de hacer nada. Sólo está la manera en que lo haces.

No dije nada. Estaba pensando. Mucho. ¿Podía ser verdad esto? Entonces Papá prosiguió.

—Confía en ti mismo. Hazlo en la forma en que lo harías si no hubiera expectativas acerca de una forma o la otra. Sólo hazlo en la forma en que *tú* creas que es mejor.

Le agradecí y colgué el teléfono. Podía escucharme a mí mismo gritar en mi mente, "¿Oh, *eso* es todo lo que implica? Puedo hacer *eso*. Pensé que había algunas *reglas,* una forma en que todo esto debiera 'presentarse' para ser válido".

Así que comencé y creé el reporte exactamente en la forma en que pensaba que debería crearse. Lo envié a Washington. Unas cuantas semanas después, recibí una llamada de un asistente del subcomité que debía sostener audiencias en el Congreso sobre la materia. Dijo:

—Tenemos una petición que hacerle.

—¿Sí?

—Estamos recibiendo información de otras oficinas de todo el país similares a la suya, todas en respuesta a la misma pregunta. Nos gustaría pedir a esas oficinas que reescriban su información en el formato que usted utilizó. Los miembros de mi comité han encontrado que su información es la más fácil de acceder, la más sencilla de entender y la más concisa en su presentación. Quisiéramos que este documento fuera la base para los futuros envíos de este tipo. ¿Nos daría su permiso para esto?

Después de levantarme del suelo me di cuenta de que acababa de inventar la manera preferida —que ahora sería la "manera correcta"— de preparar ciertos reportes que debían enviarse al Congreso.

*¿Era una broma?*

## El paso principal que aún debes dar

No te conté esa historia para alardear. Hace mucho que no tengo necesidad de vanagloriarme. En alguna parte entre los cincuenta y los setenta años esa necesidad desaparece si tenemos suerte, y he tenido suerte. Te conté esa historia porque creo que es relevante para todos nosotros. Y he llegado a entender que lo que mi padre me dijo hace años es exactamente lo que Nuestro Padre me dijo más recientemente.

De modo que el propósito de la vida es crearte de nuevo a ti mismo en la siguiente mayor versión de la visión más grande que hayas tenido acerca de quién eres, y nadie va a decirte cuál tiene que ser, cuál debería ser, cuál debe ser o cuál se exige que sea. O la "manera correcta" de serlo. Tú debes decidir todo por ti mismo.

Aunque éste es un paso que la mayoría de las personas aún deben dar. Cuando preguntas a la persona promedio, "¿Cuál es la visión más grande que tienes acerca de ti mismo?", a menudo no pueden decírtelo. No en términos específicos. Y si pueden, casi siempre lo que tienen que decir se relaciona con lo que *hacen,* o desean hacer, en el mundo. Aunque lo que haces no tiene nada que ver con quien eres. Lo que estás *siendo* es lo que determina esto.

Puedes elegir cualquier cosa que tu corazón desee. Pero entiende esto: es un Estado del Ser lo que tu corazón desea, no una situación de empleo. No una carrera. Eso es sólo *cómo has decidido ser lo que deseas ser.*

Puedes escoger ser cualquier aspecto que desees de la Divinidad, pero ser *algún* aspecto de la Divinidad es por lo que viniste a lo físico. Puedes elegir ser sabiduría y claridad, compasión y entendimiento, paciencia y generosidad, inspiración y creatividad, sanación y amor, la clase de amor que Dios tiene para *ti*, fluyendo a través de ti y de ti hacia todo el mundo. ¿Suena pretencioso? Algunos podrían decir que sí, pero yo no lo creo. Y sé que Dios no lo cree. Estoy seguro de que Dios dice: *¡Me suena como una elección interesante!*

## APLICAR ESTE MENSAJE A LA VIDA DIARIA

Será fácil encontrar maneras para que apliques este mensaje particular en tu vida diaria, porque el mensaje mismo es muy fácil de entender. Te lleva directo al corazón de la experiencia humana. Le canta al alma. Impresiona incluso a la mente escéptica (y eso no es fácil de hacer).

Éstas son algunas ideas —y estoy seguro de que se te ocurrirán muchas más— para la aplicación de este mensaje en tu vida diaria:

- Decide ahora mismo, antes de que otro día pase, cuál es la mayor versión de quien eres. Y no te preocupes de que "esté bien". Quiero que entiendas, *no hay manera de que esté mal.* Sólo decide. Sólo elige.
- Mientras tomas esta decisión, tampoco te preocupes de que de alguna forma tengas que apegarte a ello hasta que mueras. La idea es recrearte nuevo a ti mismo cada día. O, si estás listo para la emoción, cada hora. Advierte que cada momento de tu vida es un tiempo para tu renacimiento. Es el regalo más grande que Dios pueda posiblemente darte: un espacio en el que nada ha sucedido aún y en el que puedes decidir exactamente cómo quieres ser tú mismo, a pesar de todo lo ocurrido antes. Advierte que nada tiene significado alguno excepto el que tú le des. Decide, entonces, que tu pasado no significa nada, excepto por el grado en que conforma tu siguiente mayor idea acerca de ti mismo.
- Pon atención, mientras pasas por el siguiente día, la siguiente semana y el siguiente mes, habiendo tomado las decisiones que hiciste antes, que la vida te proporciona, sorprendente y consistentemente,

el escenario perfecto para que interpretes la obra de tu propia autoría. Aquí está de nuevo el tal Shakespeare. Lo dijo a la perfección, ¿cierto? "El mundo entero es un escenario, y todos los hombres y mujeres meros actores: tienen sus entradas y sus salidas; y un hombre representa varios papeles en su vida".

La invitación de la vida a todos nosotros: Interpreta bien tu parte. *Diviértete* con ella. Y cuando no parezca divertido, pon sabiduría en ello. Y cuando la sabiduría falle, aporta paciencia. Y cuando la paciencia escasee, agrega aceptación. Y cuando la aceptación sea difícil, adiciona gratitud. Pues la gratitud revierte cualquier idea de que algo que está pasando no debería ocurrir. Y entonces habremos encontrado paz.

## 17

He elegido recorrer la lista de *Los 25 mensajes clave de las Conversaciones con Dios* en orden inverso por una razón. Vistos en su secuencia original, como se presentan en el capítulo 2, una cosa sigue a otra en orden lógico. Pero al analizarlos y estudiarlos más profundamente, he comenzado con los últimos mensajes y proseguido hacia atrás para dejar que veas de forma más clara *cómo llegamos allí.*

Como con cualquier teología, son importantes los pilares del pensamiento y la comprensión y la sabiduría sobre los cuales se basa el estudio de Dios. Pero puede ser especialmente revelador si reproducimos la película al revés, por así decirlo. Estoy en un punto de mi vida en que hago mucho eso en mi propio pensamiento. Sé dónde terminé (hasta ahora), y siempre me resulta instructivo mirar cómo llegué aquí, evento tras evento, decisión tras decisión, elección tras elección, momento a momento, desde el instante más reciente hasta aquellos que lo precedieron.

Cuando miro atrás, no pienso en mi vida en el orden en que fue experimentada. No la veo desde el nacimiento hasta ahora. En lugar de ello, la miro desde ahora hacia ayer, y luego el día anterior a ése, y luego los meses y el año previos, y después el periodo más prolongado de mi adultez precedente, mi juventud y mi niñez.

De esta manera a menudo experimento lo que llamo un "eureka", porque veo por adelantado el impacto de cada carta que cayó cuando se muestran las cartas que cayeron después. Me doy cuenta de cómo es posible que pueda estar jugando la mano que tengo ahora, y veo el *impacto* de esas cartas previas en el desarrollo de mi mano actual.

Para tener un mejor sentido de esta experiencia, juega una partida entera de ajedrez y registra cada movimiento que hagan tú y tu oponente mientras el juego evoluciona. Luego juega *hacia atrás* la partida que acabas de terminar. Observa cómo cada movimiento previo creó la situación en la que te encontraste al final de la partida. (Ésta es una gran manera de aprender a dominar el ajedrez, a propósito. Y es una gran manera de entender que mirar la vida de uno en reversa puede darnos una gran apreciación mientras vamos hacia adelante.)

De modo que en la revisión de la espiritualmente revolucionaria cosmología de las Conversaciones con Dios, he preferido ofrecerte una oportunidad para explorarla del final hacia el principio, dejándote ver cómo cada Mensaje clave emergió de una expresión anterior, creando por consiguiente una serie de momentos "eureka" que no sería posible yendo del principio al final, por la simple razón de que no sabrías dónde vas a terminar.

Estamos viendo, entonces, la nueva historia cultural de la humanidad y un nuevo paradigma espiritual propuesto como un detective contemplaría un misterio. Llega a la escena y sabe exactamente lo que ha ocurrido, pero no sabe cómo o por qué. Así que empieza a buscar pistas, señales, indicaciones que le digan cómo *sucedió* lo que ha ocurrido.

## Eres un detective espiritual

Al unirte a mí aquí para revisar lo que Dios dijo, te conviertes en un detective, llegando a la escena de la experiencia actual de la humanidad y descubriendo el misterio de cómo llegamos a este lugar de ofrecer seriamente a la humanidad otra idea acerca de sí misma y una oportunidad para re-crear nueva su historia entera.

Por eso es que estamos aquí, por supuesto. La cosmología de las Conversaciones con Dios termina siendo una invitación abierta a toda la raza humana para reescribir su historia cultural, para decidir de nuevo quiénes somos como especie, para elegir de forma diferente qué hacemos aquí en la Tierra y para anunciar por qué lo hacemos, estableciendo así una nueva base, un nuevo fundamento, sobre el cual podamos construir nuestro futuro individual y colectivo. O como dijo Robert Kennedy en su memorable frase: para buscar un mundo más nuevo.

De todos los mensajes en las más de tres mil páginas de las Conversaciones con Dios, ninguno me impactó como parte de ese mundo más nuevo tanto como el que vamos a estudiar a continuación. Cuando lo veamos de cerca, lo que ahora haremos, verás cómo fue posible que llegáramos a las conclusiones que hemos obtenido en los capítulos anteriores.

Debo advertirte, sin embargo, que este capítulo puede no ser fácil de absorber en una lectura rápida. Lo que me ha sido mostrado aquí no es algo que yo pudiera asimilar sin dificultad cuando lo escuché por primera vez. Puede ser desafiante para ti también.

Concédete dedicarle algo de tiempo, entonces. Tal vez incluso desees leer ciertos pasajes más de una vez. Ve despacio, asimílalo todo y piensa profundamente acerca de lo que se dice mientras avanzas. Pues ahora viene el gran "eureka" que te permitirá entender más profunda, más rica y más plenamente cómo pude haber hecho las declaraciones que ya se han hecho aquí.

Echemos un vistazo a un anuncio impactante de Dios a la humanidad...

MENSAJE CLAVE DE LAS CONVERSACIONES CON DIOS #14

Tu vida no tiene nada que ver contigo. Se trata de todos aquellos cuyas vidas tocas y cómo lo haces.

Nunca se me ocurrió hasta después de medio siglo dentro de la experiencia que la vida no tenía nada que ver conmigo. Como casi todos los demás a los que observaba, suponía que por supuesto mi vida tenía todo que ver conmigo.

No era tan presuntuoso como para imaginar que *todo* en la Vida a mi alrededor se trataba de mí, pero me parecía perfectamente razonable suponer que la mayor pare de la vida que estaba experimentando personalmente tenía que ver conmigo. Y ahora estaba aquí el Dios de mi comprensión diciéndome justo lo contrario; que mi vida no se trataba de mí y que si pensaba que así era, seguía sin entender el asunto.

Vaya asombro. Vaya sacudida. Vaya manera de despertar.

Al principio, quería alegar al respecto. ¿Cómo podía mi propia experiencia cotidiana no tener nada que ver conmigo? *¿Qué se esperaba que hiciera con esa información?* ¿Cómo iba a entender esto de manera funcional en mi vida?

Ahora, después de vivir con este Mensaje clave por más de quince años, puedo decirte que ha sido uno de los más gratificantes de implementar en mi experiencia cotidiana, y uno de los más desafiantes.

Cambió todo. Cambió mi razón para levantarme en las mañanas. Cambió mi propósito para ir a lo largo del día. Cambió mi comprensión de los encuentros cotidianos cuando ponía la cabeza en la almohada por la noche, mirando al techo, preguntándome qué había logrado y qué significaba algo de eso.

Es, sin duda, una forma nueva y radical de ver la vida. Si comienzo a considerar mi vida con la proposición de que *necesito* algo, entonces supondría que debo poner atención a mis necesidades, empleando tiempo en asegurarme de que sean satisfechas. Pero si paso mi tiempo en actividades que no tienen nada que ver conmigo mismo, esas necesidades quedarán insatisfechas. Así que la idea de que la vida no tiene nada que ver conmigo me exige adoptar una noción separada acerca de mí mismo: que en un nivel personal no demandaba nada en absoluto.

Al considerar profundamente esta posibilidad, empecé a ver la diferencia entre demandar y desear. Entendí que el hecho de que yo no *demandara* nada en absoluto no significaba que no *deseara* nada en absoluto. En el pasado, había visto mis propios deseos como demandas. Los dos se volvieron uno, casi como si hubiera creado una nueva palabra: "deseandas". Había llegado a sentir que si mi vida no satisfacía mis deseos, no podría ser feliz. Esto quería decir que satisfacer mis deseos era una *exigencia*.

Estudiando más esto, de pronto me resultó claro que la raza humana ha estado cometiendo el mismo error con respecto a Dios. Hemos concluido que debido a que hay cosas que Dios *desea*, hay cosas que Dios *exige*. Sólo cuando por fin me di cuenta de que Dios no necesita nada y que la Esencia de Dios abarcaba, por definición, todo lo que es, comencé a poner mayor atención a la diferencia entre lo que Dios desea y lo que Dios exige.

No hay *nada* que Dios exija, pero hay cosas que Dios desea. Desear algo no sólo significa que uno no lo tiene, también significa que uno lo *tiene* y lo ama tanto que elige experimentar más de ello.

¡De esta manera un Dios podría ser perfectamente feliz y desear ser más feliz aún!

Así también con nosotros. Podríamos incluso desear ser *más felices que Dios*. Y de eso se trata el libro *Dios es felicidad*. En este libro, el que creo que Dios me inspiró a producir, encontré que yo también podía *desear* algo sin *exigirlo* para ser feliz

Esto no era un "recuerdo" insignificante.

## POR QUÉ LO DIJERON LOS MAESTROS

Cuando recordé quién soy realmente, cuando entendí que mi Alma es la presencia y la evidencia de Dios en mi interior, llegué a ver que no era posible que yo pudiera exigir nada, porque todo lo que yo podría desear estaba fácilmente a mi alcance, en mi interior.

Ése es el último lugar, por supuesto, en el que yo hubiera imaginado en un principio que debía buscar. Había pasado los primeros cincuenta años de mi vida buscando fuera de mí lo que deseaba. Y cuando no pude encontrarlo, la creciente presión de adquirir lo que "deseaba" lo volvió algo que yo "exigía". En algún punto comenzó a parecer como si lo *necesitara* para poder ser feliz.

Cuando Dios me dijo que mi vida no tenía nada que ver conmigo sino con todos aquellos cuyas vidas toqué y la forma en que lo hice, mis ojos se abrieron por la impactante comprensión de lo que entonces recordé que *siempre* fue verdad: no necesitaba nada, y la manera de *experimentar* que tenía todo lo que alguna vez imaginé que necesitaba era simplemente dándolo.

La "propiedad" se experimenta por medio de la "generosidad", no mediante la "receptividad". No es lo que uno *toma* de la vida, sino lo que uno da a la vida, lo que nos otorga la experiencia de lo que *tenemos* en la vida, y a través de esa experiencia la realización más plena de quienes somos en realidad se hace posible.

De pronto entendí por qué todos los maestros espirituales a través de los siglos han dicho, cada uno a su manera: "Es más bendición dar que recibir".

Sí, sí, lo había escuchado a lo largo de mi juventud, pero nadie me explico nunca por qué debía aceptar esto como verdad. Nadie me explicó nunca la metafísica detrás de ello. Ni mis padres en casa, ni las monjas en la escuela, ni los sacerdotes desde el púlpito, ni los mayores en mi comunidad, ni la sociedad más grande en la que vivía, ni el mundo que yo observaba. Nada ni nadie a mi alrededor me enseñó por qué o cómo podía ser que fuera "más bendición dar que recibir". Sin duda *sonaba* bien, pero nadie me dijo nunca —o pareció capaz de decirme— por qué era cierto.

Luego, después de más de medio siglo en planeta, tuve mis maravillosas conversaciones con Dios y se me dijo algo tan sencillo que ahora parece casi embarazoso compartirlo como si fuera alguna Gran Verdad Oculta. Pero aquí está: es en el *dar* como demostramos, y por tanto experimentamos, lo que *tenemos*.

¡Lotería! ¡Había hecho la conexión! Entonces entendí que no necesitamos *alcanzar nada*, sino *darlo todo*, si deseamos experimentarnos a nosotros mismos por completo.

Esta idea dependía de una comprensión anterior de no poca relevancia. Teníamos que saber que poseíamos todo aquello que deseábamos; que estaba, de hecho, dentro de nosotros todo el tiempo.

¿Pero cómo podíamos adoptar tal idea cuando la totalidad de nuestra experiencia desde el nacimiento parecía habernos mostrado que era verdad justo lo contrario?

## El mayor reto que enfrenta la humanidad

Ésta se ha vuelto la principal pregunta que enfrenta nuestra especie. ¿Cómo podemos imaginar, adoptar o aceptar la idea de que no necesitamos nada cuando nuestra experiencia cotidiana parece evidenciar que esto no es cierto?

La respuesta es asombrosamente sencilla. Tenemos que usar nuestra propia existencia como un solo ser unificado llamado Humanidad para demostrar nuestra capacidad de satisfacer las necesidades de la Humanidad.

Cuando cada uno de nosotros satisface las necesidades del resto, entonces ninguno de nosotros tiene necesidad *alguna*, y la promesa y la profecía de Dios se cumplen: la Humanidad no tiene necesidades.

Esto es precisamente lo que Dios hace. Cuando Dios experimenta un deseo de cualquier clase, lo satisface simplemente con lo que Dios ya tiene. Por tanto, Dios no "necesita" nada.

Pero para que la Humanidad experimente esto, tendríamos que *entendernos* a nosotros mismos para, de hecho, *ser* un solo ser unificado, todos nosotros partes de un solo cuerpo.

Tendríamos que decidir que Todos Somos Uno no es un mero aforismo, sino la manera en que fuimos diseñados, la forma en que se planeó que nos experimentáramos a nosotros mismos, y el modo en que debemos *funcionar* para expresar nuestra Divinidad.

¿Pero es realista de nuestra parte concluir que si actuáramos como si todos fuéramos uno —que si estamos ahí para los demás y compartimos con los otros y nos cuidamos mutuamente— desaparecerán la carencia, la necesidad y el sufrimiento de la faz de la Tierra?

Bueno, por supuesto, no tenemos manera de saber ya que nunca nos hemos atrevido a intentarlo. Al menos, no en gran escala. Ha habido culturas, por supuesto, que han actuado exactamente así, viviendo en comunidad, operando como un todo, donde el "todos para uno y uno para todos" era un hecho. Advertimos que en esas culturas y sociedades el nivel de felicidad humana se dispara, dejándonos con la pregunta de cómo sería la vida en el planeta entero si toda la humanidad viviera de este modo.


## LA UNIDAD NO ES UN OBJETIVO, ES UN MÉTODO

Pero la creación de tal experiencia colectiva no es el propósito específico del Alma. La intención del Alma al venir a lo físico es única y sencilla: expresar y experimentar, llegar a ser y realizar por medio de lo físico, aquello que es la Divinidad Misma. La práctica de la Unidad es simplemente la manera más rápida de hacerlo. Es un método, no un objetivo.

La vida es Dios hecho físico, y cada aspecto y elemento de la vida física expresa a la Divinidad en Plenitud cuando alcanza su particular forma de expresión en la Completud.

Una rosa expresa a la Divinidad en Plenitud cuando su crecimiento y florecimiento se han completado. No tiene nada más que hacer. Ha hecho lo que apareció para hacer en el Reino de lo Físico. No hay razón para sentirse triste cuando el proceso ha concluido, sino sólo para celebrar.

Un ser humano expresa a la Divinidad en Plenitud cuando su crecimiento y florecimiento se han completado. No tiene nada más que hacer. Ha hecho lo que apareció para hacer en el Reino de lo Físico. No hay razón para sentirse triste cuando el proceso ha concluido, sino sólo para celebrar.

No vivimos para satisfacer nuestras necesidades, vivimos para expresar nuestro potencial. Los dos no son lo mismo.

Expresamos de forma más plena nuestro potencial cuando lo demostramos como nuestra realidad, no como algo que *necesitamos* experimentar sino como algo que *elegimos* experimentar ahora mismo.

Y por *eso* es que mi vida no se trata de mí y tiene todo que ver contigo y con todo aquél cuya vida toco. Y he descubierto al vivir de esta manera, que todas las cosas que anhelaba y buscaba alcanzar y por las que luchaba en años pasados han llegado a mí sin esfuerzo.

(Y si eso no es razón suficiente para adoptar este mensaje y probarlo en tu vida, no sé cuál podría ser.)

## APLICAR ESTE MENSAJE A LA VIDA DIARIA

La vida nos proporciona interminables oportunidades día tras día, hora tras hora y momento a momento para poner el Mensaje clave #14 sobre el terreno de nuestra experiencia diaria. Éstas son algunas maneras en que podríamos ser capaces de hacerlo:

- Observa todas las pequeñas cosas que estás haciendo hoy. No las grandes, como ir a trabajar o llevar el auto al taller para un ajuste o cualesquiera otras actividades que consumen tus momentos este día, sino las pequeñas cosas. Enjuagar tu vaso en el fregadero después de usarlo. Acariciar al perro. Tomar una probadita para comer.

Las palabras de hola y adiós que compartes con un ser querido. Todas las pequeñas cosas. Sólo ponles atención.

- Ahora pregúntate por qué las haces. ¿Las haces para ti mismo? ¿Las
  haces para alguien más? Si te ves haciéndolas para ti mismo, advierte cómo te sientes al respecto. Si te ves haciéndolas para alguien
  más, advierte cómo te sientes al respecto.

- Decide que todo lo que hagas de ahora en adelante no tiene nada
  que ver contigo. Haces lo que haces pero no porque lo necesites, no
  porque tienes que hacerlo, no porque se te exige, sino porque cada
  cosa que haces es vista como una contribución tuya hacia alguien
  más. Piénsalo, si te resulta más fácil, no como una contribución *directa* hacia alguien, sino como una contribución hacia alguien más
  como sea. Luego explora a profundidad por qué y cómo lo que ahora haces contribuye con alguien más. Pregúntate si aun pedir algo
  a alguien es darle oportunidad de experimentarse a sí mismo de alguna forma particular. Una vez que alcances este entendimiento y
  esta conciencia, pon cada acción tuya en ese lugar de ahora en
  adelante.

- Comienza a hacer contribuciones no sólo indirectas sino directas a la
  vida de alguien más con más frecuencia, de forma más fluida y con
  más intención conforme pasa cada día. Decide que tú no necesitas
  nada, ni sabiduría, ni conocimiento, ni comprensión, ni amor, ni felicidad, ni paciencia, ni compasión, ni satisfacción ni nada en absoluto
  para hacerte feliz. Decide que todas estas cosas ya existen *dentro* de ti,
  y que tu único trabajo en la vida es dejarlas verterse *desde* ti a la vida
  de alguien más, una persona que aún vive dentro de la ilusión de que
  necesita estas cosas y debe depender de una fuente exterior para
  conseguirlas. Permítete convertirte en la Fuente. Observa lo que esto
  te hace a ti. Observa lo que esto hace *por* ti.

¡Ah! ¡Ahora vemos que el círculo está completo! ¡Así que resulta
que lo que tú haces está siendo hecho para ti *después* de todo! Por
supuesto que es verdad, porque aquí sólo hay uno de nosotros.
Por tanto, lo que tú haces para otro, lo haces para ti mismo, y lo que
dejas de hacer para otro, lo dejas de hacer para ti mismo. Entonces

resulta que la vida tiene todo que ver contigo. Pero con el Tú Grande, no el Tú Pequeño; con el Tú Universal, no con el Tú Particular.

El propósito de la vida es hacer lo que Uno desea. Pero no Uno Pequeño, sino Uno Grande. El único Uno. Cuando entiendas esto plenamente, serás capaz de vivir plenamente lo que se ha llamado la Divina Dicotomía. Y eso cambiará todo en tu experiencia sobre la Tierra.

# 18

Si vamos a involucrarnos de verdad en el proceso de manifestar en la Tierra lo que Uno desea, sería necesario que tuviéramos algún control sobre los acontecimientos en nuestra vida, un mínimo de jurisdicción, al menos alguna pequeña capacidad para comandar y crear las circunstancias de nuestra experiencia cotidiana.

La mayoría de nosotros hemos experimentado nuestra vida como una expresión de exactamente lo contrario. Nos parece que tenemos muy poco control sobre cualquier cosa. Se nos dice que Dios está a cargo y que decidirá lo que es mejor para nosotros. Y si no creemos en Dios, entonces imaginamos que estamos a merced del Destino. Si no somos fatalistas, pensamos en nosotros mismos como yendo simplemente a través de una serie aleatoria de sucesos azarosos en un universo aleatorio que no ofrece ninguna garantía de algún resultado particular cualquiera.

De nuevo nos volvemos hacia el gran metafísico de la humanidad, William Shakespeare, quien capturó a la perfección los dilemas de estas ideas conflictivas en su soliloquio: "Ser o no ser, esa es la cuestión. ¿Qué es más noble para el alma, sufrir los golpes y las flechas de la injusta fortuna, o tomar las armas contra un mar de adversidades y, haciéndoles frente, acabar con ellas?".

¿Qué hacer, *qué hacer*? ¿Importa siquiera lo que hagamos? ¿Sólo nos estamos engañando en esto? ¿Nos engañamos a nosotros mismos y a los demás al pensar que estamos a cargo cuando menos en alguna mínima forma?

La mayor parte de nuestra teología nos dice que no debemos preocuparnos siquiera por estas preguntas sino simplemente confiar en Dios. Nos indica orar sin cesar y tener fe sin límites. Esto nos plantea una interesante dicotomía. ¿Por qué molestarse en orar si tenemos fe ilimitada en que ocurrirá el resultado de nuestra preferencia? Aunque se nos dice tengamos fe en que se nos dará lo que pedimos, primero debemos pedirlo. Y por supuesto, debemos estar en buenos términos con nuestra Deidad. Si no estamos en buenos términos, todas las plegarias del mundo no nos servirán de nada.

Éste es a grandes rasgos el mensaje de las religiones del mundo. Es un esbozo primitivo, pero ése es el mensaje esencial. La comunicación que nos llega de Dios en la Nueva Espiritualidad es un tanto diferente y está registrado en el Mensaje clave #13.

> ## MENSAJE CLAVE DE LAS CONVERSACIONES CON DIOS #13
>
> Eres el creador de tu propia realidad, al usar las Tres Herramientas de Creación: Pensamiento, Palabra y Acción.

Ésta es al mismo tiempo una de las enseñanzas más emocionantes y más peligrosas del Movimiento del Nuevo Pensamiento mundial. Sugiere que estamos totalmente a cargo, y en esto es absolutamente preciso.

Sin embargo, se ha tomado esta sugerencia para implicar que estar a cargo de nuestra realidad externa es una experiencia singular. Es decir, una cualidad y capacidad unilateral. Nos han llevado a creer que somos particularmente responsables por la realidad que encontramos en el mundo que nos rodea.

Eso no es exacto, como sin duda has aprendido.

Aquellos que nos dicen que somos los creadores de nuestra propia realidad a menudo no nos explican que hacemos esto en forma *colaborativa*. El "nosotros" que somos es el Uno que somos. Si no partimos de la proposición de que todos somos uno, entenderemos peligrosamente mal el proceso por el cual creamos nuestra propia realidad.

Las tres herramientas de creación son, de hecho, pensamiento, palabra y acción, tal como se señala en este Mensaje clave. Pero es el pensamiento *colectivo* de la *humanidad,* la *combinación* de *todas* las palabras que pronunciamos, y las acciones en las cuales *todos nosotros* estamos involucrados lo que produce nuestra experiencia exterior de la vida en la Tierra.

Y así la buena noticia es que no eres particularmente responsable por las guerras en el mundo y la enfermedad y la pestilencia que causan sufrimiento a gran escala y la pobreza que crea tanta tristeza alrededor del orbe o cualquiera de las otras manifestaciones físicas, buenas o malas, que a diario atestiguamos.

Ésta es también la mala noticia, porque parece, de hecho, confirmar nuestra evaluación original de que *no estamos* en control de nuestra experiencia, que no *tenemos* jurisdicción o autoridad sobre nuestras vidas, y que *estamos* relegados a sufrir los golpes y las flechas de la injusta fortuna.

Pero las Conversaciones con Dios nos aclaran que no estamos en dicha posición. ¿Cómo, entonces, reconciliar estas dos visiones del mundo?

## DEFINIR NUESTROS TÉRMINOS

Comencemos por entender lo que quiere decir la frase "tu realidad". Esta frase debe, en nuestro nuevo vocabulario, referirse a cómo cada uno estamos *experimentando* interiormente las manifestaciones de nuestra vida física colectiva exterior, no a esas manifestaciones externas en sí mismas.

Ésta no es la primera vez que se menciona este punto en estas páginas. Pero estudiémoslo ahora de manera más estrecha.

Dios nos dice que no es lo que ocurre afuera de nosotros lo que crea nuestra experiencia y por tanto nuestra realidad con respecto a quienes somos y la manera en que manifestamos esto; lo que lo hace es nuestra *decisión* interna acerca de esto. Es nuestra elección interna. Es nuestra conclusión separada, o evaluación individual.

Para decirlo sencillamente: todo es lo que decimos que es. O como algunos han señalado irónicamente: la ganancia de uno es la perdición de otro. La basura de una persona es el tesoro de otra. Los mayores valores de una cultura son las ideas rechazadas y descartadas de otra.

Hay gran poder en esto, aunque puede no ser evidente de inmediato. El poder contenido aquí es el poder de separarnos a nosotros mismos de la apariencia de las formas externas y volvernos hacia adentro para crear *nuestra propia experiencia de ellas.*

Es difícil creerlo, pero hay algunas personas que de verdad disfrutan las espinacas hervidas. No, es cierto. Realmente he visto a gente comer esas cosas, ¡y pedir más! Al parecer experimentan algo en ese tenedor que yo no. *¿Y qué tiene que ver eso…?* Tiene que ver con nuestra capacidad individual para catalogar nuestra experiencia colectiva como nos convenga para catalogarla individualmente.

La lluvia del sábado es sólo la lluvia del sábado. Es un acontecimiento objetivo. Es algo que está ocurriendo. Es "lo que sucede", como diría mi amigo Eckhart Tolle. Lo que piensas de la lluvia —y por tanto, cómo la experimentas— es cosa tuya.

Ahora bien, hay un poder aún mayor aquí de lo que podría ser inmediatamente evidente. Porque cuando estamos en posición de experimentar y crear nuestra realidad interna de cualquier circunstancia externa en la forma en que deseamos, comenzamos a generar una enorme cantidad de energía interna que, *cuando se proyecta en nuestro mundo exterior,* empieza a impactar ese mundo en tal forma que la realidad exterior se vuelve un reflejo cada vez más cercano de la experiencia interior del maestro espiritual.

Si no guardamos animosidad hacia o negatividad acerca de cualquier persona, lugar o acontecimiento externo, la energía que proyectamos en la persona, lugar o acontecimiento externo comienza a *transformar* a esa persona, lugar o acontecimiento. Y si un número suficiente de nosotros quitamos la animosidad y la negatividad de nuestra experiencia interior de los acontecimientos exteriores, por medio de la reunión de nuestras expresiones individuales empezamos a producir un impacto colaborativo en la propia creación grupal. Se ha señalado que de esta manera una persona puede cambiar el mundo.

Así ha llegado a ocurrir que personas como la Madre Teresa y Martin Luther King Jr., Lech Walesa y Gloria Steinem, Harvey Milk y tú y yo hemos tenido más efecto sobre la realidad colectiva de lo que cualquiera de nosotros pudiera haber imaginado.

Nos incluí a ti y a mí en ese grupo de personas ampliamente reconocidas porque la única diferencia entre ellos y nosotros es que ellos estaban conscientes de lo que hacían mientras lo hacían, mientras que muchos de nosotros no lo estamos.

Mucha gente no tiene idea de lo que está haciendo. Admito que yo mismo me encontré en ese grupo muchas veces. Pero sé ahora que la manera en que voy por el mundo está impactando y cambiando el mundo que me rodea. No siempre comprendí esto. Ciertamente no a escala amplia. No sabía que la manera en que elegía asimilar internamente las manifestaciones exteriores de la vida afectaba esas manifestaciones exteriores.

Mucha gente —tal vez la mayoría— cree que no tiene control sobre esas manifestaciones, y que su única respuesta es reaccionar a ellas. Pero tenemos el poder para no sólo reaccionar sino para crear nuestras respuestas. Y esto es lo que se quiere decir con "Tú eres el creador de tu propia realidad".

## TU PODER ES MAYOR DE LO QUE CREES

No te confundas acerca de esto. El poder de un individuo para modificar el colectivo conocido como humanidad no tiene límite. Y dondequiera que dos o más se reúnen, ese poder se incrementa exponencialmente. No en una progresión 1–2–3–4, sino en una progresión 2–4–8–16–32.

Si crees que el sol calienta el papel al caer a plomo sobre él al mediodía, observa lo que pasa cuando pones una lupa entre el sol y el papel. Si quieres prenderle fuego al mundo, elige magnificar los más elevados pensamientos que Dios irradia sobre nosotros.

No encontrarás esos pensamientos más elevados en tu Mente, sino en tu Alma. ¿Por qué no en la Mente? Si escuchas a tu Mente, encontrarás pensamientos de sobrevivencia y lo que se necesita para ello, pensamientos de miedo y lo que se requiere para aplacarlo, pensamientos de poder y lo que implica expresarlo, pensamientos de ira y lo que conlleva liberarla, pensamientos de amenaza y lo que se precisa para evitarla. No encontrarás ninguno de estos pensamientos en tu Alma.

He dicho antes en mis escritos y explicaré aquí nuevamente que tu Mente es el almacén de la experiencia de esta vida. Tu alma, por otra parte, es el almacén de tu conocimiento eterno. Tu Mente sólo puede responder a lo que observa que ocurre a partir de lo que cree que ocurre. Tu Alma responde a lo que ocurre a partir de lo que *sabe* que ocurre. Tu Alma sabe lo que ocurre porque se ha involucrado en forma colaborativa con otras Almas en la creación de lo que ocurre. A tu Mente no le parece que esto sea lo que está pasando, así que a veces lo que te dice no tiene nada que ver con los sucesos en cuestión. Sólo creemos que así es.

Aun si lo que ocurre en el exterior aparenta ser algo que te pueda resultar dañino o capaz de lastimarte, o perjudicial en cualquier forma, tu Alma sabe que ésta es una mera evaluación hecha por la Mente a partir de su extraordinariamente limitada comprensión de quién eres y qué estás haciendo aquí. (Tu Mente piensa que tu Cuerpo es quien tú eres, y que lo que haces aquí es tratar de sobrevivir.)

El Alma sabe que incluso si la evaluación de la Mente y su predicción respecto de lo que ocurre resulta ser lo que podrías llamar "cierto" en cuanto a tu Cuerpo, tu Alma aún no ha sido lastimada, dañada o afectada en ninguna forma, porque eso es imposible dada la totalidad de quien eres, y no se permitiría que sucediera dado que eso es lo que esta totalidad está haciendo aquí.

Por tanto, para ser el creador de tu propia realidad interna en el nivel más alto, la vida te invita a crear a partir del conocimiento de tu Alma y no desde la experiencia de tu Mente.

Estamos, de hecho, creando nuestra propia realidad. Pero el proceso no es tan simple como las palabras parecerían indicar. No se trata simplemente de generar un auto nuevo a la entrada o diamantes en tu cuello o una radiante bicicleta nueva al lado de la puerta (todo lo cual fue tristemente usado como demostraciones de tu "poder" personal creativo en la película *El secreto*). No, el Poder de Creación Personal se trata de generar un reluciente Tú nuevo. No se trata de adquirir u obtener cosas, se trata de expresar y experimentar cosas. De hecho, la cosa *más alta* que podrías expresar y experimentar. Se trata de expresar y experimentar a la Divinidad.

Una y otra vez se nos da este mensaje en las Conversaciones con Dios. Una y otra vez aparece en las páginas de este mismo libro. El mensaje espera que lo adoptes. O puedes seguir viviendo tu vida exactamente como lo has hecho en el pasado, La elección es tuya.

## APLICAR ESTE MENSAJE A LA VIDA DIARIA

No quiero hacer que suene ni por un momento que todo esto es muy fácil, que todo esto es muy sencillo, que todo esto es como hacer rodar un tronco, que "no tiene mayor dificultad". Te mentiría si te dijera que ésa fue mi experiencia, y no quiero sugerir de ninguna manera que será la tuya. Esto es desafiante. Y es desafiante porque transforma.

Y sin embargo, después de un rato, se vuelve más fácil. Santos y sabios y gurús de todas nuestras tradiciones de sabiduría nos lo han dicho. El proceso de transformación personal se hace fácil a medida que avanzamos. Pero quiero en este punto parafrasear una maravillosa expresión de John F. Kennedy en su discurso inaugural:

"Nada de esto estará terminado en los primeros cien días. Tampoco en los primeros mil días, quizás ni siquiera en nuestra vida en este planeta. *Pero empecemos*".

Cómo empezar se vuelve la cuestión. Éstas son unas cuantas humildes sugerencias de alguien que acaba de empezar el verdadero trabajo él mismo:

- En el instante en que cualquier cosa que ocurre en tu vida comienza a molestarte o te hace preocuparte o te lleva a la angustia mental o la perturbación emocional, observa lo que hace tu mente con la información que ha estado recibiendo. Entonces, *cambia tu mentalidad al respecto*. Puedes hacerlo. Es simplemente un asunto de que la Mente domine a la materia. Instruye a tu Mente a repasar su pensamiento más elevado, en lugar del más bajo. (Este proceso se explica maravillosamente en el libro *El cambio está en ti*.)

- Practica al menos tres veces al día invitar a tu Mente a acceder al conocimiento del Alma. Esto puede hacerse en cualquier número de formas, y ésta es una que yo empleo: pregunta a tu alma si sabe algo en absoluto acerca de lo que tu Cuerpo y Mente ahora están encontrando. Pregunta a tu Alma: "Si tienes algún conocimiento que pueda ampliar sobre la experiencia a partir de la cual mi Mente se basa para extraer su conclusión, ¿cuál sería?" En otras palabras, ¡simplemente pregunta a tu Alma! Así es como comenzaron mis conversaciones con Dios. No sabía en ese momento que lo estaba haciendo, pero así es como empezó la experiencia entera. Mi Alma es mi vínculo directo con Dios. Así, mi diálogo con Dios comenzó con el proceso que Byron Katie llama Indagación. Pregunta a tu Alma qué es cierto acerca de lo que piensas en cuanto a lo que ocurre. Tu alma te dirá la verdad. Siempre.

• Sabe que la entrada al Alma se abre muy fácilmente, pero primero la Mente debe aceptar llamar a esa puerta. Sin esa aceptación, la Mente intentará bloquear todo. Y no, no puedes acceder al Alma tratando de evitar a la Mente. Es imposible apagar la Mente, pero no es imposible redirigirla. En *La tormenta antes de la calma* hay una descripción de cómo utilizar la mente. El capítulo de interés se encuentra en www.TheWaytotheSoul.net.

• Elige en cada momento que puedes conseguir hacer de la vida una experiencia de creación y no de reacción. Cuando surja en tu vida algo que no sea bienvenido, no te preguntes "¿Qué significa esto?". Pregúntate: "¿Qué *quiero* que esto signifique? ¿Qué *elijo* que esto signifique? ¿Qué pretendía que esto significara?" Después, no busques en tu Mente las respuestas. Dale *tú* las respuestas a tu *Mente*. Esto se llama "hacerse a la idea". La mayoría de la gente deja que su Mente les diga *qué* pensar. Los maestros le dicen a su Mente qué pensar.

• En cuando menos tres lugares donde la veas a menudo, pega una nota adhesiva que diga: "Nada tiene ningún significado excepto el que yo le dé". Tal vez podrías ponerlo en el armario o el espejo del tocador, o quizá en el tablero del auto, o en los tres lugares. Conozco a un hombre que de hecho tenía una pulsera con estas palabras grabadas. Cuando la vida lo ponía en un momento o circunstancia en que estaba tentado a sentirse confundido, observaba surgir de su interior el sentimiento, se estiraba y tocaba con la mano derecha la pulsera en su muñeca izquierda, dejaba que la energía del mensaje allí grabado fluyera por su cuerpo, y casi instantáneamente pasaba a un lugar de mayor paz.

- Date permiso de entender qué estamos haciendo aquí, para tener claro el propósito de la vida y la oportunidad que nos presenta nuestra experiencia cotidiana. Si ya lo es para ti, verás como una bendición cada acontecimiento que se presente, sin importar lo que sea. En esos momentos te acercarás a la completud del viaje de tu Alma. Puedes alcanzar la completud más de una vez en la vida. Ésa es la belleza y la maravilla y la gloria de la Completud. Nunca podrás, y nunca querrás, "completar por completo" este proceso. En lugar de ello, querrás experimentar estar Completo una y otra y otra vez. Es por eso que la vida se "descubre" como es.

- Escribe en un lugar aparte lo que he estado diciendo aquí, que es que debido a que el Maestro entiende esto, la experiencia interna de su realidad externa comienza a afectar y a re-crear esa realidad exterior, de modo que ciertas experiencias y encuentros negativos en el mundo exterior empiezan a tener un impacto más débil y se reducen en su frecuencia, desapareciendo en última instancia.

Alguien me describió una vez de la manera más extraña. "Caminas como si llevaras un alegre pajarito en el hombro", me dijeron. No estoy seguro de que fuera un cumplido. Creo que era tal vez una mezcla de leve molestia y envidia. Y creo que la persona que lo dijo creía que yo era afortunado de tener esa naturaleza, que era una consecuencia de mi cuna privilegiada, o simplemente un regalo de la genética. No se daba cuenta de que yo también tenía parte en haber alimentado eso.

Todos somos los creadores de nuestra propia realidad. ¿No deberíamos poner un alegre pajarito en nuestro hombro?

## 19

Algo que me ha ayudado a mantener a ese pajarito volando a mi lado, bailando a mi alrededor y saltando en mi hombro a la menor oportunidad, es el hecho de que estoy profundamente consciente de que hay una sola emoción verdadera, una sola experiencia verdadera y una sola identidad verdadera.

No me refiero sólo a mi identidad sino a la identidad de Dios, y para el caso, a la identidad de todo en la Tierra, todo lo que hay en los cielos y en todo nuestro universo.

Llámame un optimista absurdo, pero siempre he sentido desde los primeros momentos de mi vida que la vida misma estaba de mi lado. No veía la vida como si estuviera en mi contra sino como si estuviera componiéndome. Varias veces cuando joven recibí el consejo de que me "compusiera". Tomaba esto como que debía "ordenarme". Conforme pasaba mi vida, empecé a tomarme esto literalmente. Veía mi vida como una sinfonía, cada minuto era un movimiento en esa pieza musical, y yo iba componiéndola mientras. Y con cada año que pasaba me convencía más y más de que la vida no estaba en mi contra sino que me componía. Se une a mí en el proceso de "disponerla conforme a mis deseos".

Nunca se me ocurrió que la vida estuviera en mi contra. No podía imaginarme alguna razón por la que pudiera estarlo. Me imaginaba que vivía en un universo amigable. Ahora admito que mucho de esto puede haberse debido al hecho de que crecí en una familia maravillosa con un entorno espléndido y experiencias felices dondequiera que volteara.

Mi madre se quedaba en casa y de hecho se ponía a jugar con mi hermano y conmigo y nuestros juguetes, nos preparaba sándwiches de crema de cacahuate y mermelada para almorzar, y su vida entera parecía estar consagrada a mi hermano, a mí y a mi padre. Mi padre trabajaba duro, nunca faltó un día a la oficina, "traía el pan a casa", nos protegía e interpretaba el rol apropiado para un padre en la década de los cincuenta. Llegó a ser líder de nuestra tropa de Boy Scouts, nos llevó a pescar a Canadá, nos enseñó a usar un hacha para derribar un árbol en el patio, y jugaba *softball* con nosotros. (¡De hecho, Mamá jugaba *softball* con nosotros también! Por lo regular éramos mi mamá y yo contra mi papá y mi hermano.)

Si crees que esto parece un escenario salido de una comedia televisiva de los cincuenta con Jane Wyman y Robert Young, tienes razón. Como expliqué antes en esta narrativa, no tuvimos mucho dinero —nos habrían definido como clase media baja—, pero no nos faltó nada que pareciera realmente importante que tuviéramos, y sobre todo el amor de nuestros padres, su atención, su obvia dedicación, y su presencia en nuestras vidas de manera amplia y significativa.

No cualquiera en este planeta puede hablar de su niñez en esta forma, y tengo claro que soy muy afortunado de poder hacerlo. Y esta situación, sin duda, tiene mucho que ver con que creciera con una actitud tan positiva en cuanto a la vida. La vida *estaba* de mi lado hasta donde podía ver, hasta donde podía decir, hasta donde sabía.

Así que les debo un enorme agradecimiento a mis padres y tengo una enorme deuda de gratitud con Dios por ponerme en un ambiente así, por ponerme en un espacio tan bendecido, por darme una oportunidad tan gloriosa de experimentar el Mejor Lado de la vida tan temprano en mi viaje sobre la Tierra.

Habiendo dicho eso, una infancia dulce y amorosa no garantiza que alguien crezca con una actitud positiva. Más de una persona ha tenido precisamente la misma clase de educación, sólo para entrar a la adultez con una sensación de *merecimiento*. Y cuando no consiguen aquello a lo que sienten que tienen derecho, se vuelven ansiosos, molestos y negativos. Al final esto puede volverse amargura e ira, y una sensación de largo plazo de que la vida pudo haber estado de nuestro lado al comienzo pero desde entonces se ha puesto en nuestra contra.

Por mi parte, muy pronto en mi vida adulta vi que el camino sería más complicado fuera de ese contenedor seguro donde pasé mi niñez. Las dificultades para encontrar trabajo, ganarse la vida, mantener mi vida romántica y en los demás campos de mis encuentros cotidianos eran sin duda muy diferentes de mi experiencia en la calle Mitchell en Milwaukee, Wisconsin, donde todo estaba bien todo el tiempo, o ciertamente parecía estarlo.

Y mientras entraba más a fondo en mi experiencia adulta, pasando los 30 y los 40 años, empecé a darme cuenta de lo duro que debieron trabajar mis padres creando para mí un entorno tan maravilloso. Pero con todo y lo difícil y emocionalmente desafiante que comenzó a ser mi propia vida, de alguna forma nunca perdí mi pensamiento temprano, nunca descarté mi suposición inicial de que al final todo resultaría bien siempre, todo estaría bien, no había de qué preocuparse y la vida estaba de mi lado.

Y vaya que justo así es como estaba siendo. Entonces, en un tris, recibí la oportunidad de ver el otro lado de la vida.

## Un dolor en el cuello

Como muchos de ustedes están conscientes si conocen mi historia, un día manejaba por el camino cuando un anciano caballero chocó conmigo, causando un accidente en el que me fracturé la séptima vértebra cervical.

No fue algo bueno.

Para ponerlo dentro de este contexto (y garantizar que sepas que no exagero), veamos lo que la enciclopedia dice acerca de un acontecimiento semejante:

> Una fractura cervical, comúnmente llamada cuello roto, es una fractura catastrófica de cualquiera de las siete vértebras cervicales del cuello. Ejemplos de causas comunes en los seres humanos son choques de tránsito y zambullirse en aguas poco profundas. El movimiento anormal de los huesos del cuello o las piezas de hueso puede causar una lesión a la médula espinal, resultante en pérdida de la sensación, parálisis o la muerte.

Increíblemente, escape a cualquiera de los tres. Al parecer mi cuello se fracturó en el lugar preciso para evitar estas consecuencias. No pude, sin embargo, evitar dos años y medio de rehabilitación.

Era incapaz de levantar siquiera un litro de leche con el brazo extendido, anduve con un collarín inmovilizador durante dos años, incapaz de quitármelo por la mínima razón, ni siquiera para bañarme, ya no digamos para dormir en las noches. Mi cuello debía estar inmóvil. Y si crees que eso no limitaría de forma radical tus posibilidades en la vida, piénsalo dos veces.

Con todo, seguía vivo y no podía quejarme. Excepto porque no podía trabajar para vivir, a la otra seguradora le tomó más de dos años pagarme porque trataban de negociar conmigo para reducir el pago, y yo no tenía ingresos de ninguna clase, tan sólo apoyos gubernamentales (cupones para comprar alimentos, ayuda por incapacidad, etc.) que se acababan antes de que pudiera recibir algún ingreso.

Para no hacer largo el cuento, acabé viviendo en la calle. Afuera, al aire libre, con sólo una tienda como refugio y sin medio de transporte. (No creerás esto, pero robaron mi auto a semanas del accidente. Dios, parecía, iba a mostrarme que la vida *no era* siempre un lecho de rosas, que algunas personas lo pasaban peor que otras y que yo sería una de esas personas a partir de entonces.)

Terminé viviendo en un parque para gente sin hogar, una franja de terreno abierto que otros vagabundos habían invadido. Cada uno de nosotros tenía su propio pequeño campamento o espacio. Algunos sólo poseíamos refugios o guaridas improvisadas; otros éramos bastante afortunados como para contar con una tienda para mantenernos al menos a cubierto del clima. Yo estaba en el segundo grupo, pero todo lo que tenía además de la tienda eran dos pares de *jeans,* tres camisas, un par de zapatos y una estufa de acampar con un par de sartenes y ollas. Me sentía como en una prolongada acampada que terminaría muy pronto. ¿Cuánto podría tomarme encontrar un simple trabajo en cualquier parte, aun con un collarín terapéutico en el cuello?

No podía haber adivinado que la respuesta sería: un año menos dos semanas.

Nadie quería contratar a alguien que era una reclamación de seguro de desempleo con pies. Luego de 36 semanas encontré un trabajo de fin de semana en una pequeña estación de radio que me aportó 400 dólares al mes, lo cual, preciso decirte, es una fortuna para alguien que vive en la calle. Podía comer de nuevo sin hurgar en los basureros en busca de botellas de refresco y latas de cerveza para cambiarlas por el dinero correspondiente a su depósito, esperando que fuera suficiente para comprar una bolsa de papas a la francesa.

Irónicamente, fue después de que dejé la calle, renté una pequeña buhardilla detrás de la lujosa casa de alguien y entré a un empleo de tiempo completo en otra estación de radio local, que me percaté de que había regresado a un mundo enormemente falto de significado.

Trabajaba diez y doce y a veces catorce horas al día, llevando a casa dinero suficiente apenas para salir adelante, y trataba de reconstruir mi vida a la edad de 50 años. Puedo recordar gritarme a mí mismo mentalmente: "Medio siglo en el planeta, ¿y *esto* es todo lo que puedo presumir?"

No podía hallar ningún propósito en lo que hacía aparte de la simple sobrevivencia. Claro, tenía alguna pequeña alegría de cuando en cuando: ir al cine una que otra vez, poner un cedé que me gustara, tal vez incluso hacer el amor con alguna nueva amiga dispuesta una vez al mes si tenía suerte. ¿Pero se suponía que eso era todo? ¿Ésa iba a ser mi vida? ¿Debía empezar de nuevo después de medio siglo, subiendo la escalera *otra vez*? No, gracias. Muchas gracias, pero yo lo creía así.

Y fue durante este deprimente "regreso" que tuve mi primera conversación con Dios, que aparece palabra por palabra en los libros publicados desde entonces. Y luego Hollywood hizo una película del drama completo.

Esa rápida descripción de una experiencia de varios años es mi manera de decirte que, sí, hay un alegre pajarito en mi hombro... y en el hombro de todos nosotros. Porque después de todo encontré una manera de volver a la así llamada "vida normal"... y después crear la vida de mis sueños.

Y, habiendo dicho eso, quiero que sepas que comprendo, dadas las extremadamente desafiantes y difíciles circunstancias que mucha gente enfrenta (muy a menudo sin que sea su culpa), que tal vez no lo ven de esta manera. Sé esto ahora no sólo conceptualmente sino por *experiencia*.

Pero es mi propia, difícil y desafiante experiencia de vida la que me autoriza a compartir contigo ahora lo que entiendo con profundidad al respecto...

¿Oh, de verdad? ¿Acaso los accidentes de auto y los cuellos rotos y un año en la calle no cuentan? ¿O, aun menos verosímil, son todos demostraciones del amor de Dios?

Así que el amor es todo cuanto existe, ¿eh? ¿Entonces cómo explicas mi experiencia? Es cierto que lo tuve bastante fácil del nacimiento hasta los 19 y no fue gran cosa incluso en términos de consecuencias horribles o retos complicados de los 20 a los 50. Una vida bastante buena, hasta que ese anciano caballero decidió sin razón aparente estrellarse contra mí.

Por supuesto, tuve mis retos en las relaciones, creando sucesos de vida que me dejaron a mí a otros sintiéndonos tristes y decepcionados, y a veces de plano enojados con el otro. Pero podía manejarlo. Claro, tenía altibajos en mi carrera. Pero podía manejarlos también. Y sí, unos cuantos retos de salud en el camino, pero nada que no pudiera manejar.

Todo esto entraba con facilidad en el marco de una vida relativamente normal. No hubo catástrofes importantes, sólo lo normal que enfrenta tanta gente de una manera u otra.

Ah, pero ahora aparece una situación que me pone *en la calle,* a vivir la gran pesadilla humana. Mi relación estaba rota, así que no había lugar allí para mí. No quería volver con mi padre o mi familia de origen porque sentía vergüenza, y de verdad creía que estaría mejor en unas cuantas semanas.

Así que ahí estaba sentado con mi orgullo y mis bolsillos vacíos en el sitio para gente sin hogar, mendigando centavos en la calle para sobrevivir cada día. ¿De eso se trata el amor de Dios? ¿La vida está de mi parte? ¿El amor es todo cuanto existe?

*Claro.*

Sólo en retrospectiva he sido capaz de decir que ésa fue una de las cosas más amorosas que la vida pudo haber hecho por mí; que el amor viene en infinidad de formas y tamaños y de muchas maneras diferentes.

Aprendí más en un solo año de recorrer las aceras pidiendo a la gente que ayudara a alguien que pasaba por una mala racha, adquirí más conocimiento sobre la naturaleza humana y más conciencia de quién soy en realidad en el centro de mi ser, de lo que posiblemente pude haber logrado en cualquier otra condición o circunstancia.

Fue la Universidad de la Calle. Fue lo que mi padre habría llamado "una educación liberal". No lo recomiendo, te prevengo, pero sin duda estoy agradecido por ello.

De haber tenido aunque fuera una pizca de sentido de "merecimiento" como resultado de mi dorada infancia, o si hubiera desarrollado un mínimo de complacencia en cuanto al flujo de la bondad de la vida hacia mí, todo eso habría desaparecido rápidamente. En su lugar llegó una nueva apreciación de cuán dura puede ser esta experiencia llamada Vida, así como una nueva comprensión, una nueva conciencia, una nueva expresión, una nueva experiencia de quien soy realmente, de lo que se trata de verdad la vida y de por qué estamos todos aquí en forma física.

Aprendí que mi tiempo sobre la Tierra no tenía nada que ver con lo que estaba acumulando en la vida. No se trataba de éxito personal o logros o poder o riqueza. De hecho, aprendí que la vida no tenía relación con *nada* que yo pensara de qué se trataba la vida.

Esto producía dos efectos interesantes: primero, me quitaba el suelo debajo de los pies, dejándome tambaleante y luchando por conservar el equilibrio. Luego, creaba una plataforma sobre la cual podía permanecer más estable que sobre la alfombra de mi incomprensión. Sabía que nunca tendría que preocuparme nuevamente por caer, porque esta plataforma nunca desaparecería debajo de mí. Era la plataforma de mi Verdadera Identidad, de mi Auténtico Propósito, de mi Unidad con la Vida y con Dios.

## El espejo de la Divinidad

De seguro no soy la primera persona en encontrar una experiencia que piensa, mientras da con ella, que era la peor cosa que podía pasarle, sólo para descubrir meses o años después que fue lo *mejor* que pudo haberle ocurrido.

Cuando esto pasó en mi experiencia, sin embargo, cambió todo para mí. Personalmente encontré la fascinante proposición de que era posible que *todas* las cosas que suceden en la vida son para nuestro máximo beneficio, aun si no tenemos claro de qué beneficio puede tratarse.

Fue mientras exploraba esta idea que contemplé por primera vez la posibilidad más grande de que estuviera, en efecto, embarcado en un Viaje del Alma que nada tenía que ver con mi Cuerpo y Mente excepto en la medida en que estos eran herramientas, aparatos, *vehículos* con los cuales emprender ese viaje, y alcanzar lo que el Alma se hubiera fijado alcanzar a lo largo del camino.

Mis conversaciones con Dios me convencieron de que yo era un ser *eterno* en un viaje *eterno,* involucrándome gozosa y osadamente en un proceso que vagamente podría llamarse "evolución". Es decir, el proceso de *llegar a ser.*

¿Y llegar a ser qué? Llegar a ser la siguiente mayor expresión de quien era realmente: Aquel Que Es Divino. La vida es Dios descubriéndose a Sí Mismo como Sí Mismo, en momentos de conciencia cada vez mayor.

¿Te has visto alguna vez en un espejo, dándote cuenta de algo acerca de ti mismo que siempre estuvo allí, pero que de pronto lo viste como si fuera la primera vez? Y si fue algo positivo, ¿no se te asomó una sonrisa a la cara?

Di la verdad. ¿Te has mirado a ti mismo en el espejo y con un parpadeo te diste cuenta, "Oye, sabes, no me veo tan mal. Y soy un ser humano simpático y agradable. ¡Me gusto!"...?

Si has tenido esa experiencia, puedes haber tenido esta otra: niegas tu propia belleza y bondad, diciéndote a ti mismo, "Bueno, éste debe ser para mí un buen día. Mi cabello se portó bien. Y nadie me conoció tal como soy".

Con todo, el punto es que tenemos la capacidad de volvernos conscientes de nosotros mismos, y apreciar aquello de lo que nos hemos vuelto conscientes. No nos *volvimos* atractivos de pronto. No nos convertimos en personas simpáticas y agradables de un momento a otro. Siempre lo fuimos. Pero de pronto nos volvimos conscientes de eso, aun si de inmediato lo negamos o le restamos importancia.

Sin duda estás entre aquellos que han experimentado momentos en los que reconociste tu propia compasión, tu propia paciencia, tu propia comprensión profunda, tu propia sabiduría y tu propio yo verdaderamente amoroso. Sin duda has tenido momentos, como yo, cuando te apartaste de ti mismo y te apreciaste por medio de una conciencia más profunda de ti. Ésta es una experiencia humana deliciosa, maravillosa y gloriosa y muy especial. Sin duda la has tenido cuando menos una vez.

*Esto es lo que Dios experimenta todo el tiempo.*

A diferencia de nosotros, Dios no niega entonces lo que Dios es, sino que se *deleita* en la experiencia. ¿Y cómo crea Dios esta experiencia? *Por medio de nosotros,* y de toda otra expresión de la vida en lo físico, todo ello magnífico, todo ello maravilloso, todo ello incomprensiblemente majestuoso, complejo y hermoso.

Todo ello Divino. Todo ello, Amor expresado.


EL MENSAJE MÁS INESPERADO DE DIOS


Y ahora quiero compartir algo muy raro que Dios me dijo. Advertencia: perecerá más que raro en un principio. Parecerá radical. Tendrás que bucear al nivel más profundo de comprensión para "escucharlo" de verdad. Pero es algo que tu Alma desea que escuches, porque te dará una espléndida visión nueva de la vida y de los demás *en* tu vida.

He dicho que Dios es Amor. He dicho que el Amor es todo cuanto hay. Bueno, entonces, ¿qué pasa con el miedo? ¿Qué pasa con la ira? ¿Qué pasa con el odio? ¿Qué pasa con el mal? ¿Y con la violencia y las muertes? ¡Sin duda, esto no puede ser una expresión de Amor! *Pero lo es.* Y éste es el mensaje más raro, el más impactante, el más inesperado en la serie Conversaciones con Dios: Toda expresión de la Vida es una expresión de Amor.

Si no amaras algo, no podrías odiar nada más. Si no amaras algo con desesperación, no podrías siquiera empezar a pensar en emplear medidas desesperadas, como la violencia o la muerte, como medios para obtenerlo, conservarlo o protegerlo. Si no amaras algo intensamente, no podrías enfurecerte por no tenerlo o por haberte sido arrebatado.

Los ladrones actúan por amor. Aman tanto algo que desesperadamente desean obtenerlo, y no conocen otra forma de conseguirlo, por lo que lo roban.

Lo mismo es cierto acerca de la gente que comete otras acciones que llamamos "delitos". Incluso los delitos más terribles. Violación. Asesinato. Todos son actos de amor. Actos profundamente distorsionados, por supuesto. Actos por completo inaceptables, sin duda. Ni yo, ni la sociedad, ni las explicaciones. Son inexcusables, pero *comprensibles.* Y en consecuencia, *entendidos* de una nueva manera.

Nadie hace nada que no sea un acto de amor, a pesar de lo distorsionado e inaceptable de su expresión. Si no amaran algo, simplemente no habrían hecho lo que hicieron. Esto es algo que Dios comprende por completo.

Dios nos ve como niños pequeños, sin la madurez emocional y espiritual para entender verdaderamente o preocuparnos por el impacto y las consecuencias de nuestras acciones. Y un pequeñísimo porcentaje de nosotros hace cosas desagradables más allá de cualquier medida, totalmente inaceptables, y por completo imperdonables desde un punto de vista humano.

Se necesitaría ser un santo para perdonar algunas de las cosas que ciertas personas han hecho. O tal vez un Dios que es tan santo que el perdón no resulta necesario. El mensaje aquí no es que todas las cosas son disculpables desde el punto de vista de Dios sino que, por difícil que sea para nosotros aceptarlo, todas las cosas surgen de una sola energía en el universo que en nuestro lenguaje llamamos Amor, y de este modo resultan comprensibles. Y la comprensión reemplaza el perdón en la Mente Divina.

Incluso en tu mente sucede esto mismo. No tienes que "perdonar" a un bebé por llorar a las tres de la mañana, porque entiendes por qué lo hace. No tienes que "perdonar" a un niño pequeño por tirar el vaso de leche al tratar de alcanzar el pay, porque entiendes que es algo que le puede pasar a un niño. No tienes que perdonar siquiera a los adultos por ciertas cosas que hacen que pueden incomodar o causar dificultades, cuando entiendes por qué actuaron como actuaron.

*La comprensión reemplaza la necesidad del perdón.*

La única razón por la que podrías llamar a algo "imperdonable" es porque *no comprendes cómo alguien podría hacer una cosa semejante.*

Pero Dios sí lo entiende.

¿Lo ves? Todo es muy sencillo. Dios sí lo entiende.


## LAS DISTORSIONES DESAPARECERÁN

Ahora bien, la notable comprensión de que todas las acciones nacen del Amor crea un espacio dentro del cual al fin podemos entender plenamente cómo pueden ocurrir ciertas cosas, llevándonos a la conciencia de que es mediante la distorsión extrema de la Energía Esencial que la gente hace lo que llamamos "cosas malas".

Se parece mucho a la energía nuclear. Esta fuerza extraordinariamente poderosa dentro de nuestro universo físico puede usarse de formas que son benéficas o no benéficas. El Amor es justamente similar. Es la energía más poderosa de todo el cosmos, físico y no físico, y puede generar lo que llamamos "bien" y lo que llamamos "mal".

Utilizada sin la distorsión de una mente retorcida o dañada, la Energía Esencial del universo es nuestra mejor amiga, y crea un entorno dentro del que vivimos y respiramos y somos, produciendo un ambiente que apuntala cada uno de nuestros deseos y genera perfectamente a cada instante las condiciones precisas necesarias para que completemos los planes de nuestra Alma.

¿Son las cosas que hacemos a los demás en este planeta las que a veces producen pensamientos torcidos y respuestas furiosas? Sí. ¿Es la propia bioquímica de la humanidad la que en ocasiones produce mentes dañadas desde el nacimiento mismo? Sí. ¿Son estas dos condiciones las que podrían producir en ciertos casos enfermedad mental de largo y corto plazo, y lo que incluso nuestro sistema legal entiende como "locura temporal" o "capacidad disminuida", y que por eso mismo nos declara *inocentes?* Sí.

Al crecer y evolucionar la humanidad, y con el aumento de su comprensión de todo el proceso por el que la vida se expresa, estas distorsiones serán menores y más espaciadas en su aparición. Primero, porque nuestra nueva comprensión nos hará comportarnos de forma notablemente diferente hacia los demás, haciendo desaparecer virtualmente cualquier maltrato y crueldad de cualquier clase. Segundo, porque el incremento en nuestra conciencia de los efectos de largo plazo de cada aspecto de la vida nos hará limpiar nuestro entorno, modificar lo que consumimos, cambiar otros de nuestros hábitos personales y modificar nuestro estilo de vida en formas que reducirán drásticamente y a la larga eliminarán cualquier desequilibrio bioquímico de nacimiento en nuestra especie.

En conjunto, estas modificaciones, como parte de nuestra evolución, producirán una nueva clase de ser humano. No sólo desaparecerán de nuestra experiencia colectiva las conductas delincuenciales evidentes, sino también otras obvias distorsiones de la Energía esencial. No son tan sólo los delitos que comete la humanidad, sino las muchas acciones *permitidas* de los seres humanos (hablarle de manera desagradable a un ser querido, ignorar lo que las personas cercanas tienen que decir o sus exigencias, traicionar a los compañeros de vida, etc.), que demuestran a diario que simplemente no hemos aprendido a amar a los demás.

La Energía Esencial *es* el Amor, y la vida nos llama a expresarla, sólo en su forma más pura, en nosotros, a través de nosotros, y personificada en nosotros a cada momento. Cuando evolucionemos al punto de entender y adoptar esto, nuestra especie tendrá muy claro que crear un sistema económico donde 5% de la población mundial posee o controla 95% de la riqueza y los recursos del planeta simplemente no es una expresión de amor por la humanidad en su conjunto. Entenderemos que un proceso político basado en el absolutismo despiadado, el abuso verbal, la marginación y la satanización no es de ninguna manera una expresión de amor. Veremos que dejar morir de hambre a seiscientos niños cada hora no es una expresión de amor. Veremos que crear una sociedad donde "el ganador se lleva todo", una cultura donde "el vencedor hace las leyes", no es una expresión de amor. Veremos que crear y fomentar una ciudadanía de segunda clase para las personas de religiones, nacionalidades, razas o preferencias sexuales específicas no es una expresión de amor.

## LA INVITACIÓN PRESENTE DE LA VIDA

Aunque claramente aún no estamos allí, he encontrado que es posible vivir una vida individual sabiendo que la Energía Esencial omnipresente —Dios en su forma más elevada— está a mi alcance en todo momento. Éste es el "pajarito" que algunas personas dicen que tengo en el hombro. Y la razón de que me tomara un momento para contarte aquí —aunque ya la hayas escuchado antes— es parte de mi historia que quería que supieras que no te hablo como alguien que ha pasado su vida en la cumbre, sino como alguien que ha conocido la devastación de perderlo todo y vivir una vida de completo abandono por parte de la sociedad, luchando por sobrevivir no sólo mes tras mes o semana tras semana, sino día a día y hora tras hora en un mundo frío y húmedo, ventoso y tormentoso sin un refugio cálido, sin la garantía de un próximo bocado para comer y sin nadie para sostener tu mano, darte un abrazo y caminar a tu lado mientras pasas por todo ello.

Recordamos que el Amor es todo cuanto existe cuando permitimos que cada momento de la vida sea una manifestación de esto, dejando que únicamente el Amor fluya a través de nosotros hacia cada persona en cada situación que presenta la vida. Esto es exactamente lo que hizo Nelson Mandela durante los más de 25 años que permaneció en prisión en Sudáfrica, para utilizar un ejemplo impresionante de los que los seres humanos son capaces. Se dice que sus carceleros lloraron cuando fue puesto en libertad. Habían perdido a su mejor amigo.

Y así la Vida nos invita a crear una nueva ética personal, una nueva expresión personal, una nueva experiencia personal. La Vida nos invita a convertirnos en una muestra ejemplar, viva y constante de la máxima verdad de la vida: el Amor es todo cuanto existe.

Todo lo que debemos hacer para dar pie a tal posibilidad, a tal manifestación, a tan extraordinaria expresión, es invitar a nuestra Mente a pasar a un lugar de comprensión profunda del "porqué" detrás del "qué" de los sucesos humanos.

Cuando entendemos por qué roba el ladrón, por qué amenaza el terrorista, por qué engaña el adúltero, por qué mata el asesino, damos un paso gigantesco hacia el lugar donde reside la Divinidad.

Con la comprensión no sólo se hace innecesario el perdón, sino alcanzamos también un notable nivel de conciencia que nos permite decir: "Cuando sabemos más, actuamos mejor", en las maravillosas palabras de Maya Angelou.

Hasta saber más, haré lo mejor que pueda. Y comenzaré por amar a cada persona, lugar y cosa que encuentre, comprendiendo que fue puesto en el espacio de mi vida para que pudiera expresar y experimentar mi Verdadera Identidad, y que si puedo hacerlo así sin distorsión, alcanzaré al fin el lugar de la realización personal, descubriendo que éste ha sido, después de todo, el mi propósito de mi vida entera.

### APLICAR ESTE MENSAJE A LA VIDA DIARIA

Tan desafiante como puede ser, es posible para los seres humanos comunes elevarse a los niveles de comprensión y conciencia que he descrito aquí. Nelson Mandela lo hizo, la Madre Teresa lo hizo, y muchas otras personas comunes también. Así que nosotros también podemos hacerlo, igualmente. Comenzamos con pequeñas cosas. Damos pasos de bebé. Y llegamos adonde queremos ir con avances pequeños que al final resultan en grandes progresos. Éstas son algunas pequeñas ideas que podrían ayudarte en el camino:

* Expresa el amor en todo lo que te rodea al amarte primero a ti mismo. Advierte las cosas que tú misma haces que la sociedad en que vives no considera del todo aceptables o absolutamente maravillosas. ¿Has mentido? ¿Has engañado a alguien? ¿Has lastimado a otras personas? ¿Has visto por ti mismo antes y dejado a los demás en segundo plano algunas veces en tu vida, para luego sentirte culpable al ver los efectos de lo que hiciste? ¿Te has mostrado con menor valía a la que sabes que tienes más a menudo de lo que desearías? Si eres como yo, la respuesta es sí. Pero si eres como yo, también accederás a un lugar de comprensión y amor a ti mismo, y te permitirás hacer lo necesario para saber más y luego actuar mejor.

- Habiendo hallado una forma de entenderte y amarte, aun a través de tus peores conductas, observa si hay personas a tu alrededor a las que puedas dar ese mismo regalo. La ironía de muchas vidas es que a menudo nos es posible hacer ese regalo a los demás más fácilmente que a nosotros mismos. Pero si podemos aprender a otorgárnoslo en primer lugar, encontramos que resulta más factible e inmensamente más natural ofrecer ese regalo a otros.

- Ahora mismo, piensa en tres personas en tu vida a quienes podrías hacer este regalo. Comienza en el corazón humano. Comienza en tu interior, donde haces ese regalo en silencio al principio. Después puedes mencionarlo en voz alta en una comunicación abierta y solidaria, compasiva y amorosa con la otra persona. Hazlo esta semana con las tres personas en las que pensaste antes.

- Al entrar en tu experiencia diaria y enfrentarte a los encuentros habituales de tu vida, hazte esta pregunta: *¿Qué haría en este momento el Amor?* Esta pregunta me ha resultado extraordinariamente motivadora y profundamente energizante. La utilizo todo el tiempo. Y recuerda que hablamos tanto del amor a ti mismo como del amor a los demás. Ambos no se excluyen mutuamente. Eso es lo más importante que he llegado a entender en mi vida. Amarme y amar a alguien más al mismo tiempo es posible. Así que asegúrate de hacerlo, y no sientas que tienes que sacrificar uno por el otro.

- Cuando veas a una persona comportarse en una forma que no parece ser "amorosa" según nuestros conceptos habituales, pregúntate (y pregúntale a esa persona, si surge la oportunidad) qué es lo que ama tanto que siente que la única manera de expresarlo es mediante el amor distorsionado. Observa si la respuesta a esta pregunta te lleva a un nuevo nivel de comprensión.

- Establece la próxima vez que dejes tu casa por cualquier razón, que en realidad no sales a llevar a cabo cualquier tarea o asumir alguna función específica, sino que simplemente te estás proporcionando una excusa para expresar y compartir tu amor con el mundo. Haz que esta sea la razón precisa de que pases tiempo haciendo cualquier cosa. Imagina que todo lo que haces estaba previsto para que fuera una manera de amar. Observa si esto cambia de alguna forma cómo pasas el día y cómo te sientes cuando ejecutas tareas habituales.

- Por último, elige contar con el hecho de que el amor puede llegar *a* ti tanto como puede fluir *a través* de ti. Ve si puedes encontrar una forma de acceder a un lugar donde simplemente sabes que la Vida y Dios quieren sólo lo mejor para ti, y buscan de cualquier forma que el amor fluya hacia ti. Llega a contar con ello. Permítete confiar en ello. Ponte en posición de asegurar que esto es lo que ocurrirá. Encontrarás, si te pareces a mí de alguna manera, que el poder de ese pensamiento positivo puede cambiar tu vida.

# 20

Comenzamos ahora a entrar en algunos de los conocimientos y explicaciones más esotéricos con respecto a la vida que nos ofrecen los diálogos de las Conversaciones con Dios. Y nada es más abstracto que...

> **MENSAJE CLAVE DE LAS CONVERSACIONES CON DIOS #11**
>
> No existen el Espacio y el Tiempo, sólo el Aquí y el Ahora.

Lo que CCD nos dice es que el espacio y el tiempo —o lo que el fantástico futurista Gene Roddenberry bautizó como el continuo espacio-tiempo— es puramente un producto de nuestra imaginación. Es una construcción de la mente humana. Es una forma creada por nuestra especie de organizar el entorno en que nos encontramos para poder darle algún sentido, dada nuestra limitada pero siempre creciente comprensión y, lo más importante, una manera de hacer que sirva a nuestro propósito.

Yo veo un futuro en el que nuestra especie hará aún más grande su conciencia amplia y agrandará su conciencia para incluir la posibilidad de vivir dentro de un marco donde se entienda claramente que Espacio y Tiempo son realidades fabricadas, simples construcciones perceptivas que nos permiten experimentar el Siempre Aquí/Por Siempre Ahora en una forma que nos dé más oportunidades de las que podríamos suponer para conocer y experimentar a nuestra Divinidad.

Al discutir conceptos como Espacio y Tiempo —y en especial al discutir la *ausencia* de esas limitantes y condicionantes expresiones de vida— es necesario hacer a un lado la incredulidad y salir de nuestra zona de confort, yendo más allá de los territorios donde la Mente viaja con más facilidad.

De entenderse que la Mente guarda sólo la información que ha reunido desde el momento en que se activó su mecanismo biológico, entre la concepción y el nacimiento. El Alma, por otro lado, es el almacén de conciencia total y completa y el conocimiento entero de la eternidad.

Cuando la Mente comienza a acceder y a absorber la vasta y muy distinta información que guarda el Alma, lo que guarda y lo que ha entendido, sus creaciones y construcciones, comienzan a derrumbarse. Nos encontramos metidos en exploraciones esotéricas que no encuentran soporte en la razón o la lógica o en cualquier evidencia en absoluto. En una discusión así, la conjetura sustituye a la conclusión, las posibilidades reemplazan a las probabilidades, las ficciones ocupan el lugar de los hechos. De modo que es dentro de ese marco que procedemos aquí.

## La naturaleza de las cosas

He sido llevado a entender que la totalidad de la Realidad Última puede conceptualizarse como existente en tres formas: el Reino de lo Espiritual, el Reino de lo Físico y el Reino del Puro Ser. Todas estas tres expresiones de vida existen de manera simultánea y siempre en una misma "ubicación". Ésa es otra manera de decir que en la Realidad Última siempre es Aquí y ahora. Además, en la Realidad Última todo lo que hay es Amor.

La vida física se basa en una ilusión por medio de la cual separamos lo inseparable —al menos en nuestras mentes—, permitiendo así que Aquello Que es Todo sea observable y experimentable en las partes que lo conforman. Se *planeó* que se experimentara de esa manera, para que el Todo pudiera expresarse plenamente.

Permíteme emplear una metáfora para desmenuzar un tanto esa idea.

Piensa en la belleza de la nieve recién caída sobre una colina al amanecer. El sol destella sobre la fresca blancura azul, creando una vista arrebatadora de contemplar, pero asombrosa *sólo por lo asombroso de aquello que abarca,* sólo a causa de la belleza arrebatadora de sus partes individuales.

Esto se evidencia claramente cuando reunimos un poco de esa nieve, separamos cada copo uno del otro, y los miramos bajo un aumento de alta intensidad y experimentamos su maravillosa belleza.

Lo que evita que esos copos de nieve se derritan al instante sobre la colina es el hecho de que son uno con la nieve. Ellos *son* la nieve. La nieve no es algo aparte, la nieve es *la suma total* de ellos. Es la falta de separación con respecto de los demás copos lo que permite que los copos conformen y sustenten el todo.

La nieve es la nieve es la nieve, y es magnífica en su totalidad. Es aún más grandiosa en las partes que la conforman. Pero uno debe conocer la belleza y la maravilla de las partes agregadas para experimentar esto.

*Eso es exactamente lo que Dios hace con nosotros.*

### Tú no eres menos que un copo de nieve

Lo que hace que Dios en su conjunto sea *experimentable* como Dios son las partes agregadas individuales y diversas de Dios, cada una de las cuales es tan magnífica como el Todo, y todo lo cual *crea* la magnificencia que emana el Todo.

No te sientas tentado a emplear tu poderosa imaginación para pensar que de alguna manera eres menos en comparación con Dios de lo que lo es un copo comparado con una montaña de nieve. Todo lo que vemos a nuestro alrededor es *exactamente como es la vida*. Irónicamente, pensamos que así es la vida con respecto a copos que forman la nieve, gotas que forman el océano, estrellas que forman la bóveda celeste, y que todo lo demás forma a Dios... excepto *nosotros*.

Ahora es momento de abandonar eso. Ahora es momento de declarar que *todo* en la vida es una expresión de la Divinidad, no todo *sino tú*. Sí, tú eres una individualización de Dios, e individualización no es separación.

La ilusión de Espacio y Tiempo es lo que hace posible nuestra individualización. Y la ausencia de Espacio y Tiempo en la Realidad Última es lo que permite que las Almas puras como la nieve de Dios permanezcan "sin fundirse" por siempre.

La separación de Todo lo Que Es en sus partes individuales es simplemente un proceso por el que Todo lo Que Es se permite mirarse a Sí Mismo y experimentarse en la maravilla agregada de su Totalidad, mediante el empleo del Espacio y el Tiempo.

Ahora bien, podría parecer que la idea de que no existen el Espacio y el Tiempo no tiene aplicación práctica en tu vida cotidiana, pero puede ser verdad justo lo contrario. Mi verdad es que para vivir en este universo nuestro al estilo de *Alicia en el País de las Maravillas*, es útil y necesario concebir las cosas como existentes en el Espacio y el Tiempo. Aunque saber que ambas son una ilusión puede ser metafórica y metafísicamente útil en varias formas.

Primero, no pongamos demasiada energía negativa en el paso del tiempo; permitámonos mejor saber que existimos en el Por Siempre. El apremio que el concepto del tiempo limitado pone en nuestras vidas puede así quitarse de nuestro pensamiento y nuestra experiencia. Nos volvemos más pacíficos, más tranquilos, más centrados, más relajados, y por tanto más capaces de crear en nuestra realidad individualmente experimentada la clase de tranquilidad y serenidad duraderas que anhelamos.

Igualmente, el conocimiento esotérico de que en realidad no hay espacio sino sólo un Aquí nos permite considerar los espacios ficticios en los que entramos, y de los que salimos, todos como el mismo lugar. Es decir, el Reino de Dios. O si lo prefieres, el Cielo. Ésta no es una consideración poco importante.

## CONVERTIR EL "INFIERNO" EN "CIELO"

El conocimiento de que cada lugar es el mismo lugar me ha sido tremendamente útil cuando me he encontrado en ubicaciones físicas que por una u otra razón juzgué desagradables o nada acogedoras. En esos lugares he intentado llevar la bendición de una comprensión más profunda de la Realidad Última a mi noción presente de lo que tengo frente a mí. Y —de cierta forma extraña y fascinante— esa mayor comprensión a menudo modifica y transforma mi experiencia presente de la "ubicación" en que me encuentro. Dicho de otro modo, mi experiencia interior comienza a teñir mi experiencia exterior. Me comienza a agradar el sitio donde estoy, *dondequiera* que sea. Me comienza a gustar lo que estoy haciendo, *lo que sea* esto. Me comienza a agradar con quien esté, *quienquiera* que sea.

Tengo la idea de que éste es el camino que todos los Maestros recorren a lo largo de la vida. No es que de alguna manera afirme que yo soy uno de esos Maestros, sino que estoy estudiando las formas en que se sabe que ellos pasaron por su experiencia diaria.

En el capítulo anterior puse el ejemplo de Nelson Mandela, acerca del cual puedes averiguar más con una rápida búsqueda en internet si no sabes quién es. Descubrirás por qué representa un ejemplo tan impactante de este nivel de maestría.

El señor Mandela pasó más de un cuarto de siglo en una prisión por el "delito" de desear que su pueblo fuera libre. Pero convirtió este espacio en una ubicación del todo aceptable al percatarse de que no importaba dónde estuviera, el espacio se convertía en lo que él hiciera de ello. Se dio cuenta de que en realidad sólo hay un espacio que simplemente exhibe diferentes características, y que esas características no son nada más que como las llamemos.

Esta clase de conocimientos esotéricos nos retan y nos invitan a considerar como el Paraíso cualquier espacio o tiempo que estemos ocupando, y a *convertirlo en eso* por nuestro modo de percibirlo y experimentarlo. Y, de nuevo, quiero señalar que es nuestra experiencia interior lo que afecta la realidad exterior donde nos encontramos, no al revés.

La manera particular del señor Mandela de llevar su encarcelamiento modificó todo el entorno exterior en el que estaba situado involuntariamente. Sus guardias se volvieron sus amigos. Crecieron en su admiración por él, e incluso llegaron a amarlo. Pedían su consejo en asuntos de la vida en el "exterior" y él se los daba voluntaria, feliz e incluso alegremente, comprendiendo que estaba *donde* estaba, en ese *cuándo,* para ser exactamente *quien* era.

Lo mismo es verdad para todos nosotros, sin importar dónde estemos o qué momento sea. Y *ésa* es la herramienta para la vida aplicable y práctica que nos da el Mensaje clave #11.

## APLICAR ESTE MENSAJE A LA VIDA DIARIA

Tan apartadas como puedan estar nuestra realidad presente de la idea que estamos discutiendo aquí, éstas son algunas formas en que puedes aplicarla a tus encuentros diarios. Intenta éstas:

- Mira a tu alrededor ahora mismo. Deja todo lo que estés haciendo, deja incluso este libro, y mira a tu alrededor. Decide que donde te encuentras ahora mismo es el Cielo, y que las cosas no podrían ser mejores si así lo quisieras. Nota que todo es perfecto tal como es. Ve que todo está a tu favor magníficamente al proporcionarte una oportunidad de anunciar y declarar, de expresar y experimentar, de volverte y consumar Quien Eres en Realidad.

- La próxima vez que te encuentres en un espacio que no te parezca del todo agradable, usa tu imaginación. Sólo decide que, también, puede ser un pequeño rincón del cielo. Di que está bien tal como es, sin importar cómo sea. Y luego mira y siente y toca y huele y experimenta plenamente la maravilla y la gloria de ese entorno particular. Observa cómo el espacio en que te encuentras se transforma justo frente a tus ojos.

- Una manera interesante de hacer esto es decidir si preferirías estar donde estás, tan poco agradable como pueda parecer, o si preferirías estar muerto. (Sé que lo "muerto" no existe, pero uso la ficción como metáfora para hacer funcionar este experimento.) He hecho esto de verdad. De hecho me he encontrado en espacios que no me eran por completo agradables, pero cuando me pregunté si prefería estar allí o ya no estar entre los vivos, de pronto todo a mi alrededor ya no sólo me pareció aceptable sino preferible.

- Ahora bien, es justificable que algunos digan, "No, yo preferiría estar muerto". Y eso, también, es una elección. Está bien hacer esa elección en tu Mente. Está bien quedarte en tu energía negativa acerca de cualquier cosa que estés experimentando en cualquier espacio determinado. No hay Bien o Mal en cuanto a esto. Aquí no hay reglas. Todo es sólo lo que es. Es sólo lo que creaste que fuera. Pero advierte cómo se enriquece tu vida en el momento en que decides. que cualquier espacio donde te encuentres es perfecto tal como es.

- Ahora nota cómo funciona el tiempo en tu vida. Advierte que algunos momentos parecen estirarse y otros parecen acortarse. Observa con atención por qué a menudo tienes esta experiencia. ¿Cuáles son los momentos que pasan más rápidamente y cuáles parecen alargarse sin fin? Mira a ambos y pregúntate qué punto de vista o estado de ánimo o estado del ser estás inyectando en un momento particular que le da la cualidad de extenderse o acortarse. Sólo mira esto con más atención. Nótalo. Luego busca si te dice algo acerca de ti mismo. Oh, y que sea agradable el "tiempo" que pases haciendo esto.

## 21

Para mucha gente no hay nada más poderoso en su impacto emocional, psicológico o espiritual que la contemplación de su propia muerte. La idea de que de alguna manera un día no seremos parte de la vida, de que la vida seguirá adelante sin nosotros como si nunca hubiéramos estado aquí, puede sacudir la mente y estremecer la psique en lo más profundo.

Si somos simplemente criaturas biológicas que viven y después mueren, sin mayor existencia en modo alguno, se nos escapan la razón y el propósito de la vida. Simplemente no comprendemos. ¿Por qué molestarse en hacer cualquier cosa de alguna manera particular si no tiene consecuencias más allá de nuestra muerte? ¿Deberían ser suficientes las consecuencias en esta vida para motivarnos? ¿Por qué molestarse siquiera en vivir, para el caso, si nuestra vida se ha vuelto nada más una serie de difíciles y retadoras e incluso trágicas experiencias? ¿Por qué molestarse en pasar por el dolor? ¿Por qué molestarse en vivir la agitación?

Hay, debe tenerse en cuenta, muchas personas que creen que el prospecto de que nada exista o suceda después de la muerte puede por sí mismo proporcionar suficiente motivación para la vida, dándonos un sentido de que es un "momento de ahora o nunca", de que lo que hagamos aquí es todo lo que tendremos oportunidad de hacer, todo lo que tendremos oportunidad de experimentar, así que es mejor que lo hagamos y lo experimentemos ahora.

Alguien observó una vez con tristeza que nada hace a una persona más eficiente que el Último Minuto. Trasladado a los términos de una vida, esa observación podría decir: Nada hace cada momento en la vida de una persona más significativo que la noción de que No Hay Nada Después de Esta Vida.

De modo que la idea y el concepto de la confrontación de la humanidad con la muerte han traído aparejada una fascinación doble desde el comienzo de la experiencia de nuestra especie sobre la Tierra. Eso no es nada nuevo y ya lo sabes. Pero ésta es tal vez una nueva ampliación de ideas sobre este antiguo tópico...

MENSAJE CLAVE DE LAS CONVERSACIONES CON DIOS #10

No existe la muerte. Lo que llamas "muerte" es tan sólo un proceso de Re-Identificación.

Lo que puede ser nuevo es la segunda mitad de ese mensaje. Nadie me dijo nada antes acerca de la "Re-Identificación". En breve estudiaremos lo que eso significa.

La primera parte del mensaje la hemos escuchado de múltiples fuentes durante muchos, muchos años. Virtualmente cada religión sobre la faz de la Tierra proclama que la vida continúa más allá del final de la existencia del Cuerpo y la Mente. Aun antes —de hecho, *mucho* antes— de las religiones organizadas, nuestra especie desarrolló nociones y pensamientos e ideas acerca de esto que hemos llegado a llamar "muerte" y muchos de esos pensamientos incluían la expectativa de que nuestras personalidades de algún modo permanecieran intactas después de nuestro deceso, y que la vida continuara de alguna manera misteriosa por razones desconocidas, aunque incontestables.

Algunos entre nosotros han dicho que estas ideas no son nada más que los anhelos y pretensiones y deseos de nuestra especie de no creer que simplemente dejamos de existir a cualquier nivel cuando nuestra Mente deja de funcionar a cualquier nivel.

La vida después de la Muerte no es más que una ilusión, dicen estas personas, y lo mejor que podemos hacer por nosotros mismos es simplemente sacarnos esa idea de la cabeza y seguir con nuestras vidas como si esto fuera en realidad todo lo que hay, dejando que sea suficiente.

Pero la mayor parte de la gente sobre el planeta durante el mayor número de años que hemos existido sobre la Tierra ha defendido la idea de que hay algo más aquí que sólo nuestra vida física. Y ahora vienen las Conversaciones con Dios a confirmar ese conocimiento.

## LAS PREGUNTAS QUE SURGEN

No me sorprendí cuando Dios me dijo que la muerte no existe, me *sorprendí* cuando me contó sobre el *proceso* de la muerte, y a lo que ese proceso equivalía en realidad.

Aunque, como he mencionado, nadie había definido antes a la muerte como un proceso de Re-Identificación, cuando recibí esas palabras me pareció que tenía perfecto sentido.

Dios me había dicho previamente que todos vivimos un caso de identidad equivocada. No sabemos quiénes somos realmente. La mayoría de la gente no tiene la conciencia o la experiencia de que todos somos Dios de manera individualizada. A muchos les gusta pensar (o esperan) que somos, cuando menos, seres espirituales (lo que algunos llaman "almas") creados *por* Dios, quien vive más allá de la vida física. Pero si ésa es nuestra verdadera identidad, encontramos otras preguntas que genera esa idea.

¿*Por qué* la vida continúa? ¿Cuál es el propósito de su continuación? ¿Cuál es el propósito, también, de nuestra vida física, para empezar? ¿Qué ocurre después de la muerte, y cuál es la relación entre lo que pasa en la vida y lo que pasa luego de nuestra experiencia física? ¿De verdad tenemos más de una experiencia física, o es un mito la reencarnación? Si tenemos más de una, ¿cuál es el punto de ello? Si tenemos sólo una, ¿cuál es su propósito?

¿De verdad somos habitantes de un Universo de Recompensas y Castigos, donde los "buenos" reciben reconocimiento y los "malos" reciben condenación? Si es así, ¿quién decide qué es "bueno" y qué es "malo"? ¿Y cuál es la naturaleza de la "recompensa" y el "castigo"?

Todas estas preocupaciones son lo que cualquier religión de la humanidad busca responder, por supuesto. Si sentimos que las responden a nuestra satisfacción, nos hacemos miembros de esa religión específica. Nuestras preocupaciones, preguntas y temores han sido satisfechos y podemos hacer a un lado el asunto, al menos por un tiempo, y seguir adelante con nuestras vidas. Lo que creemos que pasa *después* de nuestras vidas *tendrá*, sin embargo, un dramático impacto en *cómo* vivimos nuestras vidas. Esto no es, por tanto, una cuestión menor.


## AL FIN, EL TÉRMINO DE NUESTROS DILEMAS

Si creemos que Dios nos castigará con la condenación eterna porque nos hicimos miembros de la religión equivocada, temblaremos por siempre en nuestros zapatos preguntándonos si hicimos la elección correcta, desesperados por saber si seremos dignos a los ojos de nuestra Deidad o seremos enviados al infierno.

Si imaginamos que ciertos comportamientos son "abominaciones" a los ojos del Señor, temblaremos de miedo aunque luchemos arduamente con nuestra inexplicable atracción hacia pensamientos y acciones calificadas de "corruptas" o "inmorales".

Si creemos que debemos "pagar por nuestros pecados", cualquier cosa que sea lo que imaginemos que son, nos acercaremos al final de nuestros días con ansiedad y aprensión, consternación e incluso pánico, preguntándose si sería peor lo que podría ocurrirnos que por lo que ya hemos pasado en esta vida.

Las religiones, por supuesto, han buscado resolver estos dilemas. No parecen haber tenido éxito. Nuestros dilemas han continuado.

Ahora viene una nueva teología llamada Conversaciones con Dios, que concuerda con las viejas teologías en sus declaraciones de que la muerte no existe, pero difiere en prácticamente todo lo demás de lo que las viejas teologías tienen que decir acerca de lo que ocurre después de que morimos (y, para el caso, lo que dicen acerca del significado, el propósito y la función de la vida *antes* de morir).

La cosmología de las Conversaciones con Dios pone fin a nuestros dilemas, dándonos respuestas que al fin tienen sentido. El último libro de la serie de nueve, *En casa con Dios: una vida que nunca termina,* describe la experiencia del Alma después de la muerte con gran detalle. No dice nada de juicio, condenación y castigo. A lo largo de la teología de las Conversaciones con Dios se ha hecho el trabajo previo para llegar a esta falta de ira o retribución o necesidad de "justicia" de parte de la Deidad. Ya hemos hablado bastante de ello aquí.

Esta teología asegura que no hay separación entre nosotros y Dios, que Dios y nosotros somos Uno. Así, vemos que si Dios nos castigara, se castigaría a Sí Mismo. Tal cosa no puede tener sentido, y de esta manera, para hacer posibles el juicio, la condenación y el castigo, las religiones establecidas deben rechazar sin más la noción de que Dios y nosotros somos Uno. No tienen otra opción.

Pero si adoptamos el mensaje de que Dios y todos los elementos de la vida (y eso nos incluye a nosotros) son Uno, la definición de muerte como un simple y maravilloso proceso de Re-Identificación pone todo en su sitio, dando respuesta a nuestras preguntas acerca del fin de la vida, poniendo fin a nuestros temores al respecto, sofocando nuestra agitación por ello y permitiéndonos Descansar En Paz no sólo después de morir sino mientras nos acercamos a la muerte (lo que hacemos, por supuesto, cada día).

## Lo que pasa después de la muerte

Las Conversaciones con Dios nos dicen que en los momentos que siguen al final de este encuentro físico, llegamos al fin a entender, experimentar y expresar plenamente nuestra unidad con lo Divino, Lo que se termina es la ilusión de nuestra separación de Dios, no la vida.

Hemos llegado a casa.

Una vez que estamos en casa de nuevo, nos unimos a otros miembros de nuestra familia espiritual, dándonos cuenta al mismo tiempo de que en realidad sólo hay un Único Miembro de esta familia, y que estamos todos unidos en esa Sagrada Membresía. Nos hacemos miembros una vez más. De forma bastante literal, hacemos una re-membranza. Nos alegramos de ver a todas las demás formas de "nosotros", y nos hace aún más felices saber algo que siempre sentimos y esperamos que fuera verdad acerca de quienes amamos profundamente: que nunca hemos estado separados en ningún momento de ninguno de ellos.

Y así nos identificamos con quienes realmente somos, por fin y sin ninguna equivocación, sin dudas ni preguntas. La experiencia de nuestra Unidad es total y completa, aun cuando la experiencia de nuestra individualización como una expresión particular de la Unidad se experimenta más gloriosamente que nunca.

Vivimos en la Divina Dicotomía, experimentando simultáneamente nuestra individualización y nuestra reunificación. Es como que tu mano izquierda estrechara tu derecha. Es como que tus brazos te dieran un gran abrazo, un abrazo fuerte, y que en ese abrazo te dieras cuenta de que estás abrazando a todas las demás expresiones de la vida, y que todo en la vida te abraza a ti también, con enorme amor.

En este Divino y glorioso momento de realización personal, todo ama a todo y todos aman a todos y todo cuanto hay es amor, lo que ha sido la verdad desde el comienzo mismo. No hay juicio, no hay condena, no hay castigo. No hay necesidad de estas primitivas respuestas y reacciones bárbaras de parte de una Deidad que es todo, tiene todo, crea todo, experimenta todo, expresa todo, sabe todo, entiende todo, incluye todo, y no quiere ni necesita ni exige nada en absoluto.

## EL PARAÍSO SOBRE EL PLANETA

Todo lo que resta en la evolución de nuestra especie es que nosotros pongamos en práctica, en los momentos cotidianos de nuestra vida física sobre la Tierra, la misma conciencia, la misma comprensión, la misma experiencia que alcanzamos después de la muerte. Entonces habremos creado el cielo en la Tierra.

Tenemos la capacidad de hacer esto. Se nos ha prometido que tenemos esa capacidad. No tenemos que esperar a "morir" para saber cómo vivir. Todo lo que tenemos que hacer es recordar, reconocer y manifestar Quiénes Somos en Realidad ahora mismo. Es tan simple como eso. Pero esto nos obligaría a adoptar toda una nueva teología, una nueva clase de espiritualidad, la identidad distinta que surge de ello, y un Dios aún más maravilloso.

El mensaje de Dios para el mundo —"Me han entendido mal"— adquiere mayor importancia que nunca si la raza humana aún debe estudiar o investigar, ya no digamos aceptar y adoptar esa nueva teología.

¿Nos atrevemos a imaginar que algo así es posible? ¿Podemos de hecho haber cometido un error respecto a Dios? ¿Es siquiera concebible que Dios nos ame sin reserva, por siempre y eternamente, que nunca nos ha separado de Sí Mismo, y nunca lo hará? ¿Y podría ser realmente un pecado tener la idea de un Dios que nos ama tanto, que ama la vida de manera tan completa, que ama la expresión de la Divinidad de forma tan absoluta?

## APLICAR ESTE MENSAJE A LA VIDA DIARIA

Se dice que cuando ya no tememos a la muerte, ya no tememos a la vida. He encontrado que esto es cierto. Éstas son algunas ideas que podrían ser de ayuda como formas en que puedes aplicar el Mensaje clave #10 en tu vida:

- Simula que te han dicho que vas a morir el mes próximo. Sólo finge que esto es verdad. Escribe entonces una lista de cosas que harás a partir de esta información. Este instrumento inspiró una película titulada *Antes de partir*. Procura que tu lista sea realista y realizable conforme a tus circunstancias de vida, pero haz que cada punto sea importante para ti. Asegúrate de incluir todo lo que siempre quisiste decir a todos los que quisiste decírselo. Revisa la lista, y haz todo lo que incluye.

- Ahora haz una lista de cosas que quisieras hacer aun si *no fueras* a morir pero que temes hacer debido a otras consecuencias que crees que podrían ocurrir en tu vida. Pregúntate qué pasaría si esas consecuencias *de hecho* derivaran de lo que quieres hacer. Considera qué haría falta para salir y hacer de cualquier modo lo que quieres. Decide entonces hacerlas. Luego hazlas *de verdad*.

- Hazte la promesa de leer cuando menos tres biografías de personas que hayan logrado cosas importantes en su vida, luego observa qué cualidad o cualidades manifestaron al conseguirlo. Ahora convoca, alimenta y expresa esas mismas cualidades en tu propia vida en el siguiente nivel más alto.

- Haz un diario de "Me detuve". (En serio. Llámalo así y hazlo de ese modo.) Al final de cada día, escribe un párrafo o dos acerca de cosas que te detuviste de hacer ese día y que realmente querías hacer, y la razón por la que te refrenaste de hacerlas. Si no hay nada que caiga dentro de esa categoría en un día cualquiera, felicítate y escribe en cambio un párrafo o dos sobre lo más importante que lograrás mañana.

Al mirar atrás a la sala de espejos que llenan los corredores de nuestro sistema de creencias, vemos que un conocimiento que hemos tenido acerca de la vida y su funcionamiento conduce a otro, que a su vez conduce a un tercero, el cual genera un cuarto, y éste genera más y más y más, y por último, la totalidad de nuestros mayores conocimientos, que podríamos llamar nuestra cosmología o nuestra teología.

En la teología de las Conversaciones con Dios vemos que esta concatenación también está presente. Y así no es tan sorprendente que la noción de que la muerte no existe y, más importante aún, que la muerte es sólo un proceso de Re-Identificación, surge de un Mensaje clave previo, específicamente...

> MENSAJE CLAVE DE LAS CONVERSACIONES CON DIOS #9
>
> No existe el infierno, y tampoco la condenación eterna.

Esta idea particular no requiere una gran cantidad de explicación adicional. El mensaje habla por sí mismo. Pero sus ramificaciones, implicaciones e inferencias contienen muchos matices que nos sería provechoso estudiar.

Si no existe el infierno, podríamos preguntar, ¿dónde entra el sistema de justicia eterna? ¿Cuál es el "ajuste final"? ¿Y cuáles son las consecuencias de nuestras acciones durante la vida aquí en la Tierra?

Si no hay consecuencias por cualquier acción, elección o decisión particular, ¿cuál es el sentido de alguna de ellas? ¿Qué diferencia hace qué acciones, elecciones o decisiones tomemos? ¿Por qué no sólo hacemos todo y cualquier cosa que se nos antoje, independientemente de cómo o si daña a alguien?

¿Por qué molestarse en seguir cualquier clase de precepto moral o espiritual? ¿Y qué clase de Dios es aquel que no tiene sentido de justicia o moralidad o de bien y mal, sino que simplemente nos deja correr sin control, hacer lo que queramos? ¿Qué clase de padre educaría a un niño de esa manera? ¿Qué clase de Deidad crearía un universo semejante?

Ésas son muy buenas preguntas. Así que veamos que podría significar esta idea de la ausencia de infierno o condenación en términos de la Realidad Última en la que se nos dice nos encontramos.

### Mirar de nuevo el elemento contrastante

Las Conversaciones con Dios nos dicen que el propósito de la vida no es ser recompensado o castigado al final, sino que la vida se experimente a sí misma en interminable y siempre creciente maravilla y gloria. Es decir, el propósito de Dios al crear lo físico fue utilizarlo como instrumento por el cual la Divinidad pudiera conocerse a Sí Misma en la experiencia, y pudiera incrementar su conocimiento de esa experiencia sin término ni limitación.

Dicho de otro modo, Dios simplemente quiere expresarse a Sí Mismo en las incontables formas a su alcance, y expandir su experiencia de esas interminables expresiones en formas que produzcan más gloria y maravilla, más gozo y felicidad, más de lo que Dios en realidad es —amor— en toda forma concebible.

Con este deseo de parte de Dios, la idea de que Dios fuera malo con cualquiera de sus expresiones —por no hablar de condenarse a Sí Mismo y luego castigarse a Sí Mismo con torturas sin fin, dolor inagotable y condenación eterna— es absurda. La clave aquí es entender cómo eso que llamamos mal podría tener cabida. ¿Cómo podría cualquier cosa que no sea nuestra noción de un Dios maravilloso, glorioso, dichoso y amoroso manifestarse posiblemente en la realidad física, dado lo que entendemos que es el propósito último y la singular intención de Dios?

La respuesta radica en el hecho de que nada puede experimentarse en ausencia de su opuesto. Y éste es un punto señalado con frecuencia en la cosmología de las Conversaciones con Dios. De hecho, la has visto varias veces en esta narración.

La vida debe producir un elemento contrastante para que cualquier aspecto de Sí Misma pueda experimentarse. Y así, la Vida ha creado (en realidad, *es*) un Campo Contextual, dentro del cual todas las expresiones de Sí Misma se hacen posibles —y, de hecho, están teniendo lugar— siempre, simultánea, eternamente.

La Vida ha concebido un segundo aspecto de Sí Misma, que encontramos en sus Individualizaciones, que permite que esas Individualizaciones *experimenten* cuantas expresiones de la Vida sean posibles. Ese segundo aspecto es lo que nosotros, en términos humanos, podríamos llamar "amnesia selectiva".

Al limitar la cantidad de información que percibe conscientemente cada Individualización de la Vida (es decir, al infundir en las Formas de Vida físicas distintos niveles de *conciencia amplia*) se hace factible que el Todo pueda contemplar el Campo Contextual a través de perspectivas limitadas, y así tener experiencias de la Vida que no serían posibles si la Perspectiva Total de la Vida estuviera al alcance de cada individualización todo el tiempo.

Para explicar esto con más detalle...

Cuando pasamos del Reino Espiritual al Reino Físico como parte de nuestro viaje eterno y cíclico por la vida, nos sometemos a un proceso de fisicalización que involucra alojar nuestra

Conciencia amplia dentro de los limitados confines de la realidad colectiva dentro de la que hemos insertado nuestro Ser. Durante este proceso el nivel de conciencia dentro de nuestra Conciencia amplia se contrae para ajustarse al espacio en que es contenida.

Debe entenderse que la Conciencia amplia no es nada más que energía. Todo es energía. Tú. Yo. Todo. Todo lo que somos es energía. Todo lo que *es* es energía. Los pensamientos son energía. Las emociones son energía en movimiento. Las ideas, los conceptos, las percepciones, todo es energía.

También debe entenderse que toda energía impacta en otra energía. Es decir, que la energía de la vida está interconectada. Una energía afecta a la otra. Los físicos han encontrado una manera de describir este proceso interactivo en lo que respecta a la física cuántica al enunciar: "Nada que sea observado es dejado sin afectar por parte del observador". En otras palabras, el simple acto de observar algo tiene un efecto material sobre lo que se está viendo.

Dicho de otro modo, estamos creando lo que vemos por el modo en que lo vemos y el lugar desde el que lo observamos. Lo que tiene que ver esto con lo que llamo "amnesia selectiva" es que el paso de nuestra Ilimitada Conciencia amplia al entorno de lo físico produce un Limitado Punto de Vista de la Realidad Última. Este Limitado Punto de Vista reduce nuestra conciencia. Nuestra Conciencia amplia permanece ilimitada, pero nuestra conciencia de todo lo que nuestra Conciencia amplia sabe se reduce significativamente.

Esto es algo similar a ponerle anteojeras a un caballo.

Ponerle anteojeras a un caballo no afecta en nada la vista del caballo. Sólo limita la capacidad del caballo para *utilizar* su vista completamente. La conciencia del caballo resulta limitada en consecuencia. Está menos "consciente" de todo lo que lo rodea, de la realidad en la que existe. Esto no hace su entorno menos real, pero su falta de conciencia plena permite que una menor cantidad de él llegue a su experiencia. El caballo cree que lo que experimenta es la realidad que existe. Sólo cuando le quitas las anteojeras se da cuenta de que hay "más de lo que salta a la vista".

En los seres humanos, la Conciencia amplia es la vista del ser sagrado conocido como Tú. Es ilimitada y ve todo. Lo físico es la anteojera de la Conciencia amplia. Cuando le "pones" lo físico, es como ponerle las anteojeras al caballo. Limitas tu capacidad para ver todo lo que la Conciencia amplia es capaz de ver sin obstáculos. Tu conciencia se ve restringida. Eres menos "consciente" de todo lo que te rodea, de la realidad en la que existes. Esto no hace tu entorno menos real, pero tu falta de conciencia plena reduce tu experiencia de ello. Crees que lo que experimentas es la realidad de hecho. Sólo cuando te quitas las anteojeras te das cuenta de que hay "más de lo que salta a la vista" de la realidad en la que existes.

A diferencia del caballo, tú puedes hacer algo al respecto. Puedes quitarte las anteojeras aunque continúes tu viaje. Las "anteojeras" de lo físico pueden retirarse del todo, o un poco a la vez. En el segundo caso, vemos más y más gradualmente. En el primero, vemos todo de una sola vez.

En ocasiones vemos todo de golpe y entonces lo *dejamos de ver*. Esto puede ocurrir cuando ver todo de golpe nos causa un "shock psíquico", y también cuando voluntariamente volvemos a la "visión limitada" para poder hacer frente y manejar de manera más efectiva y moderada toda la información, la *ilimitada* información a nuestro alcance en nuestro momento de Conciencia Expandida.

Lo físico "comprime" nuestro campo de visión. Al comprimir nuestro Ser Ilimitado en el extremadamente restringido espacio de lo físico, cambiamos nuestro punto de vista de forma dramática, obstruyéndolo en el proceso. Obstruyéndolo en gran medida, podría añadir.

Nada de esto es accidental. Nada de esto es un error o una condición desafortunada de tener un cuerpo físico. Sencillamente es por diseño. Sin esta "compresión" de nuestro campo de visión, "veríamos" más de lo que nuestra Mente está equipada para procesar, o siquiera *desea procesar.*

Para darte otro ejemplo de lo que se dice aquí, usemos una experiencia común a los humanos, no a los caballos: una película de miedo.

Si conocieras cada escena de una "película de terror" antes de verla, porque tus amigos te hubieran contado todo acerca de ella (incluido exactamente cómo termina la historia), sería muy difícil que esa película te asustara. Si tu objetivo al ir a ver la película es experimentar la emoción y la euforia del miedo, el impacto y la sorpresa, le dirás a tus amigos: "¡Alto! ¡No me cuenten nada!". Aun cuando es *posible* que lo sepas, no *querrás* saber todo al respecto.

La vida a una escala más amplia no es demasiado diferente. Pero como en la Vida nuestra Alma ya conoce todo lo que ha pasado, está pasando ahora y pasará alguna vez, no hay manera de que le digamos a la Vida "¡No me cuentes nada!". Pero *podemos* decirle: "Ayúdame a olvidar lo que sé".

Esto es algo que la Vida (léase: Dios) está feliz de hacer. De este modo, como almas individualizadas se nos da el regalo de "olvidar" temporalmente quiénes somos en realidad para poder re-experimentar varios aspectos de quiénes somos en realidad que nos complace experimentar.

Para el alma, el aspecto más gozoso de nuestra Identidad Verdadera es que somos El Creador. Pero si queremos *experimentarnos* (y no simplemente *conocernos*) a nosotros mismos como un creador, tendríamos que *olvidar* que todo lo que alguna vez fue, es ahora y alguna vez será, *ya ha sido creado.* Sólo entonces sería posible el proceso que llamamos Creación y por tanto la experiencia de nuestro ser más elevado. En realidad nosotros no "creamos". Simplemente nos hacemos más conscientes de la "ya existencia" de algo.

De manera que vemos que los dos instrumentos divinos —el Campo Contextual y la Amnesia Temporal y Selectiva— son usados juntos para producir la experiencia de la Vida que ahora estás viviendo.

La parte maravillosa de esto es que no se nos exige tomar parte de ninguna manera en el aspecto considerado "negativo" de la realidad física que ha sido creado para formar el campo contextual dentro del cual podemos experimentar a nuestra Divinidad.

El aspecto considerado "negativo" del campo contextual simplemente existe como un referente. Es lo que los actores en el teatro llaman la "cuarta pared". Los actores se refieren rutinariamente a la separación invisible entre ellos y su público con este término. La pared trasera, por supuesto, es la pared del escenario. Las paredes laterales son los bastidores derecho e izquierdo. La cuarta pared es el muro inexistente. Es el espacio entre los actores y la audiencia. Esa pared no es real.

Lo que la audiencia mira desde su punto de vista mientras ve el escenario no es real. Todo es actuado. Y tanto la audiencia como los actores acuerdan fingir que hay una cuarta pared. La audiencia, por tanto, llega a experimentarse a sí misma como una "mosca en la pared", observando las vidas que tienen lugar sobre el escenario como si fueran reales, e imaginando que ellos como observadores no pueden ser vistos, aunque saben bastante bien que en la vida real los actores sin duda pueden ver a la audiencia, pero simplemente *fingen que no pueden*.

Esto es fingimiento dentro de un fingimiento. Los actores fingen que son alguien más, ¡y luego fingen que no pueden ver a la audiencia que los observa *ser* alguien más!

## TÚ PERTENECES A UNA COMPAÑÍA RESIDENTE

No es necesario para nosotros como almas adentrarnos *en* y hacer *real* cualquier negatividad o mal para poder usar la ilusión para crear un contexto dentro del cual pueda experimentarse la experiencia que verdaderamente buscamos (la que más deseemos para expresar la Divinidad).

Si entramos de lleno en la ilusión de la negatividad y el mal, es porque hemos elegido hacerlo, olvidando que el mal es simplemente un referente, e imaginando que no tenemos otra opción más que experimentarlo, e incluso en algunas formas expresarlo a través de nosotros, como nosotros. (En un momento explicaré cómo y por qué pasa que hacemos esto.)

Sin embargo, una vez dicho y hecho todo, es, fue y siempre será una ilusión, como lo es todo en nuestra vida física, y una vez más volveremos a saber esto.

Cuando la obra termina, el director no va donde el actor que interpretó al villano y lo pone en una celda detrás del escenario, negándole comida y agua y haciendo que lo torturen día y noche por el resto de su vida debido a que hizo una gran interpretación. Tampoco toma al héroe de la obra y lo planta en un paraíso, poniendo rosas a sus pies y chocolates en su boca, rodeándolo de música hermosa y de cualquier cosa que desee sólo porque su interpretación fue igualmente realista y poderosa. El director no hace esto con sus actores: simplemente los felicita por su actuación tan realista.

Pero hay algo inusual en cuanto a esta particular compañía de actores. Es una compañía residente. Y el lugar de su residencia es el cielo. Ahora bien, en las compañías residentes, como sabes tal vez, *los actores intercambian personajes,* asumiendo diferentes papeles obra tras obra.

El director puede asignar al actor que interpretó al villano en un libreto hacer al héroe en el siguiente, y el actor o actriz que encarnó al héroe o heroína en el primer espectáculo de la temporada a menudo termina como el villano en el segundo. Y así todos los actores hacen muchos papeles para que la ilusión pueda expresarse y experimentarse plenamente en formas que permitan a los abonados de la temporada que están observando, *experimentar dentro de sí mismos* las emociones generadas por la ilusión que presencian.

Ésta es una descripción bastante libre de lo que ocurre en la Tierra. Y nosotros somos los actores y la audiencia, y sí, incluso el director. El mal que vemos y el que experimentamos se siente muy real, pero es una ilusión, como lo es incluso la idea de que la muerte es el fin de nuestra vida. *Todo* ello es una ilusión, como muchos Maestros han comprendido y demostrado, Jesús entre ellos.

### Relacionar esto con la vida diaria

Ahora bien, vayamos a la explicación de la que te hablé hace un momento. Porque si nada de lo anterior puede relacionarse con la vida "sobre el terreno", justo donde te encuentras, no tendrá significado ni propósito ni provecho el que lo hayas leído. De modo que algo debe decirse acerca de la muerte sin sentido de niños inocentes a manos de un demente, o el desprecio despiadado por la vida humana de algunos que están más preocupados por su propia avaricia/interés personal. Experimentamos este sufrimiento como algo muy real. ¿Cómo encaja esto, y cómo debemos entender estas situaciones?

Ésas son preguntas válidas. Estas situaciones no parecen "la maravilla y la gloria de la vida" cuando nos enfrentamos a ellas. ¿No es precisamente en este momento que nos falla la "amnesia selectiva"?, podrías decir. Y sería perfectamente natural que cuestionaras a Dios por haber creado estas cosas y hacernos sufrir por medio de ellas.

Así que primero, tengamos claro que Dios no es una entidad separada que crea cosas. Toda clase de comportamiento creado dentro de la experiencia humana está siendo creado por seres humanos. "Dios" no es alguna criatura allá arriba en el cielo que crea horribles circunstancias humanas, imponiéndonoslas para luego mirar desde lo alto y observar cómo nos retorcemos para librarnos de ellas.

Los seres humanos actúan como actúan porque han escuchado, adoptado y vivido historias completas ("libretos", si lo prefieres) acerca de quiénes son, de quién es Dios y qué es la vida, que son completamente falsas. Estas historias no son parte del "Divino Olvido", ni parte de lo que aquí hemos llamado "amnesia selectiva", sino más bien nociones equivocadas que hemos transmitido de generación en generación y que van en contra de todo lo que los seres humanos *recuerdan* acerca de quiénes son, quién es Dios y cómo funciona la vida, pero que no obstante la humanidad ha rechazado como *demasiado bueno para ser verdad.*

Por ejemplo, la mayoría de nosotros sabemos, muy hondo en nuestros corazones, que Todos Somos Uno. Éste es un conocimiento instintivo, una codificación celular, una comprensión en la base de la columna que nos hace correr dentro del edificio en llamas para salvar al bebé. Nuestra supervivencia no es el tema en esos momentos. Quienes Somos y lo que Sabemos Que es Cierto se adueñan de casi cada ser humano.

La mayoría de nosotros sentimos esto profundamente, pero de manera interesante, lo ignoramos la mayor parte del tiempo. A no ser que veamos que alguien enfrenta una situación de crisis, los más creemos que nuestro instinto básico *es* la supervivencia.

Esto no tiene nada que ver con el olvido. La mayoría sabemos bastante bien que lo que es bueno para uno de nosotros es bueno para los demás, y que lo que no es bueno para uno no es bueno para el resto, que lo que hacemos por otro lo hacemos por nosotros mismos, y que lo que dejamos de hacer por alguien más lo dejamos de hacer por nosotros mismos, sabemos esto tan bien, de hecho, que *así es exactamente como nos comportamos con los que amamos.*

Así que nuestros comportamientos cotidianos no tienen nada que ver con la amnesia selectiva, tienen que ver con la *aplicación selectiva* de lo que ya sabemos que es verdad. Tienen que ver con la *renuncia selectiva* a nuestro verdadero instinto básico: la expresión de la Divinidad en nosotros, a través de nosotros, y como nosotros.

Sabemos bastante bien, en el centro de nuestro ser, que la "humanidad" es "divinidad" expresada. Por eso es que, cuando *vemos* a alguien más en situación de crisis y no hacemos nada al respecto, se dice que hemos *perdido nuestra humanidad.* La gente nos grita, "¿Es que no tienes *humanidad?*". Las personas nos ruegan, "Muestra algo de *humanidad,* amigo".

Entendemos bastante bien que la cualidad de "humanidad" de la que estamos hablando es una que atribuimos a la "divinidad". No hay confusión en cuanto a esto. Sabemos exactamente la cualidad del ser de la que estamos hablando.

Y así, la muerte sin sentido de niños inocentes a manos de un demente, o el desprecio despiadado por la vida humana de algunos más preocupados por su propia ambición/interés personal, y todas las demás peores situaciones de la vida humana, no son eventos y experiencias que "Dios" crea y con los que nos hace sufrir. Son cosas que nosotros creamos y sufrimos a causa de nuestro abyecto rechazo a *creer* la mayor y más grande realidad acerca de Quiénes Somos en Realidad, Quién y Qué es Dios en Realidad, y Cómo Funciona Realmente la Vida, y nuestra creencia en el "libreto" ficticio que hemos estado actuando en lugar de ello.

Nos hemos comportado como si la "obra" fuera real. Hemos interpretado nuestros papeles tan bien que hemos caído por el agujero del conejo, donde el Sombrerero Loco sirve té en una taza sin fondo, insistiendo en que lo que es "así" no es así y lo que "no es así" es así. Y creemos que Dios va a castigarnos con la condenación eterna porque nos hemos comportado como si la ilusión fuera real.

Pero la verdad es que no sabemos lo que hacemos. El nivel de nuestra conciencia amplia colectiva, aunque continúa expandiéndose, no ha alcanzado el punto en que la mayor cantidad de nosotros entendamos claramente Quiénes Somos, Por Qué Estamos Aquí y de lo que se trata la experiencia llamada Vida. Ni siquiera dejamos que una minoría proponga una idea diferente acerca de la Vida (por no hablar de una idea diferente acerca de Dios) sin que los marginemos como soñadores y lunáticos, o de plano condenándolos como blasfemos.

La verdad es que por *supuesto* que no existe el infierno. Por *supuesto* que no existe la condenación eterna. ¿Por qué habría de ser así? Todos estamos simplemente experimentando la vida dentro de un campo contextual que nos permite hacerlo.

Dios desea conocerse a Sí Mismo en la experiencia en su más grande y magnífica expresión, y desea que aumentes tu conciencia de esa expresión, utilizando todas las posibilidades contenidas en la extensión ilimitada que es la Divinidad Misma.

### ¿Qué historia deseas creer?

Ahora bien, podrías decir que lo que has leído en esos últimos dos párrafos (y en buena parte de este libro, para el caso) es sólo una historia inventada y que no tiene nada que ver con la Realidad Última. ¿Pero es en algo menos real (o *necesita* ser más real) que la historia que hemos inventado sobre un Dios cuyo ángel Lucifer lo hizo enojar y por ello fue enviado a la condenación eterna, desde la cual le es permitido (incluso se le *invita* a ello) tentar a las almas de los hombres por el resto de la eternidad, haciendo que muchos de ellos sucumban a sus tentaciones y se le unan en el infierno en lugar de estar con Dios en el cielo?

¿Es menor una historia inventada a la idea de que Dios y Lucifer están en una eterna lucha que nunca termina, una batalla por el Alma de la Humanidad?

¿De verdad nos creemos a nosotros mismos que tenemos a un Dios tan impotente que podría *perder* la batalla por tu Alma? ¿Es nuestro conocimiento que Dios se dice a Sí Mismo cuando el Demonio triunfa y una persona se condena al infierno, "Bueno, ganamos algunos, perdimos algunos..."?

¿Cuál de las historias es más absurda? ¿Cuál de las historias es más provechosa de adoptar para la humanidad? Suponiendo que ninguna de las historias sea cierta, ¿cuál preferirías creer? ¿Cuál sentirías que te aporta más paz mental, más deseos de expresar tu vida de forma particular y maravillosa?

¿Cuál pone más amor en tu corazón, más emoción en tu vida, más alegría en tu experiencia, más asombro en cada encuentro? ¿Qué Dios escoges? ¿El Dios de ayer o el de mañana?

### APLICAR ESTE MENSAJE A LA VIDA DIARIA

Éstas son algunas sugerencias sobre cómo puedes aplicar el Mensaje clave #9 en tu vida diaria:

- La próxima vez que imagines que Dios te castigará con la condenación eterna por algo que hiciste, di para ti mismo que eres un actor que ha regresado detrás del escenario luego de hacer una brillante interpretación en una obra. Simplemente dile al director, "Ya no quiero hacer esa clase de papel. Ponme ahora como el héroe. Establece eso en mi contrato. Ya no quiero ser jamás el villano". Recuerda que eres tan buen actor, que la compañía no tendrá más que complacer tu petición. Tienes un nuevo contrato. En adelante sólo interpretarás héroes.

- La próxima vez que te sientas tentado a condenar a alguien por algo, a hacer un juicio acerca de cualquiera, intenta recordar que ellos simplemente han olvidado quiénes son en realidad. No los juzgues más de lo que juzgarías a un actor en una obra que observas desde la concurrencia.

- Para continuar con la ilusión, finge que uno de los actores en el escenario ha olvidado sus líneas, así que empieza a improvisar. Hace un buen trabajo; se las está arreglando para llevar adelante la escena, aunque no está diciendo lo que se supone debería recordar. Imagina que la persona a la que estás juzgando es simplemente un actor que ha olvidado sus líneas. Ten en cuenta que en su próxima actuación las recordará de nuevo. Y no olvidará la incomodidad que experimentó cuando perdió su ubicación en el libreto y no sabía lo que hacía. Tal vez puedas imaginarte a ti mismo como un director de escena tras bastidores, susurrándole al actor su siguiente pie, *para ayudarlo a recordar.*

¿No sería interesante que ése fuera tu trabajo en esta compañía de actores? Tal vez eres el director de escena que corre de un extremo al otro recordándoles a los actores sus líneas. Cuando estés en ello, mira el libreto para que puedas saber en qué parte de la obra nos encontramos todos.

# 23

Hay otra razón por la que no existe el infierno. Hay otra razón por la que no podría existir la condenación eterna. Es porque no hemos hecho nada malo.

Entiendo que "obrar mal" es parte de la cosmología de la vida de la humanidad. De verdad creemos que existen el Bien y el Mal. Después de todo, Dios nos ha dicho esto. Nuestras religiones nos han dicho esto. Nuestros padres nos han dicho esto. Nuestra cultura nos ha dicho esto. Nuestras sociedades por todo el mundo han dejado claro que algunas cosas están Bien y otras cosas están Mal.

Pero ahora viene esta nueva teología surgida de las Conversaciones con Dios, que nos dice...

> **MENSAJE CLAVE DE LAS CONVERSACIONES CON DIOS #8**
>
> Nadie hace nada inapropiado, según su modelo del mundo.

Para mucha gente esto es difícil de adoptar. Puedes estar entre los que sienten un "impacto" real ante esta idea. Pero, como con todos los mensajes espiritualmente revolucionarios que aquí estudiamos, la invitación es a permitirte examinar esta idea más de cerca, en lugar de rechazarla abiertamente, para ver si estás de acuerdo o en desacuerdo con el razonamiento espiritual detrás de la afirmación.

La base en que se apoya esta declaración es la observación de que la comprensión de la gente respecto de sus acciones, elecciones y decisiones es lo que crea sus formulaciones de lo que está "bien" y "mal". A partir de estos conocimientos, los humanos crean todo un modelo de su mundo. Es decir, "como son las cosas", se convencen a sí mismos, y es desde esta perspectiva que enuncian lo que está "bien" y "mal".

Todo esto comienza con declaraciones y decisiones bastante inofensivas, algunas de las cuales estudiaremos aquí mismo, para ofrecer un ejemplo de cómo el modelo del mundo de uno da forma a sus valores. Pero esto progresa inevitablemente y al final llega a nociones mucho más importantes —y peligrosas—, las que producen conceptos de "bueno" y "malo" que causan consternación en todo el mundo y arrojan a la gente a la confusión y la desesperación. Pero no parecemos saber cómo salir de esta trampa que hemos creado, y así ni siquiera podemos convenir de un lugar a otro qué está "bien" y qué está "mal". Así es como son de flexibles esos términos.

Una cultura dice que está bien que las mujeres se cubran de pies a cabeza y no permitan que ninguna parte de su cuerpo sea vista en público más que sus ojos, por medio de una pequeña ranura en su vestimenta que les deje ver hacia dónde van. Otra cultura dice que es absolutamente aceptable que las mujeres muestren *todo* lo que hay que mostrar, que incluso anden totalmente desnudas en una playa nudista, que aparezcan en películas exactamente de la misma forma, y que vayan por la calle luciendo ropas que dejan muy poco a la imaginación. De hecho, en algunas ciudades la desnudez es legal incluso en la calle.

¿Qué está bien y qué está mal? ¿Cuál es bueno y cuál es malo?

En algunos lugares, tener una experiencia sexual con otra persona que no es tu esposo se considera inmoral, y hacerlo por dinero es más que inmoral. Se cree que es lo peor que una persona podría hacer para degradar su ser sagrado. En otros lugares, esa actividad se considera bastante aceptable, y de hecho está regulada por el gobierno para asegurar que se cumple con estándares de salud y seguridad.

¿Cuál es el lugar más sagrado? ¿Qué ciudad o país es más sagrado debido a sus leyes y costumbres, y cuál es una guarida de iniquidad y una entrada al infierno?

Algunas personas pueden comer lo que quieran y a otras sus creencias los obligan a comer sólo ciertos alimentos o alimentos específicos en momentos específicos de maneras específicas.

¿Cuál es la manera correcta de comer? ¿Cuál es la manera incorrecta?

Algunas personas pueden cantar y bailar y tocar música y llevar barba o rasurarse como deseen, y en otros lugares sobre la Tierra tocar música está prohibido excepto por algunas canciones consagradas a Dios. En algunos lugares es *obligado* que todos los hombres lleven barba, mientras que bailar y muchas otras formas de entretenimiento están estrictamente prohibidas.

¿Cuál es aceptable y cuál no es aceptable? ¿Qué desea Dios? ¿Qué demanda la Deidad? ¿Qué es apropiado? ¿Y qué es inapropiado? ¿Quién hace las reglas? ¿Y quién dice que las reglas establecidas son las correctas?

## LEGISLAR LA MORALIDAD

Por supuesto, la humanidad ha estado discutiendo esto durante siglos. Ahora vienen las Conversaciones con Dios a traernos una respuesta inquietante: Nadie hace nada inapropiado, dado su modelo del mundo. Lo "correcto" es lo que así decimos que es... y, también, lo que es "Incorrecto". Nosotros somos quienes declaramos lo que es "bueno" y lo que es "malo", lo que es "apropiado" y lo que es "inapropiado", lo que está "bien" y lo que está "mal". Y *cambiamos de idea al respecto* regularmente. Luego llamamos "ley" a nuestras ideas. Literalmente legislamos la moralidad.

En China se aprobó una ley que hace ilegal que los niños no visiten con frecuencia a sus familiares ancianos. Los padres pueden juzgar a sus hijos en la corte si ellos no los visitan lo suficiente en sus últimos años. No estoy inventando esto. Tan autocrático y dictatorial como pueda sonar, *esto es una ley en China*.

En ciertos estados de Estados Unidos, personas que se aman profundamente y declaran su amor al casarse no tendrán reconocimiento de su matrimonio para efectos legales si sucede que son del mismo género. Ninguno de los derechos de las parejas casadas se les reconoce. No estoy inventando esto. Antediluviana y primitiva como pueda sonar, *tal es la ley en muchos lugares de Estados Unidos*.

Otras leyes en otros lugares han intentado del mismo modo codificar lo Bueno y lo Malo, para volverlo materia de legislación, para hacerlo no sólo una cuestión de puntos de vista sino una cuestión legal. Pero ésta es la ironía: casi toda cultura ha declarado sobre un nivel espiritual que *Dios* ha determinado lo que está Bien y Mal y todo lo que hacemos es tratar de obedecer los mandatos de Dios.

El problema es que incluso esos Mandatos supuestamente clarísimos son difíciles de obedecer cuando su interpretación cambia y oscila de una época a otra, de un lugar a otro y de una cultura a otra. ¿Cuál interpretación obedecer, entonces, de las leyes de Dios? Para el caso, ¿en qué *Dios* tener fe?

## LA RESPUESTA QUE NOS NEGAMOS A CREER

La extraordinaria respuesta es que Dios nos da completa libertad en estos asuntos, deseando que creemos nuestra propia realidad y la experimentemos según nuestro deseo. De este modo, todo acto es un acto de definición personal y toda elección es una expresión de voluntad individual. Nos ha sido dado Libre Albedrío.

Ésta es la intención de Dios, pues Dios desea que todo ser sensible y toda la vida tenga la mayor oportunidad de expresarse libremente y experimentar el nivel de Divinidad más pleno que permite la conciencia amplia de una forma de vida.

Esa oportunidad, por supuesto, no estaría al alcance de los seres humanos si tan sólo siguiéramos órdenes, hiciéramos lo que se nos dice, respondiéramos a las exigencias. La naturaleza de la Divinidad es total libertad y poder completo y autoridad absoluta, y si los humanos debemos experimentar la Divinidad, tenemos que ser capaces de experimentar la misma libertad y capacidad sin límites. Simplemente seguir órdenes y responder mandatos no sería lo mismo en absoluto. La sola lógica, por tanto, nos dice que Dios nos ha dado Libre Albedrío en todas las cosas.

Así, vemos que el modelo del mundo de uno es lo que determina si imagina o crea sus propias acciones como "apropiadas". Si nos encontramos en el espacio de una persona o grupo de gente que actúa de una forma que juzgamos inapropiada, tenemos la oportunidad de invitar a esa persona o personas a reconsiderar y modificar su modelo del mundo, pues es *éste* el que fomenta sus comportamientos. Pero no hacemos esto. En lugar de ello, castigamos a los demás por no actuar en concordancia con *nuestro* modelo del mundo. Y hacemos esto sin preguntarnos siquiera de dónde tomaron sus ideas en primer lugar.

La ironía es que a menudo las toman de nosotros.

## La contradicción que se nos escapa

En buena parte de la sociedad humana nosotros mismos manifestamos un modelo del mundo, y luego exigimos que la gente que observa nuestra manifestación se adhiera a otro. Éste es el método "Haz lo que yo *digo,* no lo que *hago*" para crear una sociedad. Y es aquí también donde nuestro propio modelo del mundo se desliza por la cuesta resbaladiza de lo inofensivo a lo peligroso.

Matamos gente para impedir que maten a otra gente, y nos preguntamos por qué siguen las muertes. Aterrorizamos gente que aterroriza a la gente, y nos preguntamos por qué continúa el terror. Nos enojamos con gente por enojarse con la gente, y nos preguntamos por qué continúa el enojo. Maltratamos gente que maltrata a la gente, y nos preguntamos por qué continúa el maltrato. Odiamos a la gente que odia a la gente, y nos preguntamos por qué continúa el odio. Desaprobamos a la gente que desaprueba a la gente, y nos preguntamos por qué continúa la desaprobación.

Evitamos por completo el mandato de hacer a los demás lo que quisiéramos que hicieran con nosotros. De hecho, volteamos esto por completo, haciendo a los demás lo que *no* nos gustaría que nos hicieran. Y se nos escapa esta contradicción.

Pero a Dios no. Ni cae Dios en estas contradicciones. Es por esta razón que Dios ha puesto en claro que no existe el infierno, ni experiencias como la condenación y la perdición, porque en un mundo en el que a los seres sensibles se les da total libertad para crear su propio modelo de lo que es apropiado e inapropiado, y para generar su propia manifestación de quienes son realmente, el castigo y la perdición por tomar una decisión basada en el libre albedrío sería una contradicción en términos.

Lo que el mundo necesita ahora es simplemente cambiar de modelo, modificar sus ideas, reescribir su historia cultural. Todos los seres sensibles al final hacen esto, cuando dejan de buscar en los demás su propio rumbo. La gente de la Tierra está en el proceso de hacer esto ahora mismo.

Ese proceso se llama "evolución", y comienza con una nueva comprensión de Dios Mismo. De esta comprensión surge una historia sobre el Dios del Mañana que es bastante diferente a nuestra historia del Dios del Ayer.

Para seguir adelante en nuestro proceso evolutivo, renunciaremos a nuestro apego al "Dios de nuestros padres". Las reglas y normas e indicaciones y mandamientos de ese Dios ya no son funcionales o aplicables a la vida en el siglo XXI, y ahora vemos eso con claridad.

El Dios del Mañana no será en realidad un Dios nuevo sino simplemente una nueva y ampliada comprensión de Dios que siempre fue, es ahora y siempre será. En el libro *El Dios de Mañana*, la humanidad ha recibido un maravilloso adelanto de lo que ahora está evolucionando y de cómo veremos y experimentaremos esta "nueva" Deidad. Ese texto dice:

1. El Dios del Mañana no le exigirá a nadie creer en Dios.
2. El Dios del Mañana no tendrá género, tamaño, forma, color o cualquiera de las características de un ser vivo individual.
3. El Dios del Mañana hablará con todos, todo el tiempo.
4. El Dios del Mañana no estará separado de nada, sino que estará Presente En Todas Partes, será el Todo en Todo, Alfa y Omega, el Principio y el Fin, la Suma Total de Todo lo que siempre fue, es ahora y siempre será.
5. El Dios del Mañana no será un solo Superser, sino el extraordinario proceso llamado Vida.
6. El Dios del Mañana será siempre cambiante.
7. El Dios del Mañana no tendrá necesidades,
8. El Dios del Mañana no pedirá ser servido, sino que será el Servidor de todo en la Vida.
9. El Dios de Mañana será amoroso incondicionalmente, no juzgará, no condenará ni castigará.

Ninguna conversación acerca de Dios tendrá valor práctico alguno a no ser que pongamos las ideas presentadas "sobre el terreno" en nuestra experiencia diaria. Necesitamos ponerlas a prueba. Ver si funcionan. Explorar sus ramificaciones. Estudiar con profundidad sus implicaciones.

Nuestra vida en la Tierra nos da ahora mismo una maravillosa oportunidad de hacerlo. Éstas son algunas ideas acerca de cómo podrías desear emprender este reto:

- Empieza una Libreta de lo Apropiado. En ella, haz una lista de tres cosas que hayas hecho en tu vida que otra persona consideraba inapropiadas. Debería ser relativamente fácil para ti hacer esto si llevaste una vida relativamente normal. Debajo de cada mención, escribe un párrafo breve explicando por qué hiciste de cualquier modo esta cosa "inapropiada", aun cuando sabías que los demás a tu alrededor la considerarían inapropiada. O, si no sabías que sería considerada inapropiada hasta que lo descubriste al hacerla, pregúntate que habría sido apropiado. Explora a profundidad todo este asunto de lo que llegaste a entender y saber que es apropiado e inapropiado en tu actual modelo del mundo.
- Continuando con tu trabajo en la libreta, pregúntate si alguna vez cambiaste entre lo que es apropiado e inapropiado más de una vez. Es decir, observa si algo que pensabas apropiado en algún momento de tu vida fue declarado por los demás como inapropiado, lo que hizo que suspendieras ese comportamiento, sólo para encontrarte después cambiando de idea al respecto y diciendo que tu anterior comportamiento es apropiado de nuevo por definición propia.

El mejor ejemplo en que puedo pensar es uno utilizado en la narrativa previa. Esto es el de la desnudez.

De niños, pensábamos que no había nada inapropiado en correr desnudos por ahí, y lo hacíamos todo el tiempo. Luego aprendimos que, como adultos, no era apropiado por una amplia variedad de razones, una lista demasiado larga para incluirla aquí. Pero sabíamos, se nos dijo sin lugar a dudas, que no era apropiado andar desnudos por ahí.

Luego, incluso más adelante en la vida, algunos lo hicimos de todos modos. Encontramos a otros que estaban de acuerdo y se nos unieron en ese comportamiento. Y no sólo en nuestras casas con nuestros seres queridos, sino incluso completos desconocidos en lugares como colonias para tomar el sol y ciertas playas públicas.

Así que encontramos que "lo apropiado" era una fiesta (para tomar prestada una gran frase de Ernest Hemingway). Lo que es apropiado es lo que decimos que es apropiado, y debemos decidir.

- En tu Libreta de lo Apropiado, haz una lista de comportamientos sobre los cuales cambiaste de postura, cosas que una vez pensaste que eran apropiadas, luego que eran inapropiadas, y que decidiste de nuevo que eran apropiadas. Escribe un breve párrafo acerca de lo que esto te dice sobre ti mismo, tu cultura, tu modelo del mundo, y para el caso, tu comprensión de Dios y del Bien y el Mal.
- Si alguien hace algo cerca de ti que has decidido que es inapropiado, y desean cambiar ese comportamiento pero dicen que no saben cómo hacerlo, pregúntate qué podrías hacer para invitar a esa persona a explorar un modelo del mundo nuevo y diferente.
- Decide unirte a otros en el planeta en el diseño y la escritura de un nuevo modelo del mundo como una propuesta entregada a la consideración de toda la población humana. (Puedes hacer esto ahora mismo en www.TheGlobalConversation.com.)

# 22

Me doy plena cuenta de que es difícil para nosotros imaginar una Deidad como la descrita en las nueve frases que describen al Dios del Mañana en el capítulo anterior.

Estamos acostumbrados a tener un Dios que manda, un Dios exigente, un Dios que condena, un Dios que castiga, un Dios de necesidades, o cuando menos, de exigencias. Pero no creemos que éste sea el Dios de la Realidad Última, y no es el Dios que la humanidad experimentará en ese mañana cuando entendamos, aceptemos y adoptemos nuestra Identidad Real.

Cuando lo hagamos, espero que mucha gente vea y experimente que todo lo que ha sido dicho en los diálogos de las Conversaciones con Dios (una inspiración puesta por escrito no menos valiosa que otras inspiraciones escritas a lo largo de los siglos) merece definitivamente ser considerado con seriedad. No es el menor de sus mensajes que:

> MENSAJE CLAVE DE LAS CONVERSACIONES CON DIOS #7
>
> En el sentido espiritual, no hay víctimas ni villanos en el mundo, aunque en el sentido humano sin duda parezca que los hay. Sin embargo, como eres Divino, nada puede ocurrir contra tu voluntad.

Todo lo que se presenta en estos mensajes se basa en nuestra Identidad Real, en lugar de quienes hemos imaginado que somos.

Si somos, de hecho, únicamente entidades biológicas, entonces toda esta discusión puede terminar ahora mismo. Nada que esté diciéndose aquí se aplica a cualquier ser o entidad que no sea espiritual, y a aquellos cuya naturaleza espiritual no se derive y sea un duplicado, en forma individual, de lo Divino.

Si no somos lo Divino, muy poco de lo que nos ha presentado en las Conversaciones con Dios tendrá sentido. Virtualmente nada de ello resultará aceptable. La mayor parte será considerado erróneo, si no es que de plano blasfemo.

Por otro lado, si aceptamos la idea de que surgimos de lo Divino, de que somos expresiones singulares de Dios —o, si lo prefieres, Singularizaciones de la Singularidad—, entonces todo lo compartido aquí contigo tiene *perfecto* sentido. Podría también crear un mundo perfecto.

Ése es el propósito de lo Divino y es el resultado que experimentan todos los seres en evolución en el Universo mientras pasan por el proceso de alcanzar cada vez mayor conciencia y un entendimiento más profundo.

### LA PERSPECTIVA LO ES TODO

Sólo desde esta posición de mayor entendimiento podría uno atreverse a sugerir que no hay víctimas ni villanos en el mundo. Tal como el propio mensaje dice, en el sentido humano parece sin duda que sí los hay. Pero esta afirmación debe ser tomada en el sentido espiritual. Quiere decir que debe considerarse desde el punto de vista de lo Divino. Ese punto de vista radica en ti, porque *es* tú. Por tanto, está a tu alcance.

En el sentido espiritual, no hay víctimas ni villanos en el mundo porque nada puede pasarnos que no sea creado de manera colaborativa por todas las almas involucradas, en una forma que cumpla con la agenda combinada de cada Alma que llegue a *conocer* acerca de cualquier evento, situación o circunstancia.

Como ejemplo, yo no estuve involucrado en la Segunda Guerra Mundial, pero llegué a saber de ella. No estuve involucrado en las alzas y las caídas del mercado de valores, pero llegué a saber de ello. No estuve involucrado en que mi amigo encontrara un magnífico trabajo, pero llegué a saber de ello. Todas estas cosas, lo que llamo "bueno" y lo que llamo "malo", han creado el contexto para mi propia experiencia y expresión de vida en curso.

Todo esto es otra manera de decir que la vida está diseñada para ser expresada y experimentada por toda Alma sobre el planeta durante cada momento de la historia de la Tierra en perfecta coordinación con el perfecto propósito de la vida: la creación y la expresión de la Perfección Misma.

Puede ser muy difícil ver esto cuando se contempla desde cerca. No sólo en términos de Espacio sino cerca en términos de Tiempo. Hemos hablado antes de estos elementos de la vida. Espacio y tiempo son precisamente la misma cosa en la cosmología de nuestra realidad imaginada. Por tanto, mirar a cualquier "espacio" específico en nuestro planeta o a cualquier diminuto momento en el "tiempo" de nuestra historia es lo mismo que mirar a cualquier hilo particular en el tapiz que ilustra la Realidad Última.

Si pones la nariz justo contra el tapiz, sus imbricaciones no generarán ningún sentido, ni tendrán para nosotros algún interés o belleza en absoluto. Se verán más bien apenas como un enredo de hilos de colores yendo en todas direcciones, ninguno de los cuales revela un patrón o muestra algún sentido. Sólo cuando te alejas del tapiz puedes ver el cuadro completo.

Lo mismo es cierto cuando miras a cualquier momento o secuencia de momentos en el único y perpetuo momento del tiempo que llamamos Ahora.

Por eso se *ve* como si hubiera "víctimas" y "villanos" en nuestro mundo, debido a las maneras en que los hilos del comportamiento humano se entretejen entre sí. Sólo cuando nos apartamos de cualquier momento o periodo particular y vemos la totalidad de la historia humana como un solo tapiz, podemos ver la perfección y la belleza de los entretejimientos y la necesidad de que los hilos de la experiencia se entrecrucen para producir los resultados que vemos como una parte perfecta de la evolución desde la posición del Siempre Aquí/Siempre Ahora.

## Jesús dijo "Tú también"

Es válido preguntar, como lo hemos hecho varias veces en esta narrativa, por qué necesitamos experimentar lo que llamamos sufrimiento en el proceso de estos entretejimientos. La respuesta es que desde una perspectiva espiritual entendemos que el "sufrimiento" se experimenta sólo cuando no entendemos plenamente qué, exactamente, está ocurriendo en nuestras vidas y por qué. Cuando vemos la *razón* para que esto ocurra, el sufrimiento termina. Una mujer que da a luz entiende esto perfectamente. Tiene dolor, pero no está sufriendo. De hecho, llora de alegría.

Expuesto sencillamente, el dolor (tanto físico como emocional) es una experiencia objetiva, pero el sufrimiento a partir del dolor es resultado de nuestra decisión de que algo que sucede no debería estar sucediendo. Ésta no es una decisión que cualquiera que vea a la vida desde una perspectiva espiritual haría o podría hacer.

Un excelente ejemplo de esto sacado de la historia humana es la manifestación hecha por Jesucristo. Es lamentable que tanta gente haya convertido a este extraordinario ser humano en Dios de la manera en que lo han hecho. Lo que es triste no es que hayan declarado su Divinidad —lo que ciertamente es una afirmación precisa—, sino que crean y declaren que su identidad era singular.

"No hubo nadie como él ni habrá nunca otro igual", se han dicho a sí mismos muchos humanos para tratar de justificar sus milagrosos logros frente a nuestra aparente incapacidad de repetirlos. Pero fue Jesús quien dijo, "¿Por qué se maravillan? Las obras que yo hago también ustedes las harán, y aun las harán mayores".

Él no se refería en esa afirmación a algunas de las cosas que hizo; hablaba de todo lo que hizo. No dijo, "Algunas de las cosas que he hecho aquí, ustedes tendrán también oportunidad de hacerlas también". Dijo, "Las obras que yo hago también ustedes las harán, y *aun las harán mayores*". Nosotros simplemente no le creímos. Pero llegará el día en que lo haremos. Ese día aceptaremos nuestra Identidad Real, igual que él lo hizo con la suya. Será el momento cuando adoptemos la realidad de que somos uno con Dios, uno con Cristo, uno con los demás, y uno con todo en la vida.

Jesús entendió claramente que no era la víctima de nada, y también que no había villanos perpetrando el mal en su contra. Sabía que nada podía pasarle *a* él y que todo estaba ocurriendo *a través* de él. También sabía que esto es verdad acerca de todo ser humano que haya vivido y vivirá. Su misión especial era mostrarnos esto.

## HA HABIDO, Y HAY, MUCHOS MAESTROS

Honestamente no creo que Jesús pensara o imaginara que "captaríamos esto" de inmediato. O incluso en el corto plazo. Creo que entendía muy bien que le tomaría a la humanidad muchas generaciones y muchos siglos —lo que en la vida del universo es un auténtico parpadeo— entender plenamente, aceptar por completo, y adoptar del todo lo que él nos invitó a experimentar. En esto Jesús se anticipó milenios a su tiempo, y lo sabía. Y es por eso que miles de millones lo han declarado Divino. (También por eso lo crucificaron.)

Ahora bien, el "tiempo" se ha puesto al día con una de las manifestaciones más espectaculares de la Divinidad, proporcionando en el momento presente de la humanidad la oportunidad de realizarse personalmente de manera plena. Muchos lo han hecho desde tiempos de Cristo, e incluso antes. A lo largo de la historia humana hemos visto manifestaciones de la Divinidad en muchos otros de varias maneras.

Por ejemplo, gente que ha sido sanada por otras personas, e incluso "devueltos a la vida", todo el tiempo. Llamamos a estos milagros el resultado de la moderna tecnología médica y la maravillosa ciencia médica, pero ¿quién puede decir que la ciencia y la tecnología médicas no son una de las formas en que ahora elegimos manifestar nuestra Divinidad?

Igualmente, mucha gente se ha sanado a sí misma y a otros sin ninguna clase de tecnología física en absoluto, simplemente usando su fe y nada más como su herramienta milagrosa. Mary Baker Eddy creó toda una religión alrededor de esta experiencia, y la llamó Ciencia Cristiana.

Mucha gente que ha caminado entre nosotros —antes y después de Cristo— nos han mostrado esto, poniendo un espejo frente a la humanidad para que podamos ver un reflejo de nuestra propia Divinidad. Lao Tsé lo hizo. Buda lo hizo. Bahá'u'lláh lo hizo. Muchos, muchos otros lo han hecho también, algunos reconocidos y recordados y otros no recordados de manera específica por la historia humana. No todos los que lo han hecho han visto su mensaje y su enseñanza perfectamente comprendidos e interpretados de manera exacta.

### ¿Está Dios realmente combatiendo a Satanás?

Los que han alcanzado este nivel de manifestación Divina ni por un momento pensaron en sí mismos como las víctimas de nada o nadie, ni vieron a nadie como un villano. *Vieron* un mundo de gente que no entendía o comprendía quiénes eran o qué ocurría o el propósito de la vida o el proceso por el cuál se expresa o la razón para este proceso. *Vieron* un mundo lleno de juicios y condenas, castigo y ausencia de misericordia, enojo y odio, violencia y muerte, y el comportamiento bárbaro de seres sensibles carente de conciencia expandida.

De hecho, vemos precisamente esto por todos lados aún hoy. Dondequiera que veamos encontramos esto. Y así nos preguntamos, ¿podría tal vez ser cierto? ¿Podría ser esto quienes realmente somos? ¿Es esta la característica fundamental de la especie humana? ¿Fueron Lao Tsé y Buda y Cristo y Bahá'u'lláh y todos los demás meras anomalías, contados dentro de un puñado de seres humanos quienes en realidad *fueron* divinos entre los miles de millones que han vivido y viven hoy? ¿O somos Divinos todos nosotros, aunque sólo algunos lo sabemos y creemos en un nivel suficiente para experimentarlo y manifestarlo? ¿O algunos de nosotros estamos, de hecho, *manifestando a la Divinidad cada día* en algún nivel, de ciertas maneras, en algunos momentos dispersos, mientras nos acercamos cada vez más a hacerlo siempre, llegando a la completud en este Viaje del Alma?

¿Hay en realidad villanos y víctimas, no sólo en el sentido humano sino en el espiritual? ¿Hay de verdad una batalla intensa sobre el planeta entre Dios y Lucifer? ¿Son los malvados de nuestro mundo los emisarios de Satanás, y soldados de Dios aquellos que intentan poner fin al mal?

Más intrigante aún... cuando utilizamos el odio para terminar con el odio, la violencia para acabar con la violencia, la guerra para poner fin a la guerra, la muerte para evitar que haya más muertes, y la maldad para acabar con la maldad, ¿de qué lado estamos?

## ¿Le tomamos la palabra a Jesús?

Si Jesús pensaba que había malvados en el mundo, emisarios de Satanás, villanos del mayor nivel, ¿por qué habrá dicho "Si alguien te pega en la mejilla derecha, vuélvele también la izquierda"? ¿Por qué habrá dicho "Bendice, bendice, bendice a tus enemigos"? ¿Por qué habrá sugerido hacer bien a quienes obran mal? ¿De qué se trataba todo *eso...*?

¿Podría ser que Jesús entendía profundamente que lo que llamamos mal es solamente las distorsionadas y deformes expresiones de amor de aquéllos cuya mala comprensión de quienes son y lo que pasa es total?

¿Podría ser que sabía que la máxima sanación del mundo no se alcanzará al condenar o castigar a quienes actúan de formas que llamamos malvadas, sino más bien al cambiar el *modelo del mundo* a partir del cual surgen sus elecciones y decisiones?

¿Podría ser que todo lo que necesitamos hacer hoy es aplicar las muy claras y sencillas instrucciones de Jesús de amar a nuestros enemigos y bendecir a los que nos persiguen, pues no saben lo que hacen?

Parece que todos los grandes Maestros espirituales del mundo nos han dicho lo mismo, cada uno a su propia manera, y parece que *muy pocos de nosotros estamos escuchando.*

Lo he dicho antes y lo diré de nuevo: la pregunta no es "¿Con quién habla Dios?" La pregunta es "¿Quién escucha?".

Si escuchamos los mensajes de las Conversaciones con Dios, llegaremos a entender que incluso en el momento de mayor villanía (como la definen los humanos), si nos negamos a identificarnos como víctimas, modificaremos nuestra propia experiencia personal y profundamente interna de esos acontecimientos. De esta manera es como creamos nuestra propia realidad interna y comenzamos a proyectar energía en el mundo que inicia el proceso por el cual también cambian los sucesos externos.

Éste es el mayor beneficio y el milagro más grande de ser Divinos: no importa lo que alguien nos haga, podemos experimentarlo de la manera que elijamos y, por tanto, nulificar cualquier resultado negativo que otro haya esperado imponernos. Hay muchos seres humanos que han demostrado esto precisamente, y tú puedes ser uno de ellos. Y ése es el objetivo, al final, del Mensaje clave #7.

## APLICAR ESTE MENSAJE A LA VIDA DIARIA

El poder de este mensaje es que puede transformar tu vida de un día para otro. Puede hacerlo con respecto a cada evento, situación y circunstancia que ahora estés experimentando, así como cualquiera que puedas haber experimentado en los momentos previos a tu estancia sobre la Tierra. Éstas son una o dos sugerencias prácticas sobre cómo puedes aplicar este mensaje en tu vida diaria:

* Observa todos los momentos en tu vida cuando te sentiste victimizado en cualquier forma, grande o pequeña, y busca qué fue lo que al final te dejaron. ¿Cuántas de tus victimizaciones anteriores derivaron en que en la actualidad recibas beneficios de esas experiencias? Esto puede no ser cierto para cada incidente que recuerdes, ¿pero puedes pensar en una ocasión en que sí lo fue? ¿Algunos de los momentos en que sentiste que te hicieron mal se convirtieron en oportunidades para ti de alcanzar el más maravilloso resultado que podrías haber esperado o imaginado? Observa con atención y sé honesto.
* Si lo anterior es cierto, mirando atrás sobre ello, ¿aún te llamarías "víctima" en la situación original, o simplemente un ser sagrado sometido a un proceso en múltiples niveles que involucra una colaboración de almas que producen un resultado singular experimentado en una variedad de formas por el colectivo participante, todo hacia el fin de que se realicen la Evolución y la Perfección?
* Piensa en una ocasión en que te volviste el villano en la historia de alguien más. Seguramente debe ser una sola vez la que puedas recordar en la totalidad de tu experiencia. Tal vez más de una. Mirando atrás a ese suceso, pregúntate ahora si te sentiste como un "villano" cuando perpetraste ese "mal" sobre alguien, o si te sentiste confiado en que estabas haciendo lo que necesitabas hacer, lo que tenías que hacer, lo que elegiste hacer para expresar mejor lo que querías experimentar en un momento específico. Ve si puedes imaginar a otra persona teniendo la misma clase de motivación cuando actuaron villanamente contigo. Si puedes, ofrece a esa persona en tu mente y corazón el perdón que te otorgaste a ti mismo. Si no te has concedido

el perdón por tus pasadas malas acciones, hazlo ahora como primer paso al recontextualizar y santificar tus propias experiencias, tanto recibidas como otorgadas, de supuesta "villanía".

- Permítete comprender que el hecho de que no haya "ni víctimas ni villanos en el mundo" no significa que pretendas cruzarte de brazos y observar que ocurren ciertas cosas sin hacer nada al respecto. El Maestro no hace lo que hace porque lo que hace alguien más está "mal". El Maestro hace lo que hace para aprovechar el momento que le permite expresar y experimentar el máximo nivel de Divinidad que reside en su interior. Así que hemos sido advertidos: "No juzgues, y tampoco condenes".

- No es necesario hacer quedar "mal" a alguien o algo para demostrar quién eres. De hecho, justo lo contrario es verdad. *Por eso* es que Jesús dijo lo que dijo y nos ofreció la senda que estableció de forma tan clara: "Amen a sus enemigos, y bendigan a quienes los persiguen. Sean una luz en la oscuridad, y no los maldigan".

Vive cada día de tu vida de esta manera y observa cómo el mundo a tu alrededor empieza a cambiar lentamente, primero en tu círculo más inmediato, luego en un radio más amplio, y al final alcanzando a cientos, miles, después millones. Si bastantes de nosotros hiciéramos esto, el Mundo Entero cambiaría por completo.

# 25

El Mensaje clave que acabamos de revisar es sin duda uno de los más difíciles de todos los conocimientos que hemos sido invitados a considerar en los diálogos de las Conversaciones con Dios. Cuando entendemos la base de ese conocimiento, sin embargo —cuando miramos de cerca el fundamento en que descansa—, nos resulta más claro cómo puede siquiera ser posible que no haya víctimas ni villanos en el mundo.

Esta claridad surge de un profundo entendimiento que se nos ofrece en...

> **MENSAJE CLAVE DE LAS CONVERSACIONES CON DIOS #6**
>
> No existen el Bien y el Mal, sólo hay Lo Que Funciona y Lo Que No Funciona, según lo que intentes lograr.

Si creíamos que el Mensaje clave #7 nos confrontaba de manera importante, éste nos lleva al siguiente nivel. Una vez más la Mente suplica saber cómo puede esto ser cierto. ¿Cómo pueden no existir el bien y el mal? ¿Por qué no quitar *todo* lo que nos sostiene? ¿Debemos simplemente abandonar todos los conocimientos que toda la humanidad ha albergado todo el tiempo?

*No*, dijo mi propia Mente cuando escuchó esto por primera vez, *sin duda el bien y el mal deben existir en algún nivel.*

Por supuesto que debe haber *alguna* indicación, cierta medida, algún estándar o criterio con el que podamos medir o determinar si algunas elecciones y comportamientos específicos son apropiados o inapropiados, si son buenos o malos, si es mejor seguirlos o ignorarlos.

La raza humana parece estar de acuerdo. La gente se ha aprestado—y quiero decir que de forma literal— a defender esto por muchos, muchos años. Estamos absolutamente seguros de que *sí* existen el Bien y el Mal, y estamos absolutamente seguros *de que en esto estamos bien.*

## SI SÓLO FUERA ASÍ DE SENCILLO

Hemos examinado antes este tema. Ahora lo hacemos de nuevo mientras vamos en reversa por los Mensajes clave de las Conversaciones con Dios de manera que puedas ver claramente cómo llegamos al sitio anunciado antes.

La dificultad y el problema han sido que nuestras ideas del Bien y el Mal cambian de una época a otra, de un lugar a otro y de una cultura a otra, como hemos advertido aquí varias veces. El resultado: lo que una persona o cultura dicen que está Bien, otra persona o cultura dicen que está mal. Y —para señalarlo de nuevo— esto es la fuente de más de una pequeña o insignificante cantidad del conflicto y la violencia, la muerte y la guerra que hemos visto en el planeta, mucho de lo cual es, irónicamente, en nombre de Dios.

No sólo parecemos incapaces de ponernos de acuerdo en lo que está Bien y Mal, ni siquiera podemos *aceptar* nuestras diferencias al respecto. No parecemos capaces de observar nuestras diferencias y llamarlas de ese modo. Al parecer sentimos la necesidad de hacer quedar mal al *otro* por tener opiniones distintas a las nuestras. Ni siquiera podemos estar de acuerdo en estudiar los temas en los cuales difieren nuestras creencias, con todas las posibilidades sobre la mesa, con compromisos al menos considerados. No, no puede haber compromisos cuando nuestra opinión está *bien*. Uno no compromete sus principios, uno no hace tratos con el Demonio, y ya hemos demonizado al *otro*, no sólo sus puntos de vista, así que ahí tienes. Nos quedamos con nuestros desacuerdos y nuestra absoluta incapacidad para superarlos.

Peor aún, nos quedamos con nuestra superioridad moral al respecto. Imaginamos que entendemos tan bien lo que está Bien y Mal que estamos dispuestos a hacer menos a los demás, a criticarlos, a perseguirlos, a juzgarlos y castigarlos, e incluso a matar a otros, todo lo cual *nosotros* consideraríamos que está Mal *si otros nos lo hicieran*. Lo interesante sobre lo que está Bien es que siempre cae de nuestro lado.

## El problema es con el modelo

Antes vimos la afirmación de que nadie hace nada inapropiado dado su modelo del mundo, y ahora vemos cómo se vuelve funcional. Es este modelo el que nos dice que hay cosas que están *moralmente* bien y *moralmente* mal y, creen miles de millones, que es *Dios* quien lo ha dicho. Si Dios dice que algo está Bien o Mal, ¿quiénes somos para contradecir eso, o incluso cuestionarlo?

Así nuestro modelo del mundo no deja lugar para la discusión, para el debate, para el estudio de cualquier posibilidad aparte de lo que nos ha dicho y ordenado el Dios de nuestra comprensión.

Pero incluso Dios no puede poner las cosas en orden de una cultura a otra, o incluso de un momento a otro de la historia, o así parece. En una cultura se nos dice que Dios afirma que debemos llevar a los adúlteros a las puertas de la ciudad y lapidarlos hasta morir. En otra cultura se nos dice que Dios afirma que hay que perdonar a la gente sus pecados y tener misericordia, y nunca matar a nadie deliberadamente. ¿Qué hacer entonces? ¿Cómo resolver estas contradicciones?

La respuesta es construir un *nuevo* modelo del mundo, basado en una *nueva* comprensión que el Dios del Mañana nos ha aportado. Y esa nueva comprensión es que *no existen* Bien ni Mal, sólo Lo Que Funciona y Lo Que No Funciona, según lo que intentemos lograr.

Nuestra medida no debería tener nada que ver con la *rectitud* moral, sino con la *efectividad* simple y práctica, dados nuestros planes nuestra intención en cuanto a los resultados que deseamos producir en nuestra experiencia.

Aun en eso podemos disentir y lo haremos, pero esto saca los absolutos morales de la ecuación, sustituyéndolos con una sencilla pregunta de observación: ¿Funciona? ¿Funciona lo que hemos elegido hacer para producir los resultados que decimos querer producir?

### ¿Deberían los resultados hacer la diferencia?

Ahora mismo, muy poco de lo que estamos haciendo en el planeta está produciendo los resultados para los que fue diseñado, otro punto que hemos señalado insistentemente. Lo que es asombroso en cuanto a esto no es que haya ocurrido esta falta de resultados, sino que no parece hacer ninguna *diferencia* para nosotros. La falta total de resultados previstos no está teniendo efecto sobre las acciones que seguimos emprendiendo.

A la humanidad simplemente parece no importarle. Prefiere sufrir resultados imprevistos, incluso resultados que van en oposición directa a lo que decimos querer experimentar, a cambiar sus creencias.

Lo que Dios nos aconseja hacer es mirar más de cerca a lo que ahora tenemos intención de hacer en nuestro mundo. ¿Pretendemos crear paz? ¿Pretendemos producir prosperidad? ¿Pretendemos garantizar nuestra seguridad y la seguridad y protección de los demás? ¿Pretendemos generar la clase de vida que ofrezca a todos las dignidades básicas? *¿Qué tratamos de hacer aquí?*

¿Y qué vemos nosotros como la diferencia entre lo que *tratamos* de hacer, lo que decimos que *queremos* lograr, y lo que en realidad estamos *consiguiendo*?

¿Somos capaces como una comunidad de seres sensibles de admitir y reconocer para nosotros mismos que nuestro proceder en cuanto a lo que decimos que pretendemos hacer es simplemente inefectivo? ¿Y que *ha* sido inefectivo durante varios miles de años?

¿De verdad creemos que seguir las viejas reglas de hace milenios acerca de lo que está moralmente Bien y moralmente Mal es todo lo que necesitamos para crear la clase de vida sobre el planeta que decimos querer crear?

## La moral o la función, ¿cuál debe ser?

He usado este ejemplo en otros libros, y voy a emplearlo una vez más aún aquí: si manejas hacia el poniente en Estados Unidos y te acercas a la costa del Pacífico, no es moralmente incorrecto dirigirte al sur hacia San José si lo que intentas hacer es llegar a Seattle. Es simplemente inefectivo. Haríamos bien en no confundir la moralidad con la funcionalidad.

Estamos haciendo esto actualmente y lo hemos hecho por algún tiempo. Miles de años, de hecho. Creemos que Bien y Mal es una cuestión de "moral" (lo que cambia de un lugar a otro, de una época a otra y de una cultura a otra), cuando es simplemente una cuestión de *efectividad* (algo que produce el resultado que deseas o no, sin importar en *qué* lugar o época o cultura te encuentres).

Las cosas no son *inherentemente* Buenas o Malas, y ésa es una idea de la que liberarnos nos resultaría benéfico.

No hay evidencia que indique que la gente que juega volibol desnuda en una playa en una comunidad de bañistas sean de alguna manera menos morales o valiosos a los ojos de Dios que la gente que va cubierta de los pies a la cabeza y no permite que sea visto ni un centímetro de su cuerpo por nadie afuera de su hogar por cualquier razón ni en algún momento en absoluto.

No tenemos razón para concluir que la gente que sólo come vegetales es de algún modo más avanzada moralmente o puede confiarse en que hará elecciones más críticas y espirituales que aquellos que comen carne de animales muertos, tal como Jesús, que aparentemente comía pescado, y les dio toneladas de él a la gente para que comiera antes de su Sermón de la Montaña.

No hay nada en nuestra experiencia que indique que la gente gay sea inherente, inevitable e invariablemente moral, emocional, intelectual, filosófica y espiritualmente pésima, mientras que la gente que no es gay sea inherente, inevitable e invariablemente moral, emocional, intelectual, filosófica y espiritualmente avanzada.

Tan absurdas como éstas y otras nociones son, incontables personas las llaman "verdad" y viven bajo ellas. *Hay,* dicen, reglas y normas en cuanto al comportamiento apropiado, y aquellos que no las siguen *están* Mal por no hacerlo.

### ¿Podríamos sobrevivir sin reglas?

Pero a veces la misma falta de lo que declaramos que está Bien funciona mejor que todas las reglas y normas del mundo. Cualquiera que haya manejado alguna vez alrededor del Arco del Triunfo entiende esto perfectamente.

No hay un solo director de tráfico o policía en este monumento histórico de París, alrededor del cual gira una vía circular. No hay flechas en el pavimento o carriles de tráfico. No hay señalamientos ni semáforos. Ésta es una de las más concurridas y congestionadas rutas de viaje del mundo, con cientos de carros zumbando dentro y fuera del círculo a cada minuto, y sin embargo no hay nada en absoluto que indique hacia dónde debe ir uno, lo que debe hacer, o cómo se supone que lo haga. La gente entra en esa salvaje aglomeración de vehículos bajo su propio riesgo.

Y ése es el objetivo. Cuando ellos, por sí mismos, están en riesgo, cuidan de sí mismos y de los demás. No necesitan policías de tránsito. No necesitan carriles. No necesitan señales pintadas y tampoco semáforos. *Saben qué es lo que tratan de hacer.*

Tratan simplemente de llegar al otro extremo del círculo en una pieza. Todo es realmente muy simple.

Cuando sabes qué es lo que tratas de hacer, la acción preferible y provechosa de emprender te resulta muy clara y evidente de inmediato. Es por eso que hay muy pocos accidentes de tránsito en el círculo alrededor del Arco del Triunfo que los que hay en los Campos Elíseos, apenas a cien metros, donde abundan los semáforos, los carriles están claramente marcados y reglas y normas rigen la manera de proceder.

### La pregunta que nadie hará

Si la idea de que nada está *moralmente* Bien y *moralmente* Mal (en oposición a ser *funcionalmente* eficiente o ineficiente) atemoriza a la gente o le causa ansiedad, es sólo porque los seres sensibles sobre el planeta no han decidido de manera conjunta y universal qué es lo que tratan de hacer.

¿Estamos tratando de crear libertad, o creemos que una persona libre es una persona peligrosa? ¿Es la vida un asunto donde el que tenga más juguetes gana, o hemos definido el "éxito" en la vida de otra manera?

¿Y qué pasa con nuestro viaje espiritual? ¿Estamos buscando crear la experiencia de la Divinidad en, a través y como nosotros, o sólo estamos intentando ir del nacimiento a la muerte con la menor cantidad de ofensas contra Dios? ¿Tiene algo que ver nuestra experiencia espiritual con cualquier cosa en absoluto?

Si es así, ¿los carriles, los semáforos y los policías de tránsito de nuestro mundo espiritual hacen más fácil o más difícil llegar adonde decimos que queremos ir?

*Que ésta sea nuestra pregunta del día.*

## APLICAR ESTE MENSAJE A LA VIDA DIARIA

Veamos si puede haber algunas formas prácticas de aplicar el Mensaje clave #6 en nuestra vida diaria. Prueba esta lista de sugerencias:

- Inventa una lista de tres cosas que creas que hiciste "mal" en tu vida y pregúntate, ¿tienes la idea de que estuviste mal al hacerlas porque no consiguieron el resultado que tenías en mente? ¿O es porque muy bien pudieron conseguir el resultado que pretendías, pero coloreaste afuera de las líneas y violaste lo que alguien más te dijo que eran las reglas y normas? ¿O calificas de malas tus acciones porque sientes en retrospectiva que fueron dañinas o lastimaron de algún modo a los demás?

- Observa algunas cosas que sientas que los demás han hecho "mal". ¿Has hecho alguna vez algo parecido, o incluso similar a ello? En cualquier punto de la totalidad de tu vida, ¿te has encontrado involucrado en la misma *clase* de comportamiento, si no es que en esa acción precisa y exacta? Si ves a alguien haciendo trampa, pregúntate: ¿Alguna vez he hecho trampa en algo? Si ves a alguien más evadir o mentir, pregúntate: ¿He alguna vez evadido la verdad o dicho una abierta falsedad? Si ves a alguien siendo hiriente o cruel, pregúntate: ¿He sido alguna vez hiriente o cruel en mi vida?

Escribe esto en tu computadora:

*En el día en que retiro el juicio de mí mismo por cualquier cosa que imagino haber hecho "mal", retiraré automática y voluntariamente mi juicio de los demás. En el día en que retiro mi juicio de los demás, comienzo a expresar a la Divinidad. En el día en que comienzo a expresar a la Divinidad, empiezo a hacer lo que vine a hacer a la Tierra. Todo lo demás es simplemente una manera de hacerlo.*

- Usa esto como fondo o protector de pantalla. Imprime varias copias y colócalas por todas partes: en el refrigerador, sobre el espejo del baño, como una tienda plegable sobre el buró, en la puerta interior de tu clóset, sobre el tablero de tu auto, en la pared que te queda enfrente en la ducha... *en todas partes.*

- Haz una lista de cinco cosas que te gustaría mucho hacer antes de que termine el año. Tal vez estaban en tu lista de propósitos de Año Nuevo, o tal vez surjan en tu conciencia amplia como resultado de una nueva resolución de alcanzar ciertos resultados antes de que se acabe el tiempo. Cualquiera que sea el caso, escribe esta lista y luego pregúntate debajo de cada uno de esos cinco puntos qué es exactamente lo que intentas hacer. ¿Qué es lo que tratas de lograr? ¿Qué buscas producir? ¿Qué es lo que esperas como resultado? Y entonces, con respecto a cada punto de la lista, haz la pregunta más importante de la vida: *¿Qué tiene esto que ver con la Agenda de mi Alma?*

- Con respecto a tus creencias espirituales, haz una lista de cuando menos tres cosas que Dios encuentra absolutamente "malas" bajo cualesquiera circunstancias o condiciones. Después de hacer esta lista, busca si alguna de estas cosas las ha hecho alguien —alguna persona o país— que admires, afirmando que las han hecho en nombre del bien o en nombre de Dios. Escribe un pequeño ensayo de cinco párrafos sobre lo que esto te revela, si es que lo hay.

# 26

Todo el fundamento de la idea de que no existen el Bien y el Mal surge de una percepción que recibí acerca de la vida misma en su nivel operacional más elemental.

Honestamente puedo decir que esta idea particular era una que nunca había escuchado antes, pensado antes o imaginado antes. Pero cuando terminé mi conversación con Dios acerca de este tema sentí que al fin entendía, en un nivel más profundo como nunca antes, cómo funciona todo en este planeta.

Te invito a echar un vistazo a lo que yo fui invitado a considerar entonces:

> MENSAJE CLAVE DE LAS CONVERSACIONES CON DIOS #5
>
> Hay Tres Principios Básicos de la Vida: Funcionalidad, Adaptabilidad, y Sustentabilidad.

Lo que se me dijo es que todo en la vida, todo en el Universo, opera bajo los mismos conceptos básicos. Ya se trate de la vida de un ser humano o la vida de un árbol o la vida de un planeta, estamos hablando de un proceso idéntico.

En todos los niveles de su expresión, la vida es funcional, adaptable y sustentable, o no existe en absoluto. Éste es el orden de las cosas. Así es como lo físico se manifiesta. Así es como la Divinidad se manifiesta. Así es como *es* la vida.

La vida es siempre funcional. Siempre es adaptable. Y siempre es sustentable en una u otra forma. La vida siempre fue, es ahora, y siempre será, debido a esta misma razón.

Ahora bien, lo que esto significa en términos prácticos es que la vida funciona de una manera que la hace eternamente funcional. Nada de lo que existe deja de existir, nunca. La Energía Esencial que es la Vida Misma cambia simplemente de forma, expresándose en una interminable variedad de maneras según lo que se necesite para que la expresión misma continúe.

## Así en la Tierra como en el Cielo

Esto podría ser, en amplios términos generales, una articulación espiritual del principio físico que Charles Darwin describió como "selección natural".

Lo que Darwin puso a la luz es lo que ha sido expresado de formas muy sencillas, aunque no necesariamente simplistas, en las Conversaciones con Dios, y es que *la vida no tiene intención de terminar.* Jamás. Por tanto, cuando una expresión o forma de vida se ve amenazada, de inmediato se adapta a sí misma, haciendo así sustentable su expresión una vez más.

La Tierra está haciendo esto ahora mismo. Hay una teoría en marcha que sugiere que la propia Tierra es un organismo vivo. Incluso se la ha dado un nombre: Gaia. Se dice que este organismo funciona y opera bajo principios organizativos que reflejan un alto nivel de inteligencia universal que se encuentra en todas las formas de vida, grandes y pequeñas.

Algunos ambientalistas han adelantado la idea de que el creciente número de incidentes geofísicos en el planeta —de los tsunamis a los terremotos a los huracanes y otros fenómenos físicos— es la respuesta de Gaia a la amenaza de la humanidad contra la supervivencia del mundo.

Nadie espera en realidad que el mundo no sobreviva, pero muy pocos esperan que sobreviva en la misma forma y de la misma manera en que se ha mostrado durante estos numerosos siglos y milenios. La Tierra como sistema biológico sin duda cambia y se ajusta a las condiciones que sus habitantes le han impuesto.

Las formas de vida hospedadas por el planeta hacen exactamente lo mismo. Se adaptan constantemente a sí mismos de modo que puedan sustentar la expresión de la Energía Esencial que fluye a través de ellas.

Sería un error suponer, sin embargo, que las adaptaciones que hacen las formas de vida garantizan que su expresión física o su apariencia permanezcan iguales o casi iguales. Todos sabemos que hay ciertas formas de vida que han sido llevadas a la "extinción" sobre la Tierra. De modo que, en el uso común de los numerosos idiomas de la Tierra, esto quiere decir que ya no existen. Pero lo que es cierto es que simplemente ya no existen *en la forma* que tenían antes. Todas las cosas siguen existiendo: es sólo una cuestión de cómo lo hacen.

## LA PARÁBOLA DEL TRONCO

En el libro *Lo único que importa* se encuentra una parábola o analogía maravillosa que ilustra esto. Es la historia de un tronco que arde en la chimenea. Nos parece como si un gran tronco descansara en el hogar y luego, tras cierto número de horas, ya no estuviera allí, reducido, por así decirlo, a cenizas. Y así, aquello que estaba, ya no está. Y hay quienes dirían que el tronco ya no existe, excepto en la forma de las pocas cenizas que deja atrás. Pero según la parábola, aquello que una vez llamamos "tronco" simplemente se ha metamorfoseado, literalmente convirtiéndose en humo. Su energía fue expresada, también, como calor y luz y cenizas. Pero esta expresión revisada de su energía no es su extinción, sino simplemente su transformación en otras clases de energía. Parte del tronco aún existe en lo físico (la parte que llamamos "cenizas"), pero 95% del tronco pasó, mediante la expresión de su energía, dentro de lo que llamamos el universo invisible.

Lo mismo haces tú después de lo que llamamos "muerte". Precisamente de la misma forma, podría añadir. Es decir, te metamorfoseas. (El diccionario define "metamorfosear" como: "transformarse, en especial de manera mágica o sorprendente".)

En este proceso, tu parte física, que es el porcentaje más pequeño de tu manifestación de energía, puede quedar atrás en el Reino de lo Físico en alguna forma —tal vez él mismo reducido a cenizas, como en la cremación, o cambiando lentamente de forma durante un largo periodo de tiempo, en un ataúd en algún lado. Pero por mucho el mayor porcentaje de quien eres pasa en forma metamorfoseada a lo que ha sido llamado el Reino de lo Espiritual.

Es de esta manera que la forma de vida que se expresaba a sí misma como Tú se adapta y, por tanto, continúa sustentándose. Versiones menores de este ciclo de Funcionalidad, Adaptabilidad y Sustentabilidad se hacen evidentes a lo largo de tu permanencia en tu forma física actual y también durante la vida de todo lo que te rodea.

Conozco a un hombre que encontró del todo funcional consumir cangrejo y langosta de manera habitual. Entonces desarrolló lo que su doctor llamó una alergia espontánea a los mariscos. Él mostró adaptabilidad al limitar su ingesta de productos del mar al salmón, la trucha y otras criaturas no crustáceas. De esta manera generó sustentabilidad dentro de su ser físico.

¡Cualquiera que haya lidiado con malezas en su jardín trasero entiende cómo ciertas formas de vida manifiestan ciclos de Funcionalidad, Adaptabilidad y Sustentabilidad!

De modo que esta fórmula más bien sencilla y elegantemente efectiva explica mucho de lo que vemos suceder por todas partes en la vida sobre la Tierra, y también lo que podemos esperar ver mientras continuamos viviendo esa vida. Puedes esperar que la vida siempre sea funcional, adaptable y sustentable.

Lo que es importante que entendamos es que estas divergentes expresiones de la Energía Esencial no son "buenas" o "malas" en algunas de sus características, sino simplemente son "esto" o "aquello". No hay tampoco una expresión de la Energía Esencial que sea "mejor" que otra. Es simplemente "aparte de" o "diferente de".

Somos nosotros quienes superponemos juicios de valor sobre el perfectamente elegante proceso de la vida. Decimos que las tormentas son malas y buenos los amaneceres hermosos. Decimos que la muerte es mala y el nacimiento bueno. Lloramos en una y celebramos el otro. Pero en verdad *todo* en la vida está de nuestro lado, y cada acontecimiento trabaja hacia nuestra evolución personal y colectiva.

La poeta americana Em Claire capturó esta comprensión perfectamente cuando escribió:

Dios dice para mí que te diga Esto:
nada necesita arreglarse:
todo desea
*una Celebración.*


Fuiste hecho para inclinarte
de modo que pudieras hallar
todos los pequeños milagros a tus pies.
Fuiste hecho para estirarte
de modo que pudieras descubrir
*tu propio hermoso rostro de Cielo*
justo arriba
de todo lo que crees que debes sostener.


Cuando apelo a Dios para que me hable
me siento tan pequeña y sola como tú podrías estarlo.
Pero es entonces cuando, sin razón particular en absoluto,
comienzo a
resplandecer.

Para tomar prestado el sentimiento en el arte de Em, comenzamos a resplandecer cuando nos *involucramos* en el proceso de la vida, y no simplemente lo *observamos*. Podemos ser la causa de las adaptaciones que hace la vida, no solamente los testigos de ellas. Somos, de hecho, la causa de ellas ahora mismo.

Como acabo de mencionar hace un momento, las adaptaciones que la vida ha hecho sobre la Tierra hasta ahora son en gran manera el resultado de lo que hemos fomentado con nuestros comportamientos. Del calentamiento global, a los terremotos, a las tormentas tropicales, a los tornados, a las ondas cálidas, sequías e inundaciones y otros "desastres naturales", como se les conoce, vemos que la humanidad ha tenido un gran impacto sobre, y es responsable en gran medida por la ecología del planeta.

No nos gusta admitir que esto es cierto, por supuesto, y por eso algunos se niegan por completo a reconocer la participación de la raza humana en cualquier nivel en la respuesta ecológica de la Tierra hacia la vida en su superficie tal como la hemos estado viviendo y creando. Sin embargo, los científicos con una posición más neutral son muy claros acerca del impacto que los comportamientos de la humanidad han tenido sobre nuestro delicado sistema de equilibrio ecológico.

Podemos, como especie, afectar al planeta y sus adaptaciones con el mismo poder de manera positiva. Lo primero que tendríamos que hacer, con todo, es admitir para nosotros mismos que somos *capaces* de tener un impacto, bueno o malo, sobre la Tierra, para empezar. Si declaramos para nosotros mismos que no somos de ninguna manera responsables por cualquiera de las adaptaciones ambientales que tildamos de negativas, entonces no es posible que tengamos el pensamiento de que podemos efectuar un impacto positivo en la ecología de la Tierra.

Así, la vida nos invita a ser cocreadores, participantes activos, colaboradores conscientes, en la utilización de los Tres

Principios Básicos de la Vida como herramientas con las que dar forma a nuestro propio futuro.

Simplemente porque existe una fórmula por la que la vida se expresa a lo largo del Universo, no significa que debemos permanecer al margen de la fórmula y dejar que su efecto nos asigne una posición. Todos los seres sensibles en cualquier lugar del Universo han aprendido en última instancia que es más bien lo contrario.

Nuestra oportunidad aquí es volvernos una *parte* consciente (en lugar de inconsciente) de la fórmula al crear activa e intencionalmente funcionalidad, adaptabilidad y sustentabilidad, y no atestiguar simplemente la puesta en práctica de la fórmula sin participación ni intervención de nuestra parte de cualquier tipo. Toda especie inteligente y altamente evolucionada entiende esto a la perfección.

*¿Lo hacemos nosotros?*

---

APLICAR ESTE MENSAJE A LA VIDA DIARIA

Éstas son algunas maneras prácticas en que puedes superponer los Tres Principios Básicos de la Vida a tu experiencia diaria:

- Crea un entorno doméstico ecológicamente amigable. Son innumerables las formas de hacerlo y puedes encontrarlas en incontables libros, folletos, guías y boletines publicados por un enorme número de organizaciones en todo el mundo. Aprende las reglas del comportamiento amigable con el ambiente y síguelas.
- Aplica el principio de Funcionalidad, Adaptabilidad y Sustentabilidad a tu salud personal. Abandona de inmediato todos los comportamientos que amenazan con quitar la funcionalidad a la expresión particular de tu forma de vida. Ya sabes cuáles son esos comportamientos. Si fumas, déjalo. Si consumes azúcar en cualquier cantidad que no sea la mínima, deja de hacerlo. Si bebes alcohol más de lo que

deberías, detente. Si consumes alimentos altos en almidón o grasa, deja de hacerlo.

- Por el contrario, *empieza* de inmediato actividades que sabes que serán útiles para sustentar la funcionalidad de tu cuerpo. Una pequeña cantidad de ejercicio, por ejemplo, sería una opción obvia. Dormir lo suficiente sería otra. Controlar y luego eliminar los estallidos emocionales y reducir dramáticamente el estrés sería una tercera. Y la lista continúa. Todos sabemos qué podemos hacer y qué es mejor no hacer para mantener la óptima funcionalidad del cuerpo humano. ¿Pondremos atención a estas cosas? Ésa es la cuestión. Todo depende de la adaptación que quieras que haga el ser que eres tú.

- Tú nunca dejarás de existir. Eres una entidad eterna y una expresión de la Divinidad. Pero continuar expresando la Energía Esencial en la forma que ahora llamas tu personalidad física actual es otro asunto. Es completamente tu responsabilidad. Al final, "adaptarás" tu expresión física en la forma que llamamos "muerte", pero ese momento puede llegar más tarde y no antes si así lo deseas. Todo depende de qué otras "adaptaciones" estés dispuesto a hacer ahora mismo.

- Decide orar, decide meditar, decide cambiar la base de tu existencia en todo nivel, para expandir tu experiencia y tu expresión espiritual. Estudia la visualización y la visualización guiada. Lee en silencio. Deja de ver películas ruidosas con imágenes de cuerpos estallando por todo el lugar. Pon música agradable, suave, tranquila en casa, para variar. Sí, tus hijos o nietos pueden llamarte viejito, pero al menos serás un viejito vivo y no un viejito muerto (en el uso humano común de esas palabras).

En todo esto, pon atención a lo que estás *haciendo*, pon atención a lo que estás *siendo*, pon atención a lo que estás *teniendo* en esta época y estos días de tu vida.

Yo no veo películas de terror, porque no tengo nada de eso. No escucho canciones desagradables o provocadoras con música agresiva, porque no tengo ninguna. No como comida chatarra, porque no la tengo en mi vida.

- Busca qué estás siendo, haciendo y teniendo. Empieza ahora. No mañana, no la próxima semana, no después de tus vacaciones o cuando tengas algunos ratos libres o cuando te retires. Empieza ahora. Toma el control de tu vida. Nos han dado todos estos consejos antes. ¿No sería maravilloso si estas ideas nos ofrecieran algo nuevo? Pero la verdad del asunto es que hemos escuchado esto una y otra vez de cien diferentes fuentes en un millón de maneras distintas. ¿Nos preocupamos lo suficiente por la expresión de vida que llamamos nosotros mismos para garantizar la funcionalidad de nuestra forma de vida actual como para hacer las adaptaciones que hagan sustentable esa forma durante la mayor cantidad de tiempo? Ésa es la cuestión.

Si no puedes encontrar la motivación para hacerlo por ti, hazlo por aquellos que amas. Estoy seguro que de verdad les gustaría tenerte cerca por mucho más tiempo de lo que podrían permitir los comportamientos que puedes estar mostrando en este momento.

Podría estar mal acerca de esto, por supuesto. Sólo tú lo sabrás con seguridad cuando leas esto. Y como sabes, no hay Bien o Mal en todo esto. Sólo existe lo que funciona y lo que no funciona, según lo que trates de hacer. ¿Estás tratando de permanecer en tu forma física por más tiempo? Lotería.

Y así los principios de la vida que nos dan los libros de la serie Conversaciones con Dios se conectan bastante bien. Una cosa lleva a otra en una secuenciación perfecta, produciendo sabiduría aplicable a cada momento.

# 27

Tarde o temprano decides llevar una vida centrada en Dios.

Les pasa a todos. No es una cuestión de *si,* sino de *cuándo.* Cuando esto ocurre, todo cambia.

Cambiará tu razón para estar aquí, cambiará tu razón para pensar, hablar y hacer, cambiarán tu semblante y tu apariencia, cambiará tu tono de voz, cambiarán tus hábitos al comer y vestir, cambiará tu labor en el mundo, cambiarán tus amigos, cambiará tu propósito en la vida, cambiará tu expresión de vida, cambiará tu experiencia de la vida y cambiará el mundo que toques.

Tu decisión de llevar una vida centrada en Dios puede ocurrir durante el curso de varios meses o tal vez varios años o incluso varias vidas. Tú puedes hacer que suceda o esperar a que suceda, puedes pedir que suceda o exigir que suceda —*exigiéndote,* por supuesto, que al fin permitas que suceda—, pero *sucederá,* sin duda y sin falla. Tarde o temprano decidirás llevar una vida centrada en Dios.

Cuando lo hagas, te resultará claro que:

MENSAJE CLAVE DE LAS CONVERSACIONES CON DIOS #4

Dios habla con todos, todo el tiempo. La pregunta no es: ¿con quién habla Dios? La pregunta es: ¿quién escucha?

Escuchar a Dios significa escucharnos a nosotros mismos. Adoptar este descubrimiento requiere gran valentía, porque dice algo acerca de ti —y acerca de cómo te percibes a ti mismo y a tu experiencia *de* ti mismo en el mundo— con lo cual la gente del mundo a tu alrededor podría no estar de acuerdo. Incluso podrían oponérsete decididamente. Podrían incluso crucificarte.

Nada de esto tendrá importancia. Aun si esas cosas podrían ocurrir, no te afectarán, pues habrás asumido tu nueva y tu verdadera identidad, y una vez que eso suceda, nada de este mundo significará nada en absoluto.

Ahora bien, podrías preguntar, si nada tendrá importancia al final, ¿por qué molestarse en experimentar cualquier cosa en particular? ¿Por qué molestarse en resolver problemas, enfrentar desafíos, soportar dolor o sobrellevar la aparentemente interminable embestida de la vida cotidiana y las luchas que conlleva? ¿Por qué molestarse con la vida en absoluto?

Pero cuando completes tu viaje sabrás que estas pruebas fueron simplemente peldaños que te condujeron a la experiencia plena que estás teniendo en tu lugar de completud, y que la única razón para que te parecieran luchas es que no sabías lo que en realidad tenían intención de ser. Estaban allí para crear oportunidad, no oposición, acerca de aspectos del Ser que deseabas experimentar.

¿Has luchado alguna vez con algo, sólo para descubrir más tarde exactamente cómo se resuelve, y entonces te maravillaste de haber batallado alguna vez con ello?

Por supuesto que sí. A todo mundo le ha pasado. Todo mundo ha aprendido a atarse las agujetas. Miles de millones han aprendido a andar en bicicleta. Todos han aprendido de una forma u otra *a hacer lo que parecía imposible* hasta que aprendieron cómo hacerlo. *Entonces* lo que parecía imposible fue *que alguna vez hubieran tenido problemas al hacerlo.*

Lo que es cierto en cuanto a las agujetas y las bicicletas un día será cierto acerca de todo en la vida, para todo mundo.

Lo que experimentamos como un secreto oculto acerca de la Vida ya no será un secreto. Será ampliamente conocido, porque será ampliamente recordado. Será recordado ampliamente por que la gente en todas partes se lo estará recordando a todos. Le estaremos recordando a los demás lo que siempre supimos que era cierto: La vida fue hecha para ser feliz. Todo lo que tenemos que hacer es compartir. Y amar. Y saber que todo funciona para lo mejor, que la vida está de nuestro lado. Y ayudar a los demás cuando lo olvidemos. Y escuchar a Dios cuando nos hable y hable a través de nosotros.

Eso es todo lo que tenemos que hacer. Eso es todo lo que alguna vez tuvimos que hacer.

Dios nos habla a todos nosotros, todo el tiempo. No hay un solo momento, ni un nanosegundo, en el que Dios no se esté comunicando con nosotros. La Vida es un proceso que informa a la vida acerca de la Vida a través del proceso de la Vida Misma. Dios es un proceso que informa a Dios acerca de Dios a través del proceso de Dios Mismo.

Tal vez no hayas pensado antes acerca de las cosas de esta manera, así que esta idea puede ser nueva para ti. Detente, entonces, y ve cómo se siente. Ve cómo se siente albergar la idea de que...

...Dios es un *proceso*.

Es por esto que dije antes que las palabras "Dios" y "Vida" son intercambiables. Dios es un *proceso* que hemos dado en *llamar* Vida.

Este proceso es sencillo cuando se entiende. Pero se nos ha permitido olvidar temporalmente que sabemos cómo funciona, para que podamos llevar a cabo el proceso una vez más. Esta amnesia temporal o selectiva es el regalo más grande que nos hayamos dado a nosotros mismos, porque nos ha permitido experimentar de nuevo nuestra alegría más grande: el proceso de la creación pura.

Al ir alcanzando el recuerdo pleno te resultará claro que todo lo que siempre fue, es ahora, y siempre será, *es ahora*. Sabrás de nuevo que existe Sólo Ahora y Sólo Aquí y Sólo Nosotros y Sólo Esto. Pero para experimentar plena y grandemente esta realidad dividimos Ahora-Aquí-Nosotros-Esto en Entonces-Allí-Ellos-Eso.

Nos permitimos entonces a Nosotros Mismos olvidar esto, de modo que podamos recordarnos otra vez. El proceso de hacer una re-membranza de Dios —es decir, de reconocer una vez más que somos miembros de la Cosa Única Que Hay— nos aporta gran alegría, dicha casi indescriptible, al convertir la sensación de soledad en *pertenencia* de nuevo.

¿Pero por qué nos hacemos a Nosotros Mismos experimentar separación y soledad, para empezar? Si es tan dichoso ser Uno, ¿por qué olvidar que lo somos, y nos hacemos imaginar que somos más que Uno, y estamos separados del Uno? ¿Por qué es necesario para el proceso de remembranza?

Esto ha sido estudiado varias veces, así que por favor disculpa la repetición. Sólo date permiso de experimentar la explicación una vez más, de modo que siempre puedas recordarla.


### LA RAZÓN DETRÁS DE TODO

Mientras fuimos Uno, y fuimos lo Único Que Hay, no podíamos experimentar ser Uno Mismo en forma alguna en particular, por la justa razón de que no había Nadie y Nada Más contra lo cual compararse Uno Mismo, y en ausencia de Aquello Que No Somos, aquello que Somos... *no es*.

Es decir, no es experimentable.

Una vez más, para que puedas saberlo de memoria: no puedes experimentar la Luz sin la Oscuridad. Si no hubiera más que Luz, entonces la Luz misma no se experimenta. No puedes experimentar Grande sin Pequeño. Si no hubiera más que Grande, entonces lo Grande no tendría significado. No puedes experimentar Rápido sin Lento. Si no hubiera más que Rápido, lo Rápido no es "rápido" en absoluto.

No puedes experimentar a Dios sin aquello que No es Dios. Si no hay nada más que Dios (en su Forma Absoluta), entonces Dios Mismo no es experimentado. Pero Dios eligió ser experimentado. Así que dividió su Forma Absoluta en varias partes, creando lo que los humanos han percibido como No Dios.

En la Realidad Última, no puede existir lo "No Dios", pues Dios es todo lo que hay. Sin embargo, partes de Dios pueden olvidar que lo son, y usando este cambio de conciencia, con este don y este instrumento, Dios puede conocerse a Sí Mismo una y otra vez en su propia experiencia, a través del proceso de la Parte de Sí Mismo que recuerda el Todo del que surgió, y del que es una expresión individual.

La Vida es Dios conociéndose a Sí Mismo una y otra vez en su propia experiencia.

¿Pero debe ser tan difícil? ¿Debe ser el proceso una lucha e incluir tanto sufrimiento?

No. Dios nos ha prometido que la respuesta es no. (Ve el libro *Dios es felicidad*.) Todo lo que necesitamos es recordar. Todo lo que necesitamos es reclamar y aclamar nuestra verdadera identidad, nuestra naturaleza auténtica, nuestra característica única y presente: la Divinidad.

Eso es todo lo que Jesús hizo.

Eso es todo lo que Buda hizo.

Eso es todo lo que Lao Tsé hizo.

Nadie que hayamos llamado Maestro ha hecho alguna vez algo más. Nadie ha hecho una sola cosa aparte de esto. De nuevo, aunque lo hayas leído antes, se pone aquí para que lo leas otra vez.

Dios te habla todo el tiempo, y dice la misma cosa una y otra vez. Tarde o temprano escucharás esto. Escucharlo de verdad. Y tarde o temprano llevarás una vida centrada en Dios. Todos los seres sensibles lo hacen al final.

Cuando lo hagas, todo cambiará para ti.

## APLICAR ESTE MENSAJE A LA VIDA DIARIA

Escuchar a la parte más íntima de uno mismo requiere práctica. En un mundo donde tantas experiencias y eventos externos compiten por atención, ir hacia tu interior puede ser un reto. Pero es posible hacerlo, a voluntad y cuando lo ordenes, a través de una variedad de medios. La meditación, por supuesto, es uno. También lo es la oración. También lo es la visualización o la visualización guiada. También las danzas del éxtasis. También lo son los cánticos o repetir en silencio un mantra. Y hay también otras maneras. Leer es una. Escribir es otra.

De manera que no carecemos de formas para experimentar que Dios nos habla todo el tiempo. No carecemos de formas para recordar que Dios y nosotros somos Uno, que no hay separación en absoluto, y que la voz que añoramos es la de nuestra propia alma, la cual es Dios En Nosotros.

Me han preguntado muchas veces personas de todo el mundo, "¿Cómo puedo tener mis propias conversaciones con Dios?". He revisado cómo lo he hecho y lo desmenucé en siete pasos:

1. Reconoce que hay un Dios.
2. Reconoce que es posible para los seres humanos tener una conversación con Dios.
3. Reconoce que es posible para ti tener una conversación con Dios. (Esto tiene que ver con tu propio sentido de valía.)
4. Reconoce que estás teniendo una conversación con Dios todo el tiempo y simplemente llámala de otro modo.
5. Llama a todo una conversación con Dios, y ve lo que Dios te está diciendo.
6. Elige tener una conversación específica con Dios, y entonces obsérvala. Observa estrechamente qué y adónde la vida te está enviando.
7. Después de que tengas la conversación, no la niegues ni la descartes. Cree en ella, adóptala, y responde a ella.

Éstas son algunas aplicaciones prácticas de esto:

- La próxima vez que te encuentres en alguna clase de situación donde el mejor consejo sería bienvenido, deja lo que estés haciendo, cierra los ojos, toda un respiro muy profundo, exhala despacio y alegremente, y luego imagina que Dios está comunicándose contigo ahí y entonces. El mensaje puede venir en la forma de una sensación, como una imagen o visión, o en palabras. Recíbela en la forma que tome.
- Mantén papel y pluma en tu mesa de noche, y en cualquier noche que desees hacerlo, escribe una pregunta para Dios en el papel. Ponla de inmediato a un lado, y no trates de responderla. Duérmete. Por la mañana, procura que lo primero que hagas sea alcanzar el papel, leer la pregunta, y escribir lo primero que te llegue. No lo cuestiones, no "intentes" componer una respuesta, sólo escribe lo primero que te llegue. Puede ser una palabra, una frase, un párrafo, o puede ser un mensaje mucho más largo. Sigue escribiendo hasta que tu ser no pensante te deje de proporcionar palabras. Entonces echa una mirada a lo que ha "llegado". Pon este mensaje junto con otros en una caja especial o ubicación donde puedas encontrarlo con facilidad y volver a verlo más tarde. No te sorprendas si te sorprendes con su sabiduría y claridad.
- Sé en este mundo pero no de él. Pon atención a todo lo que el mundo pone frente a ti en algún momento dado, pero no se lo comentes a nadie en ese momento. Cuando lo comentes, saca tu mente de ello y ponla en lo que estás diciendo al respecto. La energía de la vida está fluyendo desde ti. Deja que la energía de la vida fluya hacia ti. Si quieres comentarlo, hazlo después.
- Ponte "en busca" de las comunicaciones de Dios. Escucha la letra de la próxima canción que escuches. Toma en cuenta las palabras en el siguiente anuncio que veas. Lee completo el siguiente artículo que encuentres en una revista o en internet. Sabrás de inmediato por su vibración si es algo que la parte ignorante, inconsciente del mundo te está haciendo llegar, o algo que la parte de ti Totalmente Cognoscente, Completamente Consciente, pone ante ti como un aspecto de su Declaración de Divinidad en Todo Momento.

- Comienza a entrar, en lugar de alejarte, en cualquier y toda circunstancia, condición o evento que la Vida te presente. Utiliza todos los momentos y lo que te presentan como medios para pasar a la recreación del recuerdo de Quién Eres en Realidad. Deja que cada momento sea un momento en el que naces de nuevo en la expresión, la experiencia y la manifestación de la Divinidad en ti, a través de ti, como tú.

## 28

Ahora que has entendido cómo tener tu propia conversación con Dios, asegúrate de seguir muy cuidadosamente el séptimo paso en ese proceso. No te permitas negar lo que estás escuchando como tu comunicación con la Deidad, incluso si lo que escuchas parece improbable o increíble. Porque a menudo lo será.

Mi experiencia ha sido que casi todas mis conversaciones con Dios han derivado en afirmaciones, comentarios y observaciones que contradicen directamente lo que me enseñaron y dijeron mis mayores y mis religiones y mi sociedad y mi cultura global. Así que tendrás que acostumbrarte a escuchar cosas que no acostumbras escuchar si tu propósito es mantener conversaciones regulares con Dios.

Y un excelente ejemplo de esto sería:

> MENSAJE CLAVE DE LAS CONVERSACIONES CON DIOS #3
>
> No tienes que hacer nada. Hay muchas cosas que harás, pero nada a lo que estés obligado. Dios no quiere nada, no necesita nada, no exige nada ni ordena nada.

De todas las cosas que se me dijeron acerca de Dios, ésta puede estar cerca de la cabeza de nuestra lista de lo Increíble.

Todo lo que alguna vez escuché acerca de Dios nos dice que exactamente lo contrario a este Mensaje clave es la verdad.

*Hay* cosas que tenemos que hacer. *Hay* exigencias que Dios nos hace. Puede ser verdad que Dios no necesita nada, pero sin duda no es cierto que Dios no *quiere* nada o *exige* nada u *ordena* nada. De hecho, hay una *lista* de mandamientos que hemos recibido de Dios. Y cualquiera que crea que esa lista no existe o que no necesitamos cumplir con esos mandamientos tiene tratos con el Demonio.

Eso es lo que nos han dicho.

Pero la nueva cosmología en Conversaciones con Dios nos dice otra cosa de manera consistente: Como Dios es la fuente de todo, el creador de todo y la expresión de todo, es imposible para Dios que necesite algo. Y como Dios no necesita nada, no tiene razón para exigir nada u ordenar nada.

## DIOS NO NOS ENVIÓ LEJOS

Cuando decimos que Dios no necesita nada, no nos referimos solamente a objetos, sino también a experiencias. La satisfacción emocional no es algo de lo que Dios carezca y, por tanto, necesite obtener de nosotros. Dios no necesita ser adorado u obedecido u honrado o apaciguado de alguna forma por nosotros mediante la adopción de ciertos comportamientos o el rechazo de otros.

La idea de que la Divinidad es algo que debemos apaciguar para mantenerla de nuestro lado es una noción primitiva que surge del pensamiento más temprano de los primeros seres humanos sobre nuestro planeta: que Dios es tal como nosotros, y como nosotros necesitamos ser apaciguados para encontrar otra gratificación, así debe ser Dios.

Todo esto ha sido explicado anteriormente. Si comienza a parecer como si esta narrativa da vueltas y vueltas en círculos, es porque así es. Todo en la vida es un círculo. Y el razonamiento que sostiene todo en la vida tal como es, es circular también. Así que escucharás la misma cosa dicha una y otra vez, a veces de diferente modo y otras exactamente de la misma manera, a lo largo de esta teología.

Así que estamos reiterando aquí que debido a que Dios es todo lo que posiblemente podría necesitar, no hay nada que tú puedas ser, hacer o tener que Dios necesite o exija.

Dios no nos envió lejos de Ella para que nosotros lucháramos por encontrar nuestro camino de regreso a Él.

Así es, es exactamente lo contrario de lo que nos han dicho. Dios nunca nos apartó de la Unidad con Dios. Somos *nosotros* quienes hemos apartado a Dios de la Unidad con *nosotros*. Echamos a Dios fuera del templo de nuestro ser. Echamos a Dios fuera del lugar de unidad con nosotros. Lo hicimos por medio de nuestros sistemas de creencias, creyendo que hacíamos lo correcto al nunca permitirnos albergar la idea de que Dios y nosotros somos Uno.

Pero es esta misma idea la que Dios nos ha invitado a albergar desde el principio del tiempo, y nos la ha estado demostrando de todas las formas y por todos los medios hasta este preciso momento.

## NO DEBERÍAMOS SORPRENDERNOS

Es, sin embargo, comprensible que, dada la comprensión elemental que la mente humana era capaz de asumir en las etapas más antiguas de su desarrollo, llegáramos a falsas conclusiones acerca de la naturaleza de la vida y de la Deidad. Lo que podríamos considerar sorprendente no es que llegáramos a esas falsas conclusiones, sino que nos hayamos *aferrado a ellas durante miles de años.*

No deberíamos sorprendernos, sin embargo, porque este retraso en el desarrollo es solamente el proceso de evolución de una especie de seres sensibles. En realidad, en la escala de la edad del universo, hemos llegado a una posición de mayor conciencia y una comprensión más grande en un periodo de tiempo notablemente corto. De hecho, en el reloj cósmico, en cuestión de segundos.

La vida se abre y florece y se consuma a sí misma muy rápido en términos cósmicos. Y así, la humanidad ha alcanzado ahora un punto en que es capaz de comprender y aceptar, adoptar y expresar la noción de que no tenemos que hacer nada, ni nos ha puesto delante exigencia alguna cierta Fuerza Mayor en el universo a la que debamos obedecer o arriesgarnos a ver qué hace.

Ahora enfrentamos un dilema más grande que cualquiera impuesto por una Deidad exigente. Ahora tenemos que decidir, si no hay nada que *debamos* hacer, ¿qué *deberíamos* hacer, y *por qué* deberíamos hacerlo? ¿Cuál será la nueva razón detrás de nuestras acciones? ¿Cuál será el nuevo código moral que soporte nuestras decisiones y elecciones?

Si el castigo de Dios no es lo que buscamos evitar y la recompensa de Dios no es lo que buscamos obtener, entonces, para aquellos que creen en una vida después de la muerte (que son la mayor cantidad de nosotros en el planeta, por mucho), ¿qué código nos guiará a comportamientos específicos?

Afortunadamente, esa pregunta tiene respuesta en las Conversaciones con Dios. Ya hemos visto la respuesta antes. Ahora vemos la base para esa respuesta en este Mensaje clave. Mirando atrás, de los Mensajes clave de los que ya hemos hablado a aquellos de los que surgieron, vemos la plataforma sobre la cual esas afirmaciones posteriores descansan.

Una maravillosa nueva dirección para todos nosotros

Se nos ha dicho en esta teología que no existe lo bueno y lo malo, que hay sólo lo que funciona y lo que no funciona, según lo que tratemos de hacer. Y *eso* se vuelve la medida por la que decidiremos lo que elegiremos hacer a continuación.

Vemos aquí que Dios nos ha dado una gran libertad, otro punto que se ha señalado repetidamente en esta narrativa. No hay nada que "tengamos que" hacer. Y sin embargo siempre hay algo que estamos haciendo (la mente nunca se detiene y el cuerpo está en constante movimiento incluso durante el sueño).

Así que vemos que la "haceridad" es una constante en nuestras vidas. La pregunta no es *si* estaremos haciendo algo, sino *por qué*. ¿Cuál es la motivación detrás de nuestra acción? Y la teología de las Conversaciones con Dios sugiere que la única motivación que tiene sentido para nuestra Alma es la meta de experimentar, expresar y manifestar la Divinidad. Así que nosotros, como seres iluminados, buscaremos hacer "lo que funcione" para producir esa experiencia constante.

Esto es lo único que importa, y todo el complejo y maravillosamente sofisticado proceso y cosmología que respalda este resultado se describe en el libro del mismo nombre, *Lo único que importa*.

Es maravilloso tener una nueva razón para vivir, una razón más grande, una razón más maravillosa que tiene pleno sentido en nuestro Corazón, nuestra Mente y nuestra Alma. Es maravilloso tener toda una nueva dirección a la cual orientar nuestras vidas, sabiendo que la vida misma no se trata de pérdidas y ganancias, ganar o perder, tomarlo o dejarlo. Es maravilloso saber que incluso los más pequeños entre nosotros pueden ascender hasta la más alta expresión de quienes somos sin tener necesariamente que alcanzar alguna de las metas y objetivos que imaginamos importantes y vitales en nuestra vida diaria.

¿No es sorprendente considerar que nada que alguna vez nos hubiéramos *dicho* a nosotros mismos que era importante y vital es *en realidad* importante y vital? ¿No es aún más asombroso llegar a entender que nada que nos hayan dicho que es importante y vital para *Dios,* en términos de lo que deberíamos estar haciendo o estamos obligados a hacer, tiene relación alguna? ¡Qué libertad! Y sin embargo, ¿qué *haremos* con esta extraordinaria, impresionante libertad?

Ésa se vuelve la pregunta central de la vida misma.

Es lo que el maestro y el alumno se preguntan a sí mismos en cada encrucijada, en cada intersección, en cada coyuntura en cada momento de la vida. Es lo que tú estás invitado a preguntarte ahora. De nuevo. Otra vez más.

¿Y ahora qué, mi amor? ¿Qué deberíamos ahora ser, hacer y tener? ¿Qué deberíamos ahora expresar y experimentar? ¿Qué deberíamos ahora permitirnos conocer de Dios en, a través y como nosotros? ¿Y qué deberíamos ahora permitir que otros conozcan de Dios en sí mismos a causa de nosotros, a causa de la manera en que tocamos sus vidas?

¿Puede haber mejores preguntas para hacer y responder? ¿Puede haber una mejor manera de ir a lo largo de nuestros días y noches que vivir dentro de estas preguntas?

## APLICAR ESTE MENSAJE A LA VIDA DIARIA

Éste es el momento más maravilloso de nuestro viaje, este momento en el que contemplamos las preguntas anteriores. Rara vez percibimos este sentido de expansividad y libertad. Rara vez sentimos esta apertura hacia la vida y todas sus posibilidades. Y así, es con ansia y hambre, con emoción y expectación que nos embarcamos en la aplicación práctica de este maravilloso Mensaje clave.

Como no hay nada que debas hacer, ¡ni siquiera tienes que hacer esto! Eso es lo divertido, ¡y ésa es la alegría de ello!

Si deseas hacer unas cuantas cosas para aplicar este mensaje en tu vida, prueba éstas:

- Celebra tu libertad dándote cosas para hacer en lugar de exigirte cosas que crees que "tienes que" hacer. Y lo primero que puedes elegir hacer es expresar tu libertad fundamental como ser humano y como una individualización de Dios para decir "no". Puedes decir "no" a cosas que lleguen frente a ti en la próxima semana que realmente no quieras hacer.

- Permítete empezar un Diario de Siete Días de Peticiones y escribe en él cada petición que se te haga, ya sea explícita o implícita, a la que te gustaría decir no, pero a la cual estás tentado a decir sí porque se siente como algo que "deberías" hacer. Escribe un párrafo o dos debajo de cada mención que enlistes —las peticiones que hayas recibido en los siete días posteriores al comienzo del diario— y en tu narrativa explícate a ti mismo por qué sientes que en realidad no tienes deseos de hacerlas.

- Ahora dirígete a cada persona que te haya hecho estas peticiones —incluso si son tus empleadores— y explica con verdad, cuidadosamente y con auténtica sinceridad por qué sientes que no puedes o no deseas hacer esas cosas. Esto puede tener ciertas consecuencias, pero podría ser uno de los pasos más importantes hacia la libertad personal que darás. Así que deja que éste sea tu primer ejercicio intencionado en la dirección, el cuidado y el descubrimiento de ti mismo. Si eres como la mayoría de las personas, descubrirás cosas acerca de ti mismo mientras te embarcas en este proceso.

- Haz una lista de al menos tres cosas que te hayan pedido en el pasado. Podría ser la semana pasada, el mes pasado, el año pasado o en el pasado remoto. Busca si alguna de estas tres son cosas que en realidad no querías hacer, y aún no quieres hacer mientras las consideras hoy. Si alguna de estas menciones cae dentro de esta categoría, date permiso de entrar en los Cinco Niveles de Expresión de la Verdad, y di tu verdad a otro acerca de todo esto. Recuerda la advertencia: di tu verdad, pero suaviza tus palabras con paz.

- Recuerda, también, que tu valor más alto te exige cumplir con tu palabra. Por tanto, si has hecho una promesa de hacer algo y ahora simplemente no quieres mantenerla, pregúntate si tu conciencia de que no quieres hacer esto debería darte un "pase" automático en esta situación. Observa si te resulta cómodo liberarte de esta promesa sin el consentimiento y el permiso de la otra persona. Recuerda que todo acto es un acto de definición propia.

- A diario, lleva a cabo el "Ejercicio del Por Qué". Éste es un proceso en el que nos preguntamos (y funciona muy bien si uno hace este proceso por escrito) por qué estamos haciendo cualquier cosa en absoluto. En este ejercicio, se te invita a escribir cinco cosas que hayas hecho en la última hora y anotes las razones para hacerlas. Sé específico y muy claro. Lleva una libreta que puedas andar trayendo adondequiera que vayas. Algo que quepa con facilidad en tu bolsillo o bolso de mano. Cada hora durante las siguientes dos semanas, saca la libreta y revisa las acciones, elecciones y decisiones que tomaste en los sesenta minutos previos. Éstas pueden ser grandes o pequeñas. No hagas un juicio de valor con respecto a su importancia, sólo advierte que fue algo que hiciste. Luego haz una nota de por qué lo hiciste.

- Al terminar el día, revisa tu libreta y las razones que diste para hacer todas las cosas que hiciste ese día. De nuevo, éstas podrían ser cosas grandes o pequeñas. Podrían ser menciones como peinar tu cabello, tomar una ducha, ponerte la camisa azul en lugar de la verde, o grandes cosas como posponer un proyecto importante o emprender un proyecto importante, acordar una interacción particular con alguien más o elegir no entrar en esa interacción, decidir comer esto o aquéllo, tomar la llamada o ignorarla, empezar una relación o no empezarla. Grande o pequeña, cada acción tiene un juicio detrás que tú hiciste, una razón para hacerla. Estas razones son importantes —más importantes, tal vez, de lo que podrías pensar— y el efecto agregado de todas las razones tiende a ser mayor sobre tu estado de ánimo y bienestar de lo que podrías imaginar a primera vista.

- Como no hay nada que tengas que hacer, hazte la pregunta más importante de la vida antes de hacer cualquier cosa. La pregunta es: *¿Qué tiene esto que ver con la Agenda de mi Alma?* Deja que ésta sea tu luz guía, tu vara de medir, tu criterio en toda situación en todo momento. Haz esto por noventa días y observa tu vida cambiar dramáticamente. Pero primero, por supuesto, debes saber cuál es la Agenda de tu Alma. Todo eso está cubierto en la teología de las Conversaciones con Dios, y todo ello está explicado con maravilloso detalle en *Lo único que importa.*

# 29

Llega un momento en la vida de la mayoría de la gente cuando la pregunta central de la vida ya no puede seguir sin contestarse. Esa pregunta central es un tema recurrente a lo largo de este libro porque es un tema recurrente a lo largo de los días y noches de todos nosotros sobre este planeta. La pregunta es: ¿Quiénes somos, y qué estamos haciendo aquí?

He observado que las razones por las que muchos seres humanos hacen cosas están la mayor parte de las veces desconectadas de esta pregunta. Es decir, nuestras razones y motivaciones para las elecciones y acciones no reflejan nuestras respuestas a esta pregunta (si, de hecho, nos hemos planteado siquiera esa pregunta). El resultado es que vamos por ahí pensando cosas, diciendo cosas y haciendo cosas que ignoran tanto a la Agenda del Alma como a lo que me refiero como la Realidad Última.

Si esto nos ha llevado a una vida buena y maravillosa, libre de conflicto, libre de estrés, libre de agitación espiritual y problemas cotidianos importantes, entonces no hay razón para que nosotros como individuos, o humanidad como colectivo, estudiemos o discutamos esto mucho más.

Por otro lado, si esto no nos ha llevado a la vida con la que soñamos —o si, como yo, sientes que debe haber más en la vida que simplemente "salir adelante" con la menor cantidad de dolor y la mayor cantidad de diversión—, se nos vuelve importante alcanzar de verdad una comprensión profunda de lo que todos estamos experimentando aquí y cómo funciona todo.

Es esencial que en verdad comprendamos esta realidad física y lo que es verdad acerca de ella, y de la razón y el propósito de la vida misma, tanto aquí en la Tierra como en cada reino y dimensión en que es expresada.

La maravilla y la belleza de la teología de las Conversaciones con Dios es que nos ofrece respuestas a muchísimas de las mayores preguntas de la Vida. No *las* respuestas, sino algunas respuestas. Dios nos ha puesto en claro que las respuestas finales son nuestras propias respuestas, y deben serlo siempre, o no habremos entendido el objetivo de toda nuestra experiencia en la Tierra, que es tanto crear como expresar quiénes somos y quiénes elegimos ser, como sólo las verdaderas individualizaciones de la Divinidad tienen la capacidad de hacer.

De hecho la mayoría de nosotros, quienes hemos habitado la Tierra, no *hemos* entendido por qué la vida en nuestro planeta es como es: constante agitación, constante competencia, constante lucha y constante guerra. (Un antropólogo —honestamente, no recuerdo quién— una vez señaló que escasamente habrá habido un día en toda la historia humana en que una facción no haya estado en guerra contra otra por alguna razón. No estoy seguro de que esto se haya comprobado, pero sin duda parece cierto al menos para todos los días de mi vida.)

Los humanos al parecer no creen que su propósito es crear y expresar quiénes son y quiénes eligen ser, o en todo caso lo *creen,* pero se descubren a sí mismos incapaces por completo de cumplir la tarea, aun después de miles de años de intentarlo.

O, peor aún, los humanos han decidido que quienes realmente *quieren* ser es una raza de seres salvajemente primitivos que se matan entre sí cuando no consiguen lo que quieren, despojan a los demás *para* conseguir lo que quieren e ignoran los apuros ajenos cuando *consiguen* lo que quieren.

No creo que sea esto último. Ni creo que nuestra especie quiera algo que es simplemente imposible crear, por su propia naturaleza. Creo que hay una tercera razón para que la humanidad no haya sido capaz de producir aquello que anhela. Creo que simplemente no tiene toda la información que necesita para crearlo. La especie no se ha desarrollado por completo aún. Hay más por recordar aquí.

¿Podemos admitir esto? Ésa es la pregunta. ¿Es nuestro ego tan grande, tan incontrolable, como el de un niño terco de dos años, que no podemos reconocer que debe haber algo que no sabemos aquí, que si lo supiéramos cambiaría todo, algo que no comprendemos plenamente acerca de la vida, y que si lo entendiéramos modificaría nuestra experiencia para siempre?

Sí, lo sé, lo sé. Sigo diciendo las mismas cosas una y otra vez de nuevo. Te advertí antes que iba a hacerlo. Pero honestamente, ésa es la única manera de llegar a la humanidad en este punto. Todos estamos con los sentidos sobrecargados. Tú, yo, todos nosotros. Estamos siendo inundados de información. Cámaras destellando, música atronando, voces ascendiendo, todo para conseguir nuestra atención. Así que Dios está usando el instrumento de la Repetición para llegar hasta nosotros.

Por medio de las Conversaciones con Dios Ella nos ha puesto frente a frente con ideas y pensamientos acerca de cada aspecto de la vida, pensamientos que Él tiene planeado enviarnos una y otra vez para estimular nuestra propia búsqueda interna de nues-tra verdad más íntima, creando desde nuestra Fuente Interior un sentido de profunda claridad acerca de quiénes somos y por qué estamos aquí y cómo funciona todo.

Y no encuentro ninguna idea o pensamiento particular más estimulante, más capaz de encender mi propia búsqueda de una maravillosa manera de vivir y expresar mi verdadera naturaleza, que:

---

### MENSAJE CLAVE DE LAS CONVERSACIONES CON DIOS #2

Hay lo suficiente. No es necesario competir, mucho menos pelear, por los recursos. Todo lo que tienes que hacer es compartir.

Al considerar el mensaje anterior, es crucial que no juzguemos a partir de las apariencias. Si no somos cuidadosos, podría parecer mientras miramos a nuestro alrededor como si hubiera todo *excepto* "lo suficiente" en este mundo.

Incluso en nuestra propia vida, podría sentirse ahora mismo como si no hubiera suficiente tiempo, suficiente dinero, suficiente amor, y tal vez también una insuficiencia de otras cosas. Y sin duda al contemplar el mundo en toda su extensión vemos evidencia de que esto es verdad para algunos otros incluso más de lo que puede ser para nosotros. Así que el que venga Dios y nos diga en un diálogo con la humanidad que "hay suficiente" parece casi el colmo de la insensibilidad.

¿Cómo puede Dios estar tan distante y tan apartado, ser tan inconsciente y tan desapegado de la condición humana, como para no ser capaz de ver lo difícil que es la vida para tanta gente? ¿Cómo puede Dios decir que "hay suficiente" cuando miles de millones de personas experimentan justo lo contrario? ¿Qué clase de mensaje es ése? ¿Qué verdad está siendo desvelada ahora? Claramente debe estar oculta, o la mayoría de la gente en el planeta no estaría viviendo sus vidas de la manera en que lo hace.

### DESCUBRIENDO EL SECRETO

Lo que está oculto de nosotros es la exactitud de la propia afirmación, la que se revela cuando miramos con profundidad en lo que significa exactamente.

La afirmación "Hay suficiente" no quiere decir "todo mundo *tiene* suficiente". Pero éste no es un juego de palabras, sin duda capaz de producir reacciones cínicas del tipo "pensé que había un truco". Es una afirmación dirigida a revelar un hecho absoluto, y a dejar que la raza humana vea que son los *comportamientos* de la humanidad lo que hace sentir que *no* es un hecho.

Es claro para cualquiera que incluso observara superficialmente nuestro mundo, que mucha, mucha gente no experimenta tener suficiente para vivir la vida con dignidad, seguridad y felicidad. Muchos ni siquiera tienen suficiente para sobrevivir.

La ironía suprema de la historia humana es que creamos insuficiencia en abundancia mediante nuestra insuficiencia de voluntad para demostrar nuestra abundancia.

Preocupados de que de alguna manera no haya suficiente de todo, creamos sistemas económicos, sistemas políticos, sistemas sociales, sistemas ecológicos e incluso sistemas espirituales que buscan protegernos de las insuficiencias que imaginamos que existen, pero que no nos protegen en absoluto, haciendo en lugar de ello *exactamente lo opuesto*.

Ya hemos señalado en esta narrativa que ninguno de los sistemas que hemos puesto en marcha para hacer la vida mejor en este planeta ha hecho eso. Han hecho la vida peor. Todos ellos. Cada uno, sin excepción. Así que debido a que los humanos se han *preocupado* por la insuficiencia, han creado *insuficiencia* con sistemas que la *producen* y comportamientos que la *garantizan,* en lugar de eliminarla.

Actualmente, muchos humanos usan o acumulan lo que sea de las cosas de la vida sobre lo que pueden echar mano, anunciando como justificación su imaginación de que hay muy poco de estas cosas. Así, apartan estas cosas de los demás, o las ponen a su alcance sólo en una proporción ínfima.

Pero lo peor del comportamiento humano va más allá de esto. No es simplemente que algunos humanos estén usando más de lo que necesitan y almacenando más de lo que alguna vez podrían usar. Están de hecho *desperdiciando* más de estos recursos de lo que se requeriría para *satisfacer las necesidades de todos los demás.*

Por poner un ejemplo, se desecha más comida en *un día* como "restos" en los restaurantes y hogares del mundo de lo que se necesitaría para alimentar a todos los niños hambrientos del mundo *por una semana*. Por lo tanto, tenemos la ilusión sobre este planeta de que no hay suficiente comida que alcance, cuando todo lo que tendríamos que hacer para *conseguir* que *alcance* es *dejar de desperdiciarla.*

Se gasta más energía en *una semana* mediante el consumo poco inteligente, indiferente o descuidado de las naciones que usan más energía del que se requeriría para abastecer todas las necesidades energéticas del resto del mundo *por un mes.* Por tanto, hemos creado la ilusión sobre este planeta de que no hay suficiente energía que alcance, cuando todo lo que tendríamos que hacer para *conseguir* que *alcance* es *dejar de desperdiciarla.*

Más dinero se gasta en *un año* en programas ineficientes e inefectivos de agencias del gobierno y en productos y servicios innecesarios de compañías privadas del que se requeriría para financiar programas de asistencia para los pobres *durante una década.* Por tanto, tenemos la ilusión sobre este planeta de que no hay suficiente dinero que alcance, cuando todo lo que tendríamos que hacer para *conseguir* que *alcance* es *dejar de desperdiciarlo.*

Hay más que suficiente de todo lo que imaginamos que necesitamos de lo que imaginamos que tenemos. Pero la suficiencia no se experimenta mediante el *desperdicio,* sino al *compartir.*

## Sin exagerar

Ahora bien, podrías pensar que estoy adornando sólo un poco o inflando los hechos aquí un tanto para hacer una observación, así que veamos si eso es cierto. Revisemos sólo un caso en particular.

Un reporte de Andrea Germanos, redactora de planta del sitio web Common Dreams, apareció el 10 de enero de 2013 bajo el titular: "Fallo en el sistema alimentario: Más de la mitad de la comida del mundo se desperdicia".

El subtítulo decía esto: "La impresionante cantidad de comida desperdiciada malgasta 'recursos preciosos, tierra, agua y energía incluidas'".

Y Dana Gunders, científica de proyecto de la FAO y bloguera para el Natural Resources Defense Council (Consejo para la Defensa de los Recursos Naturales), publicó esto el mismo mes:

> Gente de todo el mundo está invirtiendo tiempo, tierra, agua, energía y toneladas de otros recursos para cultivar, almacenar, procesar y trasportar alimentos, sólo para que casi la mitad de esa comida sea tirada... Hoy en Estados Unidos, 40% de toda la comida se queda sin consumir... Se pierden alimentos a todo lo largo de la cadena de abastecimiento, en granjas, durante el procesamiento y la distribución, en tiendas minoristas y restaurantes, y en nuestros hogares. Las razones para estas pérdidas varían.
>
> En el nivel de las granjas, las cosechas se quedan en los campos porque el precio al momento de la cosecha es demasiado bajo para que los granjeros recuperen cuando menos el costo de la mano de obra necesaria para cosechar. La existencia se queda abandonada en los centros de distribución.
>
> Las tiendas minoristas a menudo compran producto de más con la esperanza de que crear la ilusión de abundancia de alimentos ayudará a vender más. Con platos que son de dos a ocho veces más grandes que las porciones recomendadas por el gobierno, grandes porciones y amplios menús pueden conducir a la pérdida de alimentos en los restaurantes.
>
> Y luego están los consumidores al final de la cadena de abastecimiento. Usted y yo, tirando la mitad de un sándwich simplemente porque no queremos llevarla a casa.[1]

Gunder señala entonces que "los recursos consumidos para cultivar alimento que no se consume imponen estragos impre-

---

[1] Reimpreso con permiso del Natural Resources Defense Council.

sionantes al ambiente, incluido un total de 25% en el consumo de agua dulce, 4% del petróleo, y cerca de 23% de toda la producción de metano una vez que los restos llegan al vertedero. Sí, el vertedero. Sólo cerca de 3% de los restos de comida en Estados Unidos se hace composta".

Y la tendencia en este comportamiento derrochador es a la *alza,* no a la *baja,* como uno esperaría en una sociedad evolutivamente avanzada. En Estados Unidos, reporta el *blog* de Gunder, "estamos tirando 50% más comida de lo que lo hacíamos en los setenta".

Con una simple búsqueda de internet yo podría encontrar evidencia igualmente convincente del desperdicio de energía y dinero. No me molestaré en llenar este libro con ello. Todos entendemos la naturaleza del problema. Se trata de autocomplacencia y fuerza de voluntad. Queremos lo que queremos cuando lo queremos, y queremos ser capaces de tirar lo que no queremos cuando no lo queremos. Y esta situación está empeorando, no mejorando.

Es dentro de este contexto que estamos invitados a considerar el Mensaje clave #2. Dios nos dice que hay suficiente de todo lo que imaginamos necesitar. Todo lo que tenemos que hacer es distribuirlo y usarlo de manera diferente. De lo que *no* hay suficiente es de la simple determinación de demostrar nuestra suficiencia. Hay insuficiente voluntad para reducir el desperdicio e incrementar la compartición de "aquello de lo que no hay suficiente".

## Un aforismo que es verdad

Lo que compartimos es lo que declaramos. Mientras más compartamos con los demás, más declaramos que tenemos. El universo nos da lo que elegimos hacer fluir *a través* de nosotros. Somos, de hecho, un mecanismo de paso de flujos, nada más.

Cuando dejamos que la energía de la vida en cualquier forma se detenga con nosotros, detenemos cualquier otra cantidad de ella que venga *hacia* nosotros, porque todo el proceso de la vida es circular. O, como algunos lo han enunciado, "Lo que das, recibes".

Éste es uno de esos aforismos que resultan ser ciertos en el sentido literal absoluto. Es un *hecho* que lo que das recibes, y que lo que *no* das porque lo has *detenido* al no entregarlo, dejas de recibirlo.

Esto es fácilmente observable cuando vemos nuestra experiencia colectiva sobre la Tierra. La humanidad, actuando en conjunto, ha detenido lo que debía dar, impidiéndole *seguir* de vuelta. Por tanto, no lo recibimos como estaba previsto. Como especie hemos detenido que el amor fluya hacia todos, hemos detenido que la abundancia llegue a todos, hemos detenido que la oportunidad alcance a todos, hemos detenido que prácticamente todo lo bueno que hay abarque a cada *uno* de nosotros, no porque seamos avariciosos y egoístas, sino porque somos *survivalistas*.

Sincera, verdadera y honestamente pensamos que no hay suficiente. De cualquier cosa. Sin duda, de cualquier cosa que necesitemos para sobrevivir y para ser felices. Y así hacemos lo que podemos para reunir tanto como sea posible y guardamos todo lo que podemos con la esperanza de experimentar la vida lo mejor que podemos.

Incluso aquellos que tienen mucho creen que deberían reunir más, y luego más y más, e incluso más después de eso. Entonces acumulan lo que han reunido, de modo que a ellos y sus familias y su círculo íntimo nunca se les acabe. Mientras tanto, millones mueren de hambre y millones más viven en abyecta pobreza y completa miseria, simplemente tratando de sobrevivir.

Vale la pena repetir aquí una afirmación del capítulo 8: Menos de 5% de la población mundial posee o controla más de 95% de la riqueza y los recursos del mundo.

Va a sonar como que hablo en círculos aquí, pero voy a hacerlo. No puedo decirlo lo suficiente y no se dirá lo *suficiente* hasta que suficiente gente lo escuche y haga suficiente al respecto: La manera de expandir nuestra experiencia de abundancia y suficiencia es expandir la abundancia y la suficiencia de alguien más.

Ésta es la regla de oro del universo: En todas las cosas, lo que desees experimentar dentro de ti mismo, haz que otro lo experimente.

Las Conversaciones con Dios nos dicen que lo que fluye a través de ti se te pega. Así ha sido siempre, y siempre será.

Saber esto y *aplicar* esto cambia la vida entera de uno.


## LO PRIMERO PARA TENER CONTROL

El mundo no fue hecho, y la vida no fue construida, en una forma que haga imposible que se sustenten a sí mismos. La Vida se sustentará a sí misma ya sea que interfiramos con su proceso natural o no. No importa lo que hagamos, la vida seguirá siendo funcional al adaptarse como sea que deba a lo que nosotros estamos haciendo, para sustentarse a sí misma.

Ya sea que creamos o no que hay suficiente de lo que imaginamos que necesitamos para seguir adelante, *la vida seguirá adelante*. La única pregunta es si la vida seguirá adelante en una forma que consideremos aceptable, hospitalaria y favorable a nuestra especie particular. Y eso nos corresponde a nosotros.

Somos la primera especie sobre este planeta para la que eso es cierto. Podemos literalmente *decidir por nosotros mismos* cómo queremos que la vida continúe en muchos, muchos aspectos. El nuestro es un papel muy importante en ese proceso. De acuerdo, tal vez no podamos impedir que un meteoro nos impacte (¡a no ser que podamos!), o que una "tormenta solar" interfiera con nuestras comunicaciones globales, o que haga erupción la lava fundida debajo de nosotros, pero podemos seguramente cambiar nuestra expresión humana individual y colectiva sobre la Tierra.

Eso lo podemos hacer.

La pregunta no es si podemos sino si lo haremos.

## APLICAR ESTE MENSAJE A LA VIDA DIARIA

No puedo pensar en nada que traiga más alegría y produzca más diversión en la vida que practicar la abundancia, la suficiencia y la "suficientidad" a diario. Éstas son algunas formas que podrías encontrar muy disfrutables de hacer eso:

- Haz una lista de tres cosas de las que creas que no tienes suficiente en tu vida ahora mismo. Luego ve por la vida en los próximos siete días con tu sensibilidad bien alerta y tu antena recolectando toda la información a tu alrededor. Ve si puedes encontrar a alguien que tenga menos de lo que imaginas que tú mismo no tienes suficiente. Tan poco como sea lo que imagines que posees ahora, encuentra a alguien que no tenga ni siquiera eso. Da de inmediato a esa persona aquello de lo que tú desearías tener más. Haz esto cuando menos una vez al día durante tres meses. Al final de los noventa días, haz una evaluación de cuánto tienes de lo que sea que una vez creíste que no tenías suficiente. No te sorprendas si encontraras que tu experiencia de insuficiencia en cuanto a esos artículos ha desaparecido

- Si quieres *incrementar* algo que ya has experimentado tener suficientemente, aumenta la cantidad de ello que das a los demás. Esto incluye tiempo, energía, dinero, amor, o cualquier cosa en absoluto que desees experimentar en mayor plenitud. Ve por la vida y cuando observes a alguien más que no esté experimentado estas cosas en plenitud, haz que así lo hagan, al menos en ese momento, porque tú estuviste allí. Decide Ser la Fuente. Bien podrías descubrirte ampliando y alargando tu propia experiencia de suficiencia a niveles y grados que nunca pensaste posibles.

- Como un ejercicio específico en pasar de lo anterior a tu propia realidad, toma un fajo de dinero de papel (billetes, de denominación intermedia) una vez a la semana y camina por la calle repartiendo esos billetes a las personas que imagines que los necesitan. Advierte al final de la semana y al final del mes que apenas has notado ese gasto. Descubrirás que es sólo papel y que, de hecho, crece en los árboles. Y cuando descubres que no te hace falta, tienes la experiencia directa de cuánto has tenido.

- Como otro ejercicio al implementar algunas de las ideas anteriores y hacerlas realidad en tu vida, ve a una tienda y ve si puedes hallar contenedores de cartón con tapa para almacenar alimentos o líquidos. Compra varios de ellos, y luego, cada noche, cuando tu familia termine de cenar, llena los empaques con los restos que hayan quedado. Si puedes, realiza una breve caminata o salida justo después de la cena hasta donde haya personas sin hogar, sentadas o deambulando, preguntándose qué comerán esa noche. Entrégales esos empaques con algunos cubiertos de plástico y observa sus rostros iluminarse. Si no puedes hacerlo justo después de cenar, pon los empaques en el refrigerador, y cuando reúnas dos o tres, en lugar de dejar esos restos para ti al día siguiente o dos días, maneja hasta donde esperes encontrar gente con hambre y entrégales esos empaques. Luego observa el hambre que esto satisface dentro de ti.

- Ve a tu clóset mañana y retira todo lo que no hayas usado en los pasados tres meses (excepto por la ropa obviamente invernal y los atuendos de celebración, tales como vestidos de noche y trajes de gala). Retira esos artículos de tu clóset de inmediato, asegúrate de que estén limpios y llévalos a cualquier iglesia u organización caritativa que ponga ropa al alcance de los demás por poco dinero o sin ningún costo. Muchas ciudades y poblaciones han instalado los que se conocen como depósitos gratuitos, donde pueden recogerse artículos sin usar, desde tostadores de pan hasta botas viejas o madera de desecho de construcciones. (Yo viví prácticamente afuera de los depósitos gratuitos durante un periodo de tiempo de mi vida.) Haz el viaje hasta el depósito gratuito o tu tienda de caridad una de tus maneras favoritas de limpiar tu casa de esas mil cosas que ya no utilizas.

- Levántate 60 o 90 minutos más temprano cada día y haz esas cosas que has sentido que no tenías suficiente tiempo para hacerlas. Como escribir ese libro. Terminar ese proyecto. Componer esa canción. Limpiar esa habitación trasera. Organizar el garaje. O meditar.

# 30

Y así acabamos donde empezamos. Encontramos con estos Mensajes Centrales de esta Nueva Teología que el final es el principio y el principio es el final, como es cierto en el gran círculo de la vida misma.

Cuando el reloj marque la medianoche, ¿qué ha pasado en ese preciso momento? al marcar las doce en punto, ¿ha comenzado un nuevo día o ha terminado el anterior? ¿Cuál es? ¿*O pueden ser los dos?*

¡Ah! ¡Parece que *todos* los finales son principios!

Ése es más que un detalle filosófico. Resulta que así es en realidad. Resulta que así es como funciona el Universo. Resulta que así es como funciona el proceso de la vida.

Y así completamos el círculo en esta maravillosa excursión dentro de los 25 mensajes más importantes de las Conversaciones con Dios. Llegamos a:

MENSAJE CLAVE DE LAS CONVERSACIONES CON DIOS #1

Todos somos Uno. Todas las cosas son Una Cosa. Sólo hay Una Cosa, y todas las cosas son parte de la Cosa Única que existe. Esto quiere decir que tú eres Divino. No eres tu cuerpo, no eres tu mente y no eres tu alma. Eres la combinación única de los tres, lo que abarca la Totalidad de Ti. Eres una individualización de la Divinidad; una expresión de Dios en la Tierra.

A la mayoría de los que nos enseñaron acerca de un Dios, nos dijeron que Dios es el *Todo-en-Todo,* el *Motor Inmóvil,* el *Alfa y la Omega.*

Dios, nos dicen, es Omnisciente, Omnipotente y Está en Todo Lugar.

Si aceptamos estas enseñanzas —es decir, si adoptamos el pensamiento de que lo que acabamos de mencionar es verdad—, entonces llegamos a dos conclusiones inmediatas:

1. Todos somos *una parte de Dios* y no podemos ser separados de Dios.
2. Todos somos también *una parte de los demás* y no podemos ser separados de ellos.

Tan lógicas como pueden ser, ocurre que ambas conclusiones se han vuelto altamente controversiales, en buena medida debido a que nuestra idea de separación de los demás y de nuestra Deidad ha estado alojada por mucho tiempo en nuestra antigua historia.

## El origen de nuestra idea de separación

Fue en los primeros días de nuestro desarrollo como especie sensible que tuvimos nuestra primera experiencia de lo que concebimos como "otro", y de nuestra "separación" de ese otro.

Creo que la historia temprana de separación puede haber tenido su origen en los primeros intentos de nuestra especie por entender la vida que estábamos experimentando. Algo parecido es lo que sucedió, o probablemente sucedió.

Lo que ahora llamamos "conciencia de uno mismo" surgió cuando comenzamos a vernos o conocernos a nosotros mismos de forma individual. Tal vez fue ver nuestro reflejo en un charco al lado de una cueva lo que disparó esta percepción. Levantamos una mano para rascarnos la cabeza y vimos al "hombre del charco" hacer lo mismo... y pronto empezamos a concebir "El Yo".

El siguiente paso en la producción de la percepción de separación se dio, tal vez, cuando nos sentamos alrededor de la fogata de nuestro clan y nos vimos asustados por el súbito resplandor de un relámpago en el cielo nocturno, seguido del estruendo del trueno. Miramos ansiosamente alrededor de la fogata y preguntamos, con cualquier expresión verbal y facial que hayamos desarrollado, "*¿Tú* hiciste eso?*". Cuando todos en el clan sacudieron la cabeza con un "¡No!" de pánico, llegamos a una inquietante comprensión: *Hay algo Ajeno A Nosotros*.

Este Algo Ajeno también parecía, como demostraron eventos subsecuentes, mucho más *poderoso* que nosotros. Podía provocar viento y lluvia y violentas tormentas; calor y sequías que duraban, al parecer, una eternidad; sacudidas atemorizantes e incluso aberturas en el suelo por el que caminábamos. Podía incluso iniciar fuegos en los bosques, todo por Sí Mismo.

Se nos hizo claro que necesitábamos encontrar una forma de *controlar* a este Algo Ajeno, o nuestras vidas estarían siempre a su merced. Pero no podíamos imaginar o concebir una manera de hacer esto. Lo intentamos todo. Sabíamos que teníamos que hallar una manera de apaciguar a los dioses.

No llamamos "dioses" a los elementos de la vida, por supuesto. Esa palabra vino en una época muy posterior. Pero pensábamos en este Algo Ajeno como un aspecto de nuestra existencia que era al mismo tiempo poderoso e incontrolable.

Conocíamos a algunos miembros de nuestro clan exactamente de la misma forma. Los más grandes y fuertes y los más brutos corrían desenfrenados entre la vida colectiva del clan, y se hacían esfuerzos continuamente por apaciguarlos. Se les hacían ofrendas de toda clase, desde vírgenes núbiles hasta comida en abundancia y cosas hermosas de la riqueza de la tierra.

Una vez, cuando los más brutos se volvieron más hoscos y furiosos de lo común a causa de una sequía interminable y de los sacrificios que esto les imponía tanto a ellos como al clan entero, nos unimos a otros en nuestro pequeño grupo para hacer cualquier cosa en la que pudiéramos pensar para calmarlos por temor a que pudieran ejercer su ira contra nosotros, lo que ya habían hecho antes.

Hicimos una "fiesta" en el campamento en su honor, cantamos y danzamos para ellos. Alguien en el grupo cortó una rama seca de un árbol cercano y la agitó como parte de su danza, y sus hojas secas hicieron un sonido rítmico que acompañaba sus giros mientras daba vueltas alrededor de la hoguera.

Dio la casualidad de que en ese preciso momento los cielos se abrieron y una fuerte lluvia repentina inundó el lugar. ¡Todo mundo quedó impactado! Y, dado el limitado desarrollo intelectual del clan en esa época, se atribuyó a la Danza Con La Rama haber producido el agua del cielo.

*¡Se había encontrado una manera de complacer y apaciguar al Algo Ajeno!* ¡Se había encontrado una manera de conseguir que ese Algo ajeno hiciera lo que habíamos estado esperando! ¡Todos estábamos muy emocionados! El "hombre de la lluvia" fue elevado a una posición del más alto rango. Se había creado el ritual, y una clase dentro del clan para Aquellos Que Lo Ejecutaban.

El clan creía que la Danza Con La Rama del Hombre de la Lluvia creaba la lluvia, y así lo *hizo* en el futuro, con más éxitos que fracasos. Y esto no era coincidencia. Al ser algo metafísico, la fórmula funcionaba. Pues el proceso metafísico —ya sea antiguo o moderno— produce en lo físico cualquier cosa que se crea fervientemente que producirá.

En ese primer caso, fue sin duda la ferviente esperanza en curso, el deseo profundamente sincero del clan de que terminara la sequía lo que produjo el resultado. Pero la coincidencia de que cayera la lluvia que el momento preciso en que se ejecutaba la ruidosa danza no podía ignorarse.

La narrativa anterior es, por supuesto, de mi absoluta imaginación. Fue un conocimiento —llámala una inspiración, si prefieres— que recibí en el momento de mis conversaciones con

Dios. Toda la historia podría ser inexacta... pero creo que esto, o algo muy similar, es lo que ocurrió al principio de la vida de los seres humanos, y lo que produjo nuestro sentido de separación, nuestro sentido de Algo Ajeno, y nuestro sentido de podría haber, después de todo, una manera de controlar —o al menos *influenciar*— a ese Algo Ajeno.

Los primeros humanos lidiaban con la alquimia del universo, sin conocerla. Así nació lo que más tarde se conoció como Religión.

Al volverse el Hombre más sofisticado en su entendimiento, la especie buscó una manera más sofisticada de tratar de "apaciguar a los dioses"... y, después, el Dios único que los humanos al final decidieron que sin duda debía existir.

Teníamos razón acerca de eso.

*Existe* la cosa que ahora llamamos Dios. Pero nuestra idea de Dios —de que es "Algo Ajeno"— es lo que ha sido impreciso. Esta idea es una herencia de la historia primigenia que nos contamos a nosotros mismos acerca de El Poder Más Grande Que Nosotros. Esa primera idea es lo que creó lo que más antes llamé la Teología de la Separación.

## LA CIENCIA NOS PROPORCIONA UNA NUEVA HISTORIA

Nos hemos desarrollado, por supuesto, desde los tiempos de las cavernas. No, tal vez, tanto como nos gustaría, dados algunos de nuestros continuados comportamientos bárbaros, pero ahora avanzamos más rápidamente que nunca antes en nuestra evolución, alentada por nuestro creciente conocimiento de la vida misma.

No fue hace mucho que el astrónomo y escritor Carl Sagan compartió con el mundo el fascinante hecho de que el análisis mostró que las rocas traídas de la luna y los fragmentos que caen a la Tierra desde lugares más lejanos en el espacio (meteoros, polvo espacial, etc.), todos contenían los mismos elementos fundamentales hallados en este planeta. No sólo en las rocas y el polvo del planeta, sino en *todo,* incluidas las aves, los animales, los árboles... y *la gente.*

Los mismos elementos fundamentales químicos y minerales están presentes al parecer en todos los objetos del cosmos. *Todos estamos hechos de la misma materia,* declaró Sagan sonriente. Todo es Una Cosa, simplemente manifestada en diferentes combinaciones y construcciones.

Toma estos elementos y mézclalos en una proporción y tendrás un árbol. Mézclalos de otra manera y tendrás a un ser humano. Una tercera combinación produce un oso hormiguero. O una roca lunar.

La combinación y ajuste de estos elementos en distintas proporciones tiene lugar durante un periodo de miles y cientos de miles de años. Llamamos *adaptaciones* a esas diferentes combinaciones, y bautizamos a todo el proceso como *evolución.*

Sé que la idea de que todo en la Vida ha evolucionado del mismo caldo primigenio es un asunto controversial. Algunos quieren creer que los humanos fueron producidos de un solo golpe, todos al mismo tiempo y como una creación separada (y especial) de lo Divino, desconectada del desarrollo de cualquier otra cosa viva.

Pero la ciencia —y ahora la ciencia espacial— parece estar confirmando la teoría de Darwin a cada paso. La Vida es energía, surgiendo en una variación interminable de una sola Esencia Esencial.

Quedan entonces sólo dos preguntas en cuanto a esta energía generadora: (1) ¿Cuál es su cualidad? (2) ¿Cuál es su capacidad o potencial?

LA RESPUESTA A LA PREGUNTA #1

La cualidad fundamental de la Esencia Esencial es que siempre está en movimiento y siempre presente. Es simple energía indiferenciada en su expresión más pura. Podría llamársele la Célula Madre de la Realidad.

Una célula madre en tu cuerpo, como sabes, se define como "una célula indiferenciada de un organismo multicelular que es capaz de dar origen a interminables células más del mismo tipo, y de las cuales ciertas otras clases de células surgen por diferenciación".

Soy dado a entender que al emplear la analogía de todo lo que existe como una sola entidad, la Esencia Esencial podría entonces ser entendida como su "célula madre".

Lo que se describe aquí es una sola unidad —la que he dado en llamar La Singularidad (una frase tomada en préstamo de Gene Roddenberry)—, cuya cualidad principal o fuerza primordial es la *vibración*. Está constantemente en movimiento, oscilando en frecuencias particulares, y está presente dondequiera que hay lo que llamamos "vida", pues es la Vida Misma en su forma más pura e inalterada, más concentrada.

Los seres humanos y otras formas de vida son *Singularizaciones de La Singularidad*. Es decir, somos formas modificadas, diluidas, de la Esencia Esencial. Somos diferenciaciones de la Energía Indiferenciada que yo llamo Dios.

Tú puedes llamar a esta Energía Indiferenciada como quieras. Llámala la Fuerza Primordial, el Motor Inmóvil, Aquel Que Es, la Esencia Esencial, o con nombres más personales si lo prefieres, tales como Adonai, Akshar, Alá, Brahma, Deus, Dios, Divinidad, Divina Madre, Ekankar, Elohim, Hari, Indra, Jehová, Krishna, Mahesh, Manitú, Ormuz, Parameshwar, Purush, Purushottam, Radha Soami, Ram, Rama, Señor, Theos, Thor, Varuna, Vishnu, Yahvé, y demás.

UNA VEZ MÁS: UNA EXPLICACIÓN FINAL

Esta Esencia Esencial tiene otra cualidad que es importante de describir. Es Consciente de Sí. Es decir, es consciente de

Sí Misma *como* sí Misma. Pero aunque se conoce a Sí Misma como Exactamente Lo Que Es, no puede *experimentarse* a sí misma *como* eso en la ausencia de algo más.

Ya hemos discutido esto antes, y aquí ofrezco una explicación más de esta condición fundamental de modo que pueda ser claramente entendida y siempre recordada.

No hay nada más en existencia excepto Aquello Que Existe. Éste es Todo Lo Que Es. Así que si Todo Lo Que Es deseaba conocerse a Sí Mismo de manera experimental (lo que hizo, porque simplemente *ser* algo no era suficiente), tenía que crear algo ajeno a Sí Mismo. Pero eso es imposible, porque aquello que procrea es siempre parte de lo procreado. Cada descendiente o manifestación de vida es parte de aquello de lo que surgió.

Como Todo Lo Que Es no podía crear algo Ajeno A Sí Mismo, aquello que es Existencia Pura recibió su primera pregunta: ¿Cómo experimentarse a Sí Mismo cuando no había nada *excepto* Sí Mismo? La solución era sencilla: Permitirse a Sí Mismo olvidarse a Sí Mismo, de modo que *pareciera* como Algo Más.

Esto le permitiría a la Esencia Esencial conocerse a Sí Misma de forma experimental como el Creador, por medio de la expresión de Sí Mismo en olvido del hecho de que *todo ya ha sido creado*. Por consiguiente, el olvido es el regalo más grande que la Vida le haya dado a la Vida. Como también su complemento: la remembranza. Porque cuando la Vida se rememora a Sí Misma como Lo Que En Realidad Es, el Ciclo de la Vida está completo, con el Puro Ser manifestándose como Saber manifestándose como Experimentar manifestándose como Puro Ser una vez más.

Y, como señalé antes, esto puede lograrse en cualquier momento en el Ciclo de la Vida. La muerte es simplemente nuestra *garantía* de que ocurra.

La gente ha preguntado, "¿Por qué debemos morir?" "¿Por qué es inevitable la muerte?" ¡Y ahora ya sabes la respuesta! ¡Lo que llamas "muerte" es el regalo más grande de la vida! Es

Dios *garantizando* que tu olvido no dure para siempre. Es Dios reclamándote como parte de Sí Mismo al reunirte *con* Él, y luego liberándote *de* la indiferenciación con Sí Mismo, de modo que pueda conocerse a Sí Mismo de nuevo en la experiencia, *a través de ti.*

Y las formas en que puedes experimentar la parte de Dios que es tú son ilimitadas. Puedes incluso volver a lo físico en la misma forma exacta en que lo dejaste. Puedes volver como tu Yo Actual tantas veces como desees, tantas veces como te sea útil hacerlo, según tu deseo incorporado, codificado en tus células, de experimentarte a ti mismo como quien eres verdaderamente.

La gente que regresa una y otra vez como el Mismo Yo son llamados a menudo, en sus repetidas encarnaciones posteriores, avatares o sabios o incluso santos.

O incluso... Dios.

*(¿No está escrito "Sois dioses"?)*


## La respuesta a la pregunta #2

La capacidad principal de la Esencia Esencial es que tiene el poder de impactar sobre Sí Misma. Es decir, se genera a sí mismo y es su propia referencia.

Un ejemplo de esto puede ser el vapor de agua que se vuelve gotas líquidas de agua que se vuelven nieve que se vuelve hielo que se vuelve agua líquida que se vuelve vapor una vez más. Aquí vemos cuatro expresiones distintivas del mismo elemento, manifestándose en variaciones creadas por los muchos otros aspectos de la Esencia Esencial que impactan sobre él.

Comprendo que este ejemplo es simplista, pero tal vez no tan simple como podrías pensar. Pregunta a la gente que vive en Pekín. (Más sobre esto en un momento.) Simplista o no, la metáfora puede ser útil al ayudarnos a comprender cómo funciona el sistema entero llamado Vida, porque si pudiéramos aprender cómo impactar *deliberadamente* uno u otro de los aspectos de la Esencia Esencial, podríamos potencialmente hacer que ocurran *manifestaciones particulares*.

Es decir, si pudiéramos dirigir la energía de la vida de regreso *sobre* sí misma de alguna manera controlada, presumiblemente podríamos usar esa energía generadora para nuestro propósito.

Si eso es cierto, esto no sería un asunto menor. De hecho, nos convertiría en dioses, capaces de mezclar y combinar los colores de la paleta de la Creación para pintar el cuadro de nuestros deseos sobre el lienzo de nuestras vidas.

Dios nos dice en las Conversaciones con Dios que esto es precisamente lo que es cierto acerca de la Esencia Esencial y cómo puede ser usada, y esto es exactamente lo que nuestra especie está haciendo, aunque la mayoría de nosotros aún no lo sabemos, y sin ser aún los que lo sabemos los suficientes para producir acuerdo colectivo sobre los resultados que deseamos producir en forma colaborativa.

## ¿PIENSAS QUE TODO ESTO SON DISPARATES?

Si estás tentado a clasificar todo esto como nada más que pura ilusión, considera esto: ya hemos aprendido a sembrar nubes para modificar el clima, lo que nos ofrece un impactante ejemplo de cómo podemos manipular la energía de la vida para afectar la energía de la vida.

Volviendo a lo que puede haber parecido una metáfora simplista...

Se ha informado ampliamente que en febrero de 2009 China sembró nubes sobre Pekín para inducir artificialmente la caída de nieve luego de cuatro meses de sequía. Éste fue un caso real de humanos dirigiendo deliberadamente la energía de la vida de manera controlada para hacer que la propia vida produjera un resultado deseado y predecible en una de las expresiones de la vida más *im*predecibles. Concretamente, *el clima*.

¿Funcionó?

Dicen los informes que cayó nieve en Pekín durante la mayor parte de tres días. Se dijo que era la nevada más anticipada en esa ciudad desde fines de los ochenta. Y no fue sólo una ventisca. Estamos hablando de nieve que detuvo el tráfico y de hecho cerró muchas de las principales vías de entrada y salida del área metropolitana.

Ahora bien, si las energías de la vida pueden ser impactadas de manera tan efectiva en lo físico, ¿pueden ser impactadas igual de efectivamente de manera metafísica?

Lo que las Conversaciones con Dios nos dicen es que el impacto que la Esencia Esencial tiene sobre sí misma se magnifica exponencialmente por la *cantidad* de ella que sea dirigida sobre sí misma de manera particular y específica. Mientras más fuerte sople el viento, más se inclinará el árbol. O, como alguien mucho más versado en estas energías que yo ha señalado, "Allí donde reúnan dos o más"...

La empresa más provechosa de la humanidad, entonces —su mayor experimento, investigación, exploración y expansión en este, el primer cuarto de siglo del siglo XXI—, parecería ser aprender a utilizar el enfoque deliberado de esta energía generadora para producir resultados consistentes y predecibles.

¿Qué propone este asunto de la *visualización guiada,* o *visualización*? ¿Tenía razón Norman Vincent Peale sobre *El poder del pensamiento positivo*? ¿Sabía algo Émile Coué cuando planteó sus ideas acerca de la *autosugestión*? Más cercanos en el tiempo, ¿son las enseñanzas de Esther y Jerry Hicks en *Pide y se te dará* sobre la Ley de la Atracción, o los conocimientos ofrecidos en *Dios es felicidad* acerca del Proceso de Creación Personal, las llaves doradas que abren las puertas de la manifestación deliberada?

Esto es verdaderamente la Última Frontera. Pero apenas estamos prestando atención a ello. Cuando lo hagamos, descubriremos (es decir, recordaremos) que somos Uno con lo Divino, y que la Esencia Esencial y nosotros somos lo Mismo.

Como todas las otras cosas en la existencia, los seres humanos no son simplemente una sola expresión o elemento de Aquello Que Es. Cuando "migramos" del Reino de lo Espiritual al Reino de lo Físico como parte del Ciclo de la Vida, nos dividimos a nosotros mismos en tres partes. Por tanto, tú no eres sólo tu Cuerpo, tú no eres sólo tu Mente y tú no eres sólo tu Alma, tú eres todos los tres.

(Puede encontrarse una descripción de esta Trinidad Santa en *Lo único que importa*.)

Todas las tres partes de tu ser viven por siempre, viajando conjuntamente por toda la eternidad, renaciendo y reformando y re-expresándose a sí mismos en incontables variedades a lo largo de lo interminable del Tiempo/Sin Tiempo en el Siempre Aquí/Siempre Ahora de la Realidad Última.

La promesa más elevada de Dios es tú eres una individualización de la divinidad, una expresión de Dios en la Tierra. Hemos dicho esto ya varias veces. Lo que no habíamos señalado antes es que, de modo fascinante, la mayoría de las religiones del mundo están de acuerdo. Nos han dicho que estamos hechos "a imagen y semejanza de Dios". La única diferencia entre esta creencia y el mensaje de las Conversaciones con Dios está en los detalles.

¿Estar hecho a imagen y semejanza de Dios significa que somos seres muy parecidos a Dios? ¿Significa que Dios es sólo un Gran Humano que vive en otro reino, teniendo total control sobre nosotros y nuestro destino último? ¿O quiere decir esta enigmática frase acerca de estar hecho "a imagen y semejanza de Dios" que somos extracciones de la Esencia Esencial, la Energía Fundacional y la Fuerza Primordial de la que La Vida Misma surgió y que *es* La Vida Misma en su base?

Si elegimos creer lo primero, podemos imaginarnos a nosotros mismos aislados y solos, dejados a nuestra suerte y luchando por sobrevivir en una experiencia terrenal compleja más allá de toda comprensión y un universo enorme más allá de nuestra imaginación. Podríamos pensarnos como a la deriva en este mar interminable de materia y energía, no mayores o más importantes que un grano de arena en la playa en comparación a todo el resto de cuanto existe, cubiertos por la interminable marea de acontecimientos, ahogados en sus penas, barridos por sus corrientes, para encontrarnos flotando sobre las olas hacia ninguna parte.

¿Pero es todo lo que somos? ¿Es ésa la suma y la sustancia de ello? ¿O es posible que algo más esté sucediendo aquí, que esté ocurriendo algo más grande, algo mayor de lo que nuestra comprensión recién surgida ha sido capaz de entender hasta ahora? ¿Hay más aquí de lo que salta a la vista? Y si es así, ¿qué sería?

## Lo que todo esto significa

Muchas personas cometen el error de suponer que porque en las Conversaciones con Dios se dice "Dios y nosotros somos Uno", eso quiere decir que Dios y nosotros somos la misma cosa. Por supuesto, nadie podría estar de acuerdo con esa declaración mucho más de lo que cualquiera podría estar de acuerdo en que porque el océano y la gota de agua son la misma "materia", ¡el océano y la gota son la misma cosa!

Somos la "materia" que Dios es, y Dios es la "materia" que somos nosotros", pero Dios es la suma total de toda la "materia" que existe, mientras que nosotros somos una sola *individualización* de ello.

Nuestra esencia es Divina, y es importante saber todo lo que esto significa. Pero también necesitamos saber lo que no significa.

No significa, por ejemplo, que podemos saltar de un edificio y volar. No significa que nunca podamos ser heridos o lastimados de alguna manera. No significa que somos como Superman.

Significa que Dios está siempre presente en nuestro interior, para ofrecernos ayuda y guía a lo largo del camino mientras vivimos cada día. Significa que nos han sido dadas las mismas Herramientas de Creación que Dios usa, y que si aprendemos a usarlas, podemos producir maravillosos resultados en nuestras propias vidas. Significa que incluso si somos lastimados o lesionados de alguna manera, o nos encontramos en alguna clase de apuro o dificultad, si pedimos la ayuda de Dios hallaremos la manera de salir de ello.

Esencialmente, significa que no estamos "solos" en la vida. Incluso cuando se siente como si estuviéramos solos —tal vez en especial cuando nos sentimos de esta manera—, la presencia de Dios puede sanarnos de nuestra sensación de soledad y proporcionarnos la gentil compañía y el tranquilo coraje para seguir adelante.

## LAS IMPLICACIONES AQUÍ SON IMPRESIONANTES

"Todos somos uno" quiere decir que todos somos Uno con los demás, Uno con todo en la Vida y Uno con Dios. No hay otra forma de interpretar esto, en mi opinión.

Las implicaciones de esto para la raza humana son impresionantes. Si creyéramos que esto es verdad, todo en nuestras vidas cambiaría. Todo en nuestras religiones, en nuestra política, en nuestra economía, en nuestra educación y en nuestras construcciones sociales. Y todo en nuestras vidas personales también.

En nuestras religiones, veríamos el fin de sus aparentemente interminables competencias por las almas humanas. Las religiones dejarían de insistir en presentarse como el Camino Único y Verdadero hacia Dios. Nos asistirían en nuestra propia senda personal, pero no proclamarían *ser* La Senda. Y dejarían de utilizar el miedo como la herramienta principal en su arsenal.

Dejarían de enseñarnos que a no ser que sigamos sus doctrinas, pasaremos la eternidad en los fuegos inagotables del

Infierno. Serían una fuente de confort y guía, de ayuda constante y de fortaleza en tiempos de necesidad. Así, la religión serviría a su propósito más elevado y su función más importante.

En nuestra política, veríamos el fin de las intenciones ocultas, los juegos de poder y de la satanización de aquellos con puntos de vista opuestos. Los partidos políticos dejarían de afirmar que su vía es la única vía. Y trabajarían juntos para hallar soluciones a los problemas más urgentes, y para llevar a la sociedad adelante al buscar terreno común.

Buscarían mezclar las más prácticas de sus ideas con las más prácticas de las ideas de sus oponentes. Así, la política serviría a su propósito más elevado y su función más importante.

En nuestra economía, veríamos el fin del Mayor-Mejor-Más como el rasero internacional del éxito. Crearíamos un Nuevo Resultado, en el cual se redimiría la "productividad máxima", y nuestro inagotable impulso por las utilidades-utilidades-*utilidades* sería reemplazado por un sentido de reverencia y maravilla en el universo, la reverencia por todo en la vida, y la dedicación a crear un mundo en el que cada persona pueda vivir con dignidad, con sus necesidades básicas satisfechas. Así, la economía serviría a su propósito más elevado y su función más importante.

En nuestra educación, veríamos el fin de la propaganda que sustituye a la historia y de los planes de estudios por materias, donde el énfasis se pone en la memorización de hechos en lugar de en los conceptos fundamentales de la vida que queremos que entiendan nuestros niños: conciencia, honestidad y responsabilidad.

Veríamos una escuela democrática en la que los niños tendrían mucho que decir acerca de lo que deben aprender y cómo lo aprenderán como maestros, y en la cual no usaremos el entorno para *verter conocimiento en* los niños, sino para sacar sabiduría de ellos. Así, la educación serviría a su propósito más elevado y su función más importante.

## Lo que "Todos Somos Uno" no significa

"Todos Somos Uno" *no* significa que lo que es mío es tuyo y lo que es tuyo es mío. El concepto de Unidad no elimina la posibilidad de las posesiones personales o las expresiones individuales.

Podemos encontrarnos experimentando un nivel más alto de deseo como nunca antes por *compartir* nuestras posesiones personales con los demás cuando nos damos cuenta de que en realidad no hay "otros", sino simplemente Versiones Adicionales del Ser, pero no estamos *obligados* a entregar nuestras posesiones o a tomar las pertenencias que otro nos proporcione.

Cada expresión humana de La Singularización que llamamos "Dios" puede experimentarse a Sí Misma exactamente en la forma que elija, y lo que reúne y lo que comparte se vuelve una parte impactante de esa expresión individual.

Creo que las Conversaciones con Dios y la nueva teología que aporta a la humanidad nos ofrecen material para reflexionar en respuesta a eternas preguntas como las estudiadas en estas páginas. Y creo que nuestra activa discusión de estas ideas podría producir un extraordinario intercambio —tal vez capaz de cambiar la vida— de la misma energía de la que hemos estado hablando aquí.

En breve, creo que esa discusión podría producir la Conversación del Siglo.

### APLICAR ESTE MENSAJE A LA VIDA DIARIA

Escribí todo un libro ofreciendo sugerencias prácticas sobre cómo el Mensaje clave #1 podía aplicarse a la vida diaria. Las sugerencias cubrían todas las áreas de nuestra experiencia —política, económica y cultural (incluida la espiritual)— y lo considero la declaración definitiva acerca de cómo aplicar las Conversaciones con Dios a la vida en la Tierra.

El libro se titula *La tormenta antes de la calma*, y aborda lo que he llamado la Restauración de la Humanidad, que está ocurriendo ahora con o sin nuestra participación. Si de verdad deseas mirar de cerca y seriamente cómo la idea de que Todos Somos Uno puede ponerse a *trabajar* en nuestra experiencia individual y la colectiva de la humanidad, esta lectura te puede resultar de utilidad.

Me doy cuenta de que he mencionado otros libros de mi autoría varias veces a lo largo de del presente volumen. Sospecho que habrá críticas de parte de algunos rincones, pero creo que la escritura en el cuerpo de trabajo de las Conversaciones con Dios y en los varios textos relacionados ofrece conocimiento valioso acerca de la experiencia humana, y de adónde podemos ir todos con él a partir de allí. Me gustaría señalar que los libros adicionales que he mencionado aquí han sido todos puestos al alcance de manera gratuita (y lo seguirán estando) en internet.

Traigo tu atención hacia ellos porque experimento que los mensajes en estos libros han sido inspirados por la misma Fuente que inspiró contribuciones a la calidad de nuestra vida sobre este planeta tales como la música de Mozart y el arte de Miguel Ángel, el liderazgo de Lincoln, la política de Gandhi, y el trabajo y las palabras de Martin Luther King Jr.

También, creo que ésta es la misma Fuente que te inspira, a diario, en tus pensamientos más elevados, las inspiraciones más alentadoras y las ideas y soluciones más útiles. Todos estamos aquí *intercambiando ideas,* y si tenemos lo que sentimos que podría ser una buena, no le aporta a nadie beneficio alguno en absoluto si escondes tu luz bajo una cesta.

## 31

Gracias por haber venido aquí. Y gracias por permanecer aquí hasta el final de este viaje. Te agradezco mucho por tener el coraje para estudiar ideas que pueden ser muy nuevas para ti, o para examinar más profundamente ideas que ya has escuchado antes, y tuviste antes, y estudiaste antes, pero tal vez nunca hasta este nivel.

La Nueva Teología presentada aquí le ofrece a la humanidad otra manera de ver las cosas. Dice que la vida no es una serie de acontecimientos aleatorios, que suceden sin razón, sino es más bien una secuencia de ocurrencias de intrincado diseño, puesta en marcha de manera deliberada y *creada espontáneamente y en forma colaborativa* por todas las Almas en la existencia, con el propósito de dar a esa Colección Total de Almas una experiencia directa de Sí Misma, *como* colección y como individuos *dentro* de la colección.

Estamos aquí en la Tierra, sugieren las Conversaciones con Dios, para hacer más que sólo vivir y morir y hacer lo mejor de la experiencia. También estamos aquí para hacer más que simplemente encontrar una manera de "volver al cielo", o al menos, evitar ir al infierno. Ésas son perspectivas simplistas de la razón y el propósito de la existencia humana.

Estamos aquí para avanzar en una agenda más amplia. Estamos aquí para empujar un proceso evolutivo eterno a través del cual cada Alma individual (y todo en la existencia) experimenta su Verdadera Identidad plenamente, y por el que la vida misma, a través de sus expresiones individualizadas, expande la conciencia de sí misma, reflejando de este modo la maravilla de su naturaleza última y verdadera.

## UNA AFIRMACIÓN CLAVE

El principio básico de esta Nueva Teología es que no "tenemos que" hacer nada de esto. El proceso está en marcha con o sin nuestra participación intencionada o consciente. No es una cuestión de si el proceso de Dios (pues eso es lo que es) se está llevando a cabo, sino de cómo elegimos experimentarlo.

Algunos de nosotros podemos elegir experimentarlo como si estuviéramos *bajo el efecto* de ello, y algunos podríamos elegir experimentarlo de manera que estemos *a cargo* del asunto. Nosotros solos podemos decidir si la vida nos está sucediendo *a nosotros* o *a través* de nosotros. De hecho, ésta se ha convertido en la pregunta central de nuestra época. ¿Estamos listos, dispuestos y capaces para tomar ahora el control de nuestras vidas, o debemos seguir siendo rehenes de ella?

Tenemos un interminable número de vidas, y nada específicamente se nos exige, ordena o requiere en cualquier pasaje dado a lo largo de este encuentro físico. Como nuestras encarnaciones nunca terminan, con el alma pasando de una expresión física a otra en un viaje eterno, no es necesario producir un resultado particular en una vida particular. Dios dice que tenemos todo el tiempo del mundo, *literalmente*.

Para permitir que tu mente comprenda esto, imagina que después de cuarenta años de ir a un trabajo cada día, te has retirado por fin, tienes espléndida salud, posees amplios recursos financieros, y puedes ahora mirar hacia adelante a los años que te esperan de hacer lo que quieras. ¿Te sentirías obligado a jugar golf el próximo jueves, en lugar de hacerlo la siguiente semana? ¿Sentirías que tu idea de diversión *debería ser* el golf y no el tenis, *o cualquier otra cosa*?

Aparte del puro placer que hay en ello, ¿cuál sería la razón para hacer cualquier cosa en particular en cualquier día particular de cualquier manera en particular?

## El «Cielo» del que nos han hablado

La belleza del retiro, por supuesto, es la *libertad,* la dicha y la libertad de hacer lo que quieras, cuando quieras, de la manera que quieras. Te dicen que te lo "ganaste".

Ésta es también la belleza de la Vida Misma. Y su libertad, también, te la "ganaste". Por el mero hecho de entrar en lo físico (no es una decisión insignificante) y vivir día a día en el Reino de la Relatividad (no es una tarea menor), te has ganado la libertad de hacer lo que quieras, cuando quieras, de la manera que quieras.

La libertad es el privilegio de Dios, y tú no eres menos que Divino.

La vida misma es el "cielo" del que te han hablado. El *todo* de la vida, no sólo parte de ello; la experiencia *entre* existencias físicas, sí, y la experiencia *de* cada existencia. El "cielo" para el Alma es la capacidad de conocer y expresar a la Divinidad en ti, a través de ti, como tú... en la forma y en el momento que desees.

En verdad, la Divinidad se expresa a través de ti sin importar lo que hagas. Es imposible para ti *no* expresar a la Divinidad, ya que la Divinidad es Quien Eres. Es simplemente un asunto de cómo quieres *definir* a la Divinidad en este momento ahora mismo.

Dicho de otro modo, Dios es lo que digas que es, expresado localmente por cómo estás siendo en cualquier situación o circunstancia dada. Y la Vida Misma, expresada a lo largo de los múltiples universos, es la totalidad de Dios en el acto de definirse a Sí Mismo como desea conocerse mediante la expresión y la experiencia *de* Sí Mismo aquí y ahora.

El regalo más grande que tenemos es el Libre Albedrío. *Podemos* expresar nuestros Seres de cualquier manera que deseemos, y aún *somos* Dios manifestando a la Divinidad. Esta idea podría llevar a algunos a burlarse, diciendo, "¿Cómo puede la manera en que los seres humanos se comportan ser una expresión de la Divinidad?". Pero la verdadera pregunta es, "¿Por qué los seres humanos elegirían que la Divinidad se expresara de esta forma?".

De hecho, ¿por qué lo haríamos? ¿Podría ser porque entendimos mal la historia? ¿La historia de qué es Dios y lo que quiere y lo que estamos haciendo aquí?

De manera más transformativa, podríamos preguntar: "¿Qué podría llevarnos a definir Quiénes Somos, y a la Divinidad Misma, de otra manera? ¿Una manera más grande? ¿Una manera más gloriosa?

¿Podría ser una *nueva* historia de lo que Dios es y lo que quiere y lo que todos estamos haciendo aquí?

Nuestra respuesta a estas preguntas determinará el futuro de la humanidad.

### ¿Son las Conversaciones con Dios la verdad?

Pasemos ahora a la pregunta más importante que podríamos hacer acerca de la teología de las Conversaciones con Dios. ¿Vamos a tomarla como "escritura sagrada"? ¿Es la inviolable Palabra de Dios?

La humanidad ha estado preguntando durante mucho tiempo, "¿Cuáles escrituras *son* 'Sagradas Escrituras'? ¿Qué escritura contiene la Única y Verdadera Palabra de Dios?".

Escribí algo sobre esto hace unos años. Observé que la respuesta a esa pregunta depende de con quién uno esté hablando.

Muchos dicen que la Biblia es la Sagrada Escritura. Otros dicen, no, la verdad de Dios se encuentra en el Corán. Otros dicen, no, está en la Torá. Otros dicen, no, en la Mishná. Otros dicen que en el Talmud. Otros, que en el Bhagavad Gita. Otros que en el Rig Veda. Otros que en los Brahmanas. Otros que en los Upanishads. Otros que en el Mahabharata y el Ramayana. Otros que en los Puranas. Otros que en los Tantras. Otros que en el Tao Te King. Otros que en el Budadharma. Otros que en el Dhammapada. Otros que en los Maestros de Huinan. Otros que en el Shiji. Otros que en el Canon Pali. Otros que en el Libro de Mormón.

Otros...

Bueno, el punto es que mucha gente cree que la Revelación Directa —es decir, Dios hablando directamente al Hombre— no ha sucedido desde que fueron escritas las Sagradas Escrituras con las que *se sienten cómodos*.

Y mientras pocos de aquellos que citan estas fuentes están de acuerdo con los demás en lo teológico, muchos concuerdan en una cosa enfáticamente: *Su* Palabra de Dios es *la* Palabra de Dios; *su* camino al Paraíso es *el* camino al Paraíso; *su* comunicación de la Deidad es *la única* comunicación de la Deidad.

Según esta medida, las Conversaciones con Dios tendrían que ser herejía, blasfemia por definición. Algunos de los defensores de los Antiguos Libros podrían no tener claro *cuál* antiguo libro contiene la Verdad, pero *tienen* claro que ningún *nuevo libro* la contiene.

Y así, desde el mismo principio (de hecho, desde el título) las Conversaciones con Dios presentan un desafío, causan alboroto, ponen de cabeza buena parte de teología actual. Pero, de manera interesante, pocas personas que han leído las Conversaciones con Dios parecen tener ninguna dificultad con la posibilidad, cuando menos, de que Dios se ha revelado a Sí Mismo una vez más, mediante la palabra escrita.

De hecho, iré más lejos. Un asombroso número de personas se han manifestado para decir que *ellos, también, han experimentado esas comunicaciones*. Y así resulta que mi conversación con Dios puede no ser un "diálogo fuera de lo común" después de todo.

Lo que es más importante de entender ahora es que, comoquiera que se hayan escrito, las Conversaciones con Dios construyen una *teología*, y no representan un dogma o una doctrina. Es un estudio de Dios.

Por favor, permíteme ser claro. Creo que las palabras han llegado de Dios, directamente. ¿Pero de dónde procede toda inspiración verdadera? ¿Cuál es la fuente de la experiencia que llamamos creatividad, inventiva, innovación, ingenio, genio, imaginación, originalidad, arte, percepción, visión, y sí, revelación?

La intención de este libro ha sido simplemente invitarte a profundizar en el material de las Conversaciones con Dios de modo que puedas entenderlo ampliamente y así ser llevado a tu propia verdad más elevada. Eso es, de hecho y en breve, *lo que Dios dijo*. Dios dijo, "La verdad está en ti". Y tenía planeado que el extenso diálogo de las Conversaciones con Dios te *condujera* a tu verdad, no que se *volviera* tu verdad.

Pero si la verdad a la que te conduce está en armonía con alguno o varios de los constructos de las Conversaciones con Dios, que así sea. Si, por otro lado, terminas descartando por completo las palabras del diálogo, te habrán servido de cualquier modo, al proporcionarte mayor claridad acerca de tu propia experiencia, de modo que puedas vivirla de manera aún más rica.

Éste es el propósito de toda forma de arte, ¿cierto? Ya sea en la literatura o en el teatro, en la música o la danza, la pintura o la poesía, ¿no es esto lo que toda expresión creativa busca lograr? ¿Y no es ésta la magia de toda comunicación real de lo Divino? Pues Dios no te haría seguirlo, sino en lugar de ello, *llevar* a Dios a su siguiente mayor experiencia de quien *Tú* eres.

En esto te demuestras a ti mismo que eres el Creador. En esto la promesa más grande de Dios —que tú *estás* hecho a su imagen y semejanza— se redime. Y tu propia Alma, también.

¿Qué tiene que ver algo de esto con nuestras vidas ahora mismo, o nuestro futuro, y mucho menos con el futuro del planeta? Bueno, nuestra historia ha mostrado que seguimos repitiéndonos a nosotros mismos. Seguimos actuando de la misma manera, haciendo las mismas cosas, diciendo y creyendo las mismas historias acerca de Dios, de la vida, acerca de todo. De hecho, se ha dicho que los pecados del padre caerán sobre los hijos, incluso hasta la séptima generación.

Pero tenemos la oportunidad ahora de cerrar el ciclo, de poner un alto a esa repetición, de poner punto final a la última frase del último párrafo del último capítulo de la vieja historia cultural de la humanidad, ya no del todo útil. Luego, no descartar esa historia, sino escribir *más allá* del punto final. Conservar todo lo que es bueno dentro de nuestra antigua historia, pero estar dispuesto, también, a adoptar aquello que sea bueno que pueda estar fuera de ella, que pueda ser nuevo.

Proclamémonos ahora como la Octava Generación, y seamos los primeros en lanzar sobre las futuras generaciones las ideas más grandes que la humanidad ha tenido jamás acerca de sí misma, los pensamientos más grandes que Dios haya inspirado jamás.

Otorguemos a nuestros niños el comienzo de una Nueva Historia Cultural, una nueva idea acerca de los seres humanos y quiénes somos, un nuevo pensamiento acerca de nuestro potencial y nuestra promesa y nuestro propósito.

Aportemos a los demás también una nueva esperanza, una nueva comprensión, una nueva conciencia, una nueva expresión, una nueva experiencia de la vida y de Dios y de los demás, ante las cuales nuestra manera de vivir nuestras vidas en el pasado se convierta en un sueño olvidado; una forma de vivir pesadillesca que nunca volveremos a adoptar.

Jamás.

Puedes tomar este Nuevo Camino ahora mismo, hoy. No tienes que esperar a que el resto de tu mundo te alcance. Tú puedes *traerlo* hacia ti por la manera en que estás siendo en cada momento, en cada situación, en cada encuentro. Puedes hacer esto al elegir ser Divino.

Esto no es imposible. Todo lo que necesitas es un poco de ayuda a lo largo del camino. Algo de compañía, tal vez. Algo de apoyo. Quizás un poco de guía de cuando en cuando, algunas sugerencias sobre cómo podrías proceder al respecto.

Es mi esperanza que hayas encontrado algo de eso aquí. Tú decides.

Como en todas las cosas, tú decides.

# Epílogo

La evolución no se trata de *convertirse* en algo, se trata de rememorar, y luego manifestar, lo que nosotros ya somos. No se trata de seguir adelante, se trata de estar justo donde estamos, *plenamente*. No se trata de *avanzar* en nuestra conciencia, se trata de mejorar nuestra conciencia *actual*.

¿Cuál es la diferencia? Lo primero tiene que ver con buscar algo que imaginamos que no tenemos ahora, lo segundo con expresar completamente lo que ya poseemos. Lo primero se trata de intentar encontrar un océano más grande, lo segundo tiene que ver con bucear más profundo en el océano *en el que ahora nadamos*. Se trata de llegar a estar sumergidos plenamente e inmersos por completo, no flotar simplemente en la superficie.

El propósito: No necesitamos nada más de lo que ya está presente. Pero debemos hacernos presentes *ante* ello.

Podemos hacer esto en un momento. En una fracción de segundo.

*La evolución no requiere Tiempo, requiere Voluntad.*

Al final, esto se trata de nuestros niños, por supuesto. Y los niños de nuestros niños. Si vemos el regalo y la maravilla que la vida en forma humana nos ha dado, debemos preguntar: ¿Qué podemos hacer para dar a nuestros niños, y a los suyos, una experiencia incluso más maravillosa que la que hemos tenido?

Aun si nuestra propia vida ha sido una de constante lucha y demasiado sufrimiento (tal vez *en especial* si los ha habido), sin duda desearemos hacer la misma pregunta: ¿Qué podemos hacer para dar a nuestros niños, y a los suyos, una experiencia más maravillosa que la que hemos tenido, y cómo podemos dejarles un mundo mejor?

Para mí la respuesta a esa apremiante pregunta parece clara. *Podemos darles las herramientas con las cuales crearlo.*

Millones de jóvenes a los que les estaremos entregando el mundo en las décadas siguientes están siendo educados y entrenados ahora mismo, este mismo día. Nuestras acciones les están diciendo y mostrando lo que es verdad acerca de la vida, lo que es verdad acerca de quiénes son y lo que es verdad acerca de Dios. Se les está enseñando cómo funciona la vida, de qué se trata, qué significa tener una "buena vida" y cómo conseguirla.

¿Qué tal lo estamos haciendo en ese sentido...? Tal como ves lo que les estamos enseñando a nuestros niños acerca del mundo en estos días, ¿qué te parece lo que la humanidad está haciendo? ¿Crees que podríamos hacerlo mejor? Si es así, ¿a quién podríamos acudir para que nos brinde mejores enseñanzas?

Quiero sugerir que acudamos a Dios.

En el libro *Comunión con Dios,* esto es lo que Dios dijo:

> Enséñales que no necesitan nada externo para ser felices —ninguna persona, lugar o cosa—, y que la verdadera felicidad se encuentra en su interior. Enséñales que se *bastan a sí mismos.*

> Enséñales esto y les habrás dado una espléndida educación.

> Enseña a tus hijos que la idea del fracaso es mera ficción, que cada intento es un éxito, que cada esfuerzo es lo que produce la victoria, y que el primer esfuerzo no es menos honroso que el último.

> Enséñales esto y les habrás dado una espléndida educación.

Enseña a tus hijos que están profundamente conectados con toda la Vida, que son uno con todas las personas y que nunca están separados de Dios.

Enséñales esto y les habrás dado una espléndida educación.

Enseña a tus hijos que viven en un mundo de magnífica abundancia, que hay suficiente para todos y que, al *compartir* lo más posible y no al *recaudar* lo más posible, recibirán en abundancia.

Enséñales esto y les habrás dado una espléndida educación.

Enseña a tus hijos que no se necesita ser o hacer nada en particular para gozar de una vida llena de dignidad y satisfacción, que no es necesario que compitan con nadie por nada, y que las bendiciones de Dios son para todos.

Enséñales esto y les habrás dado una espléndida educación.

Enseña a tus hijos que no serán juzgados, que no deben hacer siempre todo a la perfección, y que no tienen que cambiar nada, ni "mejorar", para ser considerados Perfectos y Bellos ante los ojos de Dios.

Enséñales esto y les habrás dado una espléndida educación.

Enseña a tus hijos que las consecuencias y el castigo no son lo mismo, que la muerte no existe, y que Dios nunca condena a nadie.

Enséñales esto y les habrás dado una espléndida educación.

Enseña a tus hijos que el amor no pone condiciones, que no deben preocuparse por perder tu amor ni el de Dios, y que su propio amor, compartido sin condiciones, es el mayor regalo que pueden dar al mundo.

Enséñales esto y les habrás dado una espléndida educación.

Enseña a tus hijos que ser especial no significa ser mejor, que declararse superior a alguien es no ver a esa persona como quien es realmente, y que es muy saludable reconocer que "el mío no es el mejor camino, sino tan sólo otro camino".

Enséñales esto y les habrás dado una espléndida educación.

Enseña a tus hijos que no hay nada que no puedan hacer, que la ilusión de la ignorancia se puede erradicar de la Tierra, y que todo lo que la gente necesita en realidad es regresar a su ser; recordar Quién Es Realmente.

Enséñales esto y les habrás dado una espléndida educación.

Imparte estas enseñanzas, no con tus palabras, sino con tus actos; no con discusiones, sino con demostraciones. Pues lo que tus hijos emulan son tus actos y lo que tú eres es lo que ellos serán.

Ahora ve e imparte estas enseñanzas no sólo a tus hijos, sino a todas las personas y en todas las naciones. Pues todas las personas son tus hijos y todas las naciones son tu hogar cuando emprendes el Viaje hacia la Maestría.

Éste es el viaje en el que te embarcaste hace muchos siglos y muchas existencias. Es el viaje para el cual te has preparado desde hace mucho y que te ha traído hasta aquí, a este Momento y Lugar.

Éste es el viaje que te convoca con más urgencia que nunca; en el cual sientes que avanzas cada vez más rápido.

Este es el resultado inevitable del anhelo de tu alma. Son las palabras de tu corazón, con el lenguaje de tu cuerpo. Es la expresión de la Divinidad dentro de ti, y te llama como nunca te ha llamado antes, porque ahora la escuchas como nunca antes.

Ha llegado el momento de compartir con el mundo una visión gloriosa. Es la visión de todas las mentes que han buscado de verdad, de todos los corazones que han amado de verdad, de todas las almas que han sentido de verdad la Unidad de la Vida.

Una vez que lo hayas experimentado, nunca te volverás a sentir satisfecho con menos. Una vez que lo hayas experimentado, no querrás más que compartirlo con todas las vidas con las que entres en contacto.

## Es momento de un nuevo ser humano

Las Conversaciones con Dios nos dicen que el propósito de la vida es "re-crearte nuevo a ti mismo en la siguiente versión mayor de la visión más grande que hayas tenido acerca de Quien Eres". Ésa es la declaración de propósito más poderosa que yo haya leído. Y ahora me es claro que será cuando demos a nuestra especie una Nueva Historia Cultural —una nueva idea acerca de quiénes somos, quién es Dios y qué quiere, y por qué estamos todos aquí en la Tierra— que nos daremos la oportunidad que hemos estado esperando: la oportunidad de empezar de nuevo, de dar a luz a un nuevo mañana.

El trabajo empieza no sólo con nuestros hijos, sino con aquellos que los dirigirán y los enseñarán. Eso quiere decir nosotros, en la actualidad.

Es momento para que surja un Nuevo Ser Humano, que surja una nueva clase de especie. Es momento ahora de crear un Movimiento de Derechos Civiles del Alma, liberar a la humanidad por fin de la opresión de sus creencias en un Dios violento, enojado y vengativo. Está en nuestro poder liberar a nuestra especie de antiguas doctrinas espirituales que no han creado nada más que separación, miedo y disfunción en todo el mundo.

El momento para este cambio largamente esperado en la expresión y la experiencia de sí misma de la humanidad está al alcance. Te apremio a ayudar a reemplazar viejos dogmas, al fin, con un *ethos* de unidad y cooperación, comprensión y compasión, generosidad y amor.

Esto no implicará un cambio importante de vida o un compromiso importante que te consuma tiempo. Cada uno de nosotros tiene su propia vida por vivir, y a veces sólo *eso* es suficiente para tener que salir adelante. Pero si estás dispuesto a usar el mismo proceso por el cual cumples con tus retos cotidianos en una nueva forma, como parte del esfuerzo más grande de la humanidad para cambiar lo que significa ser humano, tu vida personal puede adquirir un significado más grande de lo que podrías haber imaginado jamás.

Los libros de la cosmología de las Conversaciones con Dios son uno de los esfuerzos mejores de los seres humanos, el intento honesto, puro y serio de una persona para entregar mensajes que se creen inspirados por Dios. Pero quiero ser claro en que *tengo* muy claro que todo lo que he escrito está abierto a ser cuestionado, y debería serlo. Como he dicho desde el principio, deja que las Conversaciones con Dios sea tu inspiración para llegar más profundamente a tu interior.

Espero que encuentres que puedes usar estos mensajes como punto de partida en ese nuevo estudio. Comparte con las personas cercanas a ti —y con todos aquellos cuyas vidas toques, si te parece bien— la conciencia y los conocimientos a que te haya llevado tu propio ser interno y más elevado. No hay mayor regalo que puedas dar.

Y así cierro con esta dulce y amable invitación, del libro
*Home Remembers Me: Medicine Poems from Em Claire:*

*Habla en un Lenguaje del Alma*
*de modo que Todos puedan escuchar,*
Desata Esta Historia de la Humanidad
con una
presencia tan preciosa,
que incluso Dios no pueda darle definición.
Practica amar de manera tan profunda
que la palabra para lágrimas
sea
"océano"
y
la Escuela de la Compasión
sea la
Institución Más Grande del Mundo.
Que nadie ande solo
en este viaje que es
Nuestro
para compartir.
*Habla en un Lenguaje del Alma*
*de modo que Todos puedan escuchar.*

# Recursos adicionales

Muchas personas preguntan por lecturas adicionales o materiales complementarios en relación con los libros de la serie Conversaciones con Dios. Algunos han expresado gran sorpresa por el hecho de que haya más libros en la serie original de los que pensaban.

Por esta razón hemos enlistado aquí todos los libros de la serie dialogada, más los nuevos escritos que explican en mayor detalle y se extienden sobre los mensajes. También encontrarás abajo alguna información sobre programas educativos para niños y adultos. Confiamos en que encontrarás de utilidad esta lista de recursos.

Títulos de la serie Conversaciones con Dios
> *Conversaciones con Dios. Una experiencia extraordinaria* (primer volumen)
> *Conversaciones con Dios. Siga disfrutando una experiencia extrardinaria* (segundo volumen)
> *Conversaciones con Dios. El diálogo se amplía...* (tercer volumen)
> *Amistad con Dios*
> *Comunión con Dios*
> *Las nuevas revelaciones*
> *El Dios del Mañana*
> *Lo que Dios quiere*
> *En casa con Dios*

Programas educativos para adultos

The CWG Online School ofrece una serie de seis cursos de cuatro semanas a personas que desean aprender cómo compartir el mensaje de las Conversaciones con Dios con otras personas de formas que enseñen y ayuden. Annie Sims, CWG Life Coach, escribió y presenta los cursos, y ha trabajado de cerca con Neale Donald Walsch por más de diez años. Los participantes interactúan uno a uno con el instructor mientras ella trabaja para asegurarse de que cada persona en el programa comprenda totalmente los conceptos de esta nueva comprensión de Dios y de la Vida.

Neale Donald Walsch lleva a cabo en forma privada cuatro retiros espirituales y personales cada año, con la Fundación Conversaciones con Dios proporcionando también actividades educativas espirituales en línea y presenciales y recursos en una amplia variedad, incluidos programas para la recuperación por adicciones y de renovación espiritual.

Programas educativos para niños

The School of the New Spirituality ofrece un programa de educación desde casa a través de su iniciativa Conversaciones con Dios para Padres, que redefine los mensajes de las Conversaciones con Dios en 52 lecciones breves para niños, apropiadas para su edad, una por cada semana durante un año. La "escuela en una caja" puede utilizarse con los propios hijos y también como Guía para el Maestro al ofrecer oportunidades de aprendizaje regulares a los hijos de amigos y vecinos. El programa Conversaciones con Dios para Padres incluye también una unidad separada para adolescentes.

cwg Connect es la comunidad global de internet para aquellos que desean estudiar más profundamente los mensajes de las Conversaciones con Dios. Este servicio de suscripción ofrece oportunidades para conectar con el material cada día mediante contenido semanal escrito y en audio y video, incluidas meditaciones mensuales, conversaciones con Neale y una plataforma de redes sociales para proporcionar a la gente con ideas similares un lugar donde estar conectados con y tener el apoyo de los demás.

*The Global Conversation* es un periódico en internet que ofrece comentarios sobre los acontecimientos mundiales y una plataforma que permite a los lectores de todo el mundo compartir ideas acerca de cómo transformar la realidad global en una generación.

The Changing Change Network es un compromiso de asistencia espiritual con un equipo de Ayudantes Espirituales voluntarios que responden a cualquiera que enfrente cambios indeseados e inesperados en la vida. El propósito del programa es "cambiar la manera en que el cambio te cambia".

Humanity's Team, una organización global que basa su misión en los mensajes de las Conversaciones con Dios, fue fundada por Neale Donald Walsch y reúne apoyo para la idea de la Unidad de toda la humanidad. Su proyecto espiritual activista, Evolution Revolution (Revolución para la Evolución), invita a gente de todo el mundo a ayudar a cambiar la mentalidad del mundo acerca de Dios, el propósito de la vida y nuestra relación con los demás.

Se puede acceder a todos estos recursos mediante un solo portal de internet: www.CWGPortal.com.

## LA POESÍA

La poesía en este libro es de *Home Remembers Me: Medicine Poems from Em Claire,* distribuido por Hay House. Se puede encontrar su trabajo en forma escrita y de audio en: www.Em ClairePoet.com.

*Si alguna vez estas palabras no sientan bien*
*en la mesa de tu corazón*
*siempre puedes invitarlas a salir*
*y lo harán muy pacíficamente...*
*En lugar de ello, Tú y Dios pueden sentarse juntos*
*en tu propia mesa del corazón.*
*A la luz de las velas. Y en silencio. Y crear:*
*nuevas Palabras del corazón*
*¡que nadie ha escuchado antes!*
*Dios no quiere más que ser*

*Tu escriba del Corazón.*

# Agradecimientos

¿Es posible que haya algo que no comprendemos por completo acerca de Dios y de la Vida y de Nosotros Mismos, y que de hacerlo cambiaría todo? Sin importar cómo concibes a Dios particularmente, ¿estás de acuerdo en explorar aún más nuestras ideas acerca de Dios?

Quiero agradecer a toda persona que haya escogido este libro. Incluso si lo dejaron sin leerlo siquiera. Incluso si comenzaron a leerlo y luego decidieron no terminarlo. Y por supuesto, si lo leyeron hasta la última página. Requiere valor embarcarse en excursiones como las que proponemos aquí.

Cada palabra escrita jamás acerca de Dios fue escrita por un ser humano. Se cree que esos escritores fueron inspirados por Dios. La pregunta es: ¿ha dejado *alguna vez* Dios de inspirar a los seres humanos? ¿Sería posible que los mensajes de Dios continuaran fluyendo hacia la humanidad, incluso hoy? Mi agradecimiento más profundo a todos los que estén dispuestos a hacer estas preguntas, aun si no coinciden con las respuestas que he encontrado. Nos hemos conocido en el Campo de la Búsqueda, y es un maravilloso primer paso para acercarnos. No tenemos que estar de acuerdo, pero si podemos *aceptar* nuestras diferencias, habremos hecho aquello a lo que Dios invita a *todos*. Y eso puede sanar al mundo.

*Los 25 mensajes clave de las Conversaciones con Dios,*
de Neale Donald Walsch
se terminó de imprimir en enero de 2015
en Quad/Graphics Querétaro, S. A. de C. V.,
Fracc. Agro Industrial La Cruz El Marqués
Querétaro, México.